清朝史叢書

〔監修〕岡田英弘

〔編集〕宮脇淳子・楠木賢道・杉山清彦

豊岡康史

海賊からみた清朝

十八～十九世紀の南シナ海

藤原書店

海賊からみた清朝　目次

終章 海賊のいた時代の終わり——末裔のその後 329

海賊からみた清朝

十八〜十九世紀の南シナ海

関連地図①
18～19世紀の東アジア

イリ
大
新
疆
甘
粛
四川
貴
雲南
ビルマ
安南
(越南)
ベンガル湾
シャム

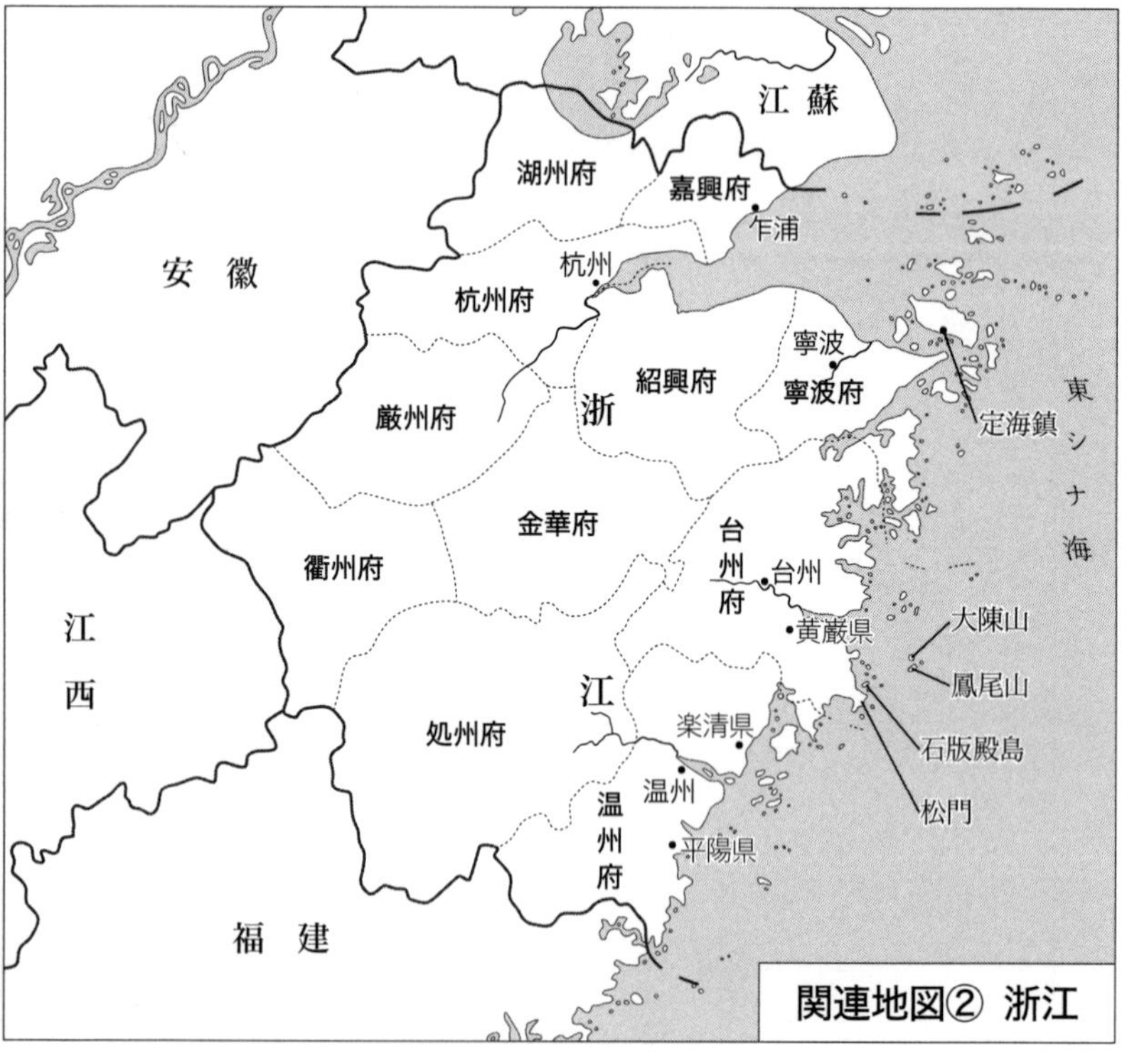
江蘇
安徽
湖州府
嘉興府
乍浦
杭州
杭州府
寧波
寧波府
紹興府
浙
厳州府
定海鎮
東シナ海
金華府
台州府
台州
衢州府
黄巌県
大陳山
鳳尾山
江西
江
処州府
楽清県
石版殿島
温州
松門
温州府
平陽県
福建

関連地図② 浙江

浙江
江西
邵武府
建寧府
福寧府
福寧
霞浦県
延平府
福
建
福州府
福州
東シナ海
定海
連江県
汀州府
龍岩州
永春州
興化府
福清県
海壇
莆田県
泉州府
湄州島
蚶江
同安県
艋舺（現 台北）
淡水庁
噶瑪蘭庁
晋江県（泉州）
馬巷庁
金門
漳州府
広東
厦門
漳浦県
彰化県
鹿港
台湾府
詔安県
澎湖諸島
嘉義県
台湾府城（現 台南）
鳳山県
南シナ海
関連地図③ 福建

福建
江西
南雄州
韶州府
連州府
連山庁
仏岡庁
広西
広州府
広州
肇慶府
羅定州
広東
恵州府
恵州
嘉応州
潮州府
潮州
饒平県
樟林
南澳島
澄海県
汕頭
(スワトウ)
掲陽県
碣石衛
陸豊県
海豊県
大亜湾
香港島
大嶼山
マカオ
香山県
江門
珠江
新寧県
電白県
呉川県
高州府
東海島
硇州島
雷州府
雷州
廉州府
欽州
廉州
白龍尾
江坪
鎮南関
安南(越南)
瓊山
瓊州
海南島
瓊州府
崖州
南シナ海
関連地図④ 広東

〈清朝行政機構図〉

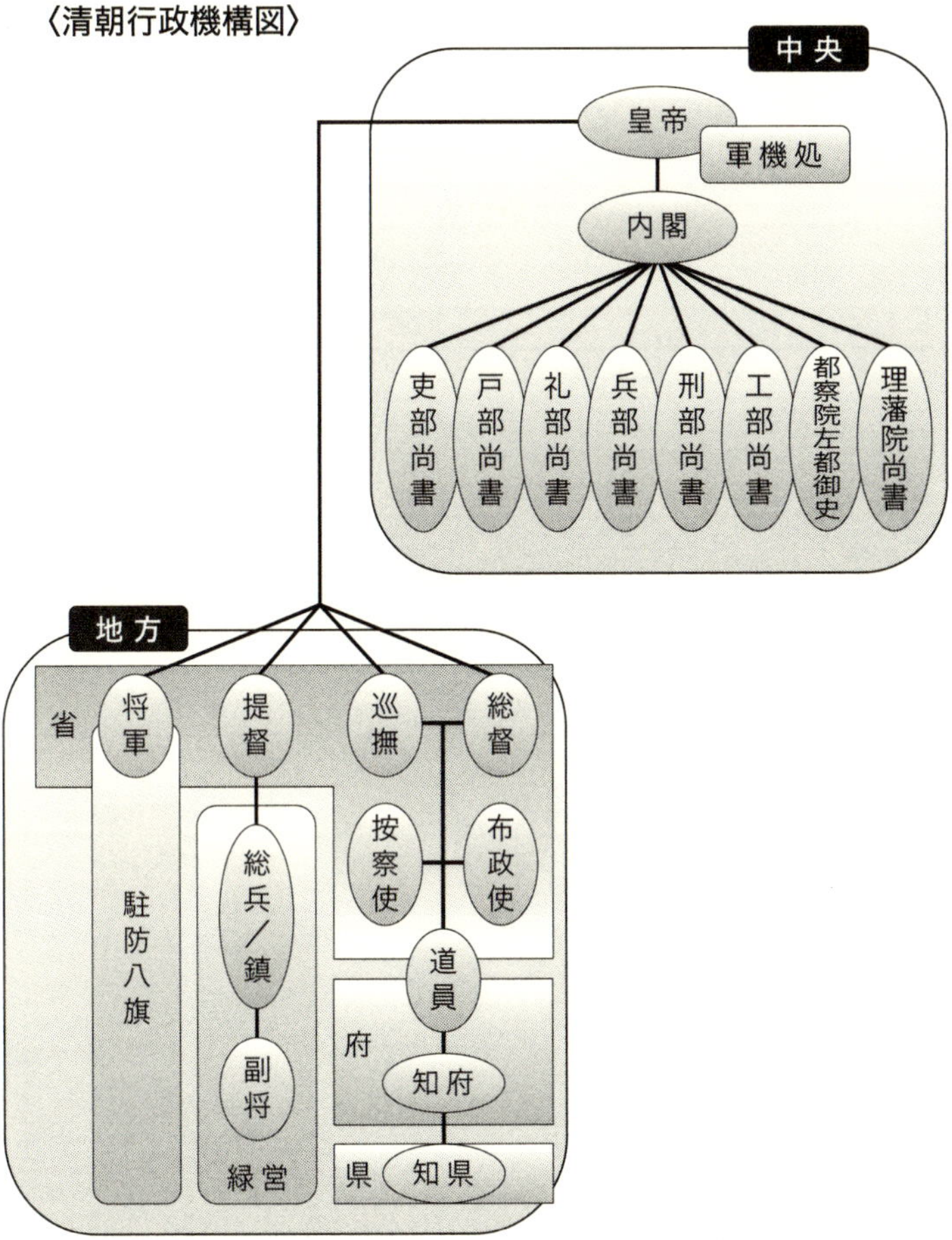

軍機処：皇帝の秘書集団。軍機大臣・軍機章京から構成される。成員はみなほかの役職と兼任で、軍機処専任者はいない
内閣：大学士・中書などから構成される。六部との連絡を行う
総督（8名）：直隷（直隷・河南・山東）、両江（江蘇・安徽・江西）、陝甘（陝西・甘粛・山西）、四川、閩浙（福建・浙江）、湖広（湖南・湖北）、両広（広東・広西）、雲貴（雲南・貴州）
巡撫（15名）：江蘇、安徽、山東、山西、河南、陝西、福建、浙江、江西、湖北、湖南、広東、広西、雲南、貴州
緑営：緑営の兵は提督・総兵が率いるが、1割程度は総督・巡撫の下に置かれた

〈職位表〉

（緑営武官、中央文官、地方文官）

職位	緑　営	中　　央	地　方
正一品		大学士	
従一品	提督	協辦大学士、尚書、左都御史	
正二品	総兵		総督
従二品	副将	内閣学士、左右侍郎	巡撫、布政使
正三品	参将	左副都御史、通政使、大理寺卿、太常寺卿、詹事、府尹	按察使
従三品	遊撃	太僕寺卿、光禄寺卿	運使
正四品	都司	副使、小卿、府丞	道員
従四品		侍読学士	知府
正五品	守備	郎中、給事中	直隷州知州、同知
従五品	守禦所千総	員外郎、監察御史	知州
正六品	千総	主事	通判
従六品			
正七品	把総	内閣中書	知県
従七品			
正八品	外委千総		学正、教諭
従八品			訓導
正九品	外委把総		
従九品	額外外委		巡検

〈カネの感覚〉

本書で登場する貨幣（1）

名称	銀　両	スペインドル（銀元）	銅　銭
単位	1両 （純度約98%／35グラム） ＝10銭／100分／1000厘	1元 （純度約90%／27グラム） ≒0.7両	1文 （純度約50〜60%／27グラム） 1000文＝1貫＝銀1両
形状	塊	コイン（直径38mm） 地域によっては塊として利用し、銀両に換算	コイン（直径25mm）
利用法	重さと純度を測って利用	枚数（1枚＝1元） 地域によっては銀両に換算	枚数（1枚＝1文）
用途	他地域との大口決済 清朝財政の単位	地域内大口決済	地域内小口決済 清朝の給与支払いなどにも利用

物価の感覚

- 銀1両で米50〜100kg購入可能。庶民1人のひと月分の生活費。大都市だともうすこし必要
- 大都市の富裕層の1年間の生活費（使用人の給与含む）が300両程度
- 省長官（総督・巡撫クラス）の給与は年間約10000両（秘書や使用人の給与など含む）
- 清朝中央政府の予算規模は1500万両程度。地方政府は別建て

本書で登場する貨幣（2）

銀両の利用は元朝期（1271-1368）に本格化した。形状に規定はないが、銀錠と呼ばれる形で保存されることが多い

銀元はスペイン領メキシコで発行された銀貨。海外から持ち込まれたため、「番銀」とも呼ばれた。もとは広州での対欧米商人との決済に利用されていたのが、清朝領域内に流れ込んできていた。写真はカルロス3世銀貨（1776年発行）

銅銭の起源は秦の始皇帝の時代までさかのぼれるが、本格的に鋳造され出したのは唐朝期（618-907）。発行された年号が鋳込まれている。写真は嘉慶通宝。片面は満洲語。出典：故宮博物院編『清史図典　第八冊　嘉慶朝』（紫禁城出版社、2001年）、161頁

凡　例

一　とくに断らない限り、文中の（　）は、著者による説明、注記である。

二　引用文中の……は省略を示す。

三　出典は本文中の引用史料にのみ付した。なお翻訳は固有名詞などを省略するなど、逐語訳でない部分もある。

四　引用史料は、日本語訳があるものは出典を明記し、それに従った。日本語でないものはすべて著者が翻訳した。

五　本文中に現れる日付けはすべてグレゴリオ暦（太陽暦）で表記した。ただし、漢文の引用史料中の日付けおよび出典に関しては原史料に従い、当時の年号と時憲暦（太陽太陰暦）で表記し、適宜西暦を補った。

六　漢字で表記される人名、官職名、地名などはすべて常用漢字に従った。振り仮名は日本語音読みとしたが、一部の地名、人名などは現地語風に読むことが慣習化しているものもあるため、例外的にカタカナで表記した。例：厦門（アモイ）

七　満洲人、モンゴル人など本来漢字表記でないものの人名も、史料上の表記に従い漢字で表記し、必要な場合は原語での発音に近いカタカナを付した。例：吉慶（きっけい）（ギキン）

八　前記のように、地名の振り仮名は、原則として日本語音読みとしたが、清朝と日本以外の地域の地名は現地語発音に近いものをカタカナで付した。

序章　海賊が現れた時代

——問題のありか

ユーラシア大陸の東の端に、その支配層であるマンジュ（満洲）の人びとがダイチン・グルンと呼ぶ王朝があった。漢文では大清と書き、歴史家はそれまでの中国王朝の呼び名（唐朝、宋朝、明朝など）にならって清朝と呼んだ。その清朝の時代、シナ海では、海賊が横行していた。彼らは十八世紀の末に現れ、十九世紀の初頭には姿を消した。

本書を通じてゆっくりと述べるが、彼らは、十六世紀に活躍した国際武装商人であった倭寇とは異なる、略奪を目的とした暴力集団だった。

日本語の本書を手に取った方が、「中国の海賊」と聞いても、あまりイメージは湧かないだろう。だが海賊（パイレーツ）という語ならどうだろうか。眼帯や鉤手などわかりやすい絵がたくさんある。何となくロマンがあると感じたり、あるいはソマリアやマラッカ海峡の海賊問題などが思い浮かぶのではないだろうか。

我々が「海賊」という語にロマンを感じたり、「海賊問題」というフレーズを思い浮かべたりする理由は簡単である。西欧的な価値観に浸り切っているからだ。

海上交通路の障害となる海賊の存在は、十九世紀以来の西欧主流の（そして現今の世界経済における主流の）経済思想である自由貿易思想の敵であるから、その存在は国際協調によって解決すべき問題とされ、時に「人類共通の敵 Hostis humani generis」と呼ばれる。二〇〇八年以来、日本の自衛隊が、国際海上合同部隊に参加してソマリア沖で海賊対策に活動しているのも、この文脈のなかで理解する

図序－1　『イギリス海賊史』挿絵
アフリカ西海岸で活躍した海賊バーソロミュー。デフォーは、実在した海賊を交えながらリベルタティア（海賊ミソンがマダガスカルに作り上げた自由の国）という虚構を作り上げた

とよい。

ロマンの源のほうはもうすこし複雑かもしれない。『ロビンソン・クルーソー』でも有名なダニエル・デフォーがジョンソン船長の筆名で『イギリス海賊史』（一七二四年、**図序－1**）において、海賊たちは「民主的」で「自由」な組織を持っている、と描いたこと、その海賊たちが狙ったのは新大陸で産出される金銀というわかりやすい財であり、そのことがロバート・スティーヴンソンの冒険小説『宝島』（一八八三年）でクローズアップされたこと、などがきっかけであった。その後、二十世紀初頭のディズニー映画『ピーター・パン』のフック船長、あるいはハワード・パイルの魅惑的なイラスト（次頁**図序－**

図序–2　ハワード・パイル「バッカニアは絵になる男」（1905年）
ハワード・パイルは20世紀初頭、アメリカで活躍した作家、イラストレーター。海賊に関する多くの書物の表紙には彼のイラストが使われている

2）によって、そのイメージは決定的となった。七つの海をまたいだヨーロッパ的な「正しさ」を体現し、財宝を狙う男たち。それがロマンの源泉である。

だが中国の海賊は、漢文の文学や各種芸術において、このようなロマンあふれる存在としての扱いを受けたことはない（後述するが、じつは英語世界ではまったく知られていないわけではない）。漢文の記録をひも解いても、活動が海の上であったことが特別問題視された様子もない。彼らはたんなる海の上の「盗賊」であった。とすれば、古代から漢籍に長く親しんできた日本語話者が、彼ら中国の海賊についてのイメージを持たないのは、至極当然であろう。

本書は、清朝領域の海賊を扱う。ただ、清朝沿海のどこそこにこんな名前の海賊の首領がいた、ということだけを説いてもつまらないし、現在の我々にとっては、ほとんど意味がない。ロマンの範疇に入ったこともない地味な時代（後述）の、どこぞの盗賊の親玉の個人史だけでは、専門的な研究としてはともかく、一般の読者諸氏にはあまり喜ばれないだろう。それゆえ本書では、むしろ海賊がいたことが、当時の文脈において何を意味していたのかを、さまざまな視点から問うてみたい。つまりは、海賊一人ひとりではなく、海賊稼業で暮らす人がたくさんおり、それを問題視する人びとがいたこと、すなわち海賊問題を手がかりに、清朝の沿海の歴史を語るのが本書である。

1 清朝の海賊問題

十八世紀最後の一〇年と十九世紀最初の一〇年、清朝は海賊問題に頭を悩ませていた。おそらく中国史の、とくに清朝沿海域をフィールドとする専門家以外には、このことはあまり知られていない。

十八世紀末から十九世紀初の二〇年間といえば、ヨーロッパではフランス革命、ナポレオン戦争と続く、英仏対立を軸にしたヨーロッパ動乱の真最中。日本は文化文政時代の爛熟（らんじゅく）のただなかにあり、ロシアからのたびたびの使節来航[*1]や、あるいは英国艦船の長崎港闖入（ちんにゅう）、すなわちフェートン号事件（一八〇八年）など、国際環境の変化を感じ始めるころであった（このフェートン号事件は、じつはあとで清朝の海賊問題に関わってくる。第六章参照）。世界史の教科書的にいえば、清朝は十八世紀後半の乾隆（けんりゅう）帝統治下での「盛世」と呼ばれる時代を過ぎ、白蓮教（びゃくれんきょう）反乱の鎮圧に忙殺され、その後のアヘン戦争に向け

＊1　**ロシア使節来航**　ラクスマンの根室来航（一七九二年）やレザノフの長崎来航（一八〇四年）など。

図序－3　阮元
『清代学者像伝　第一集　第三冊』より

て衰亡への道を歩み始めた、とされる時期である。

一七八〇年代末から問題視されつつあった海賊の活動は、まさに乾隆帝が翌年の退位を準備し始めていた乾隆六十（一七九五）年初頭に本格化した。安南（現在のベトナム北部）に拠点を持つ海賊集団が、突如広東、福建、浙江沿海に現れ、航行する船舶、沿海集落を襲撃し、鎮圧に現れた清朝水師（水軍）をしばしば撃退したのである。清朝沿海の地方政府はあわただしく対策に乗り出した。浙江省では、少壮の巡撫（省長官）である阮元（図序－3）と提督（省軍事司令官）李長庚の指揮のもと、ベトナム海賊と対峙し、台風に乗じてこれを打ち破った。この事件はその後、「神風蕩寇（神がかった大風による海賊掃蕩）」と呼ばれた。その後、ベトナムで内戦を経て清朝に友好的な政権が発足すると、海賊がベトナムに逃げ込むようなことはなくなった。だが、海賊活動はさらに活発化した。

福建、浙江では蔡牽という男が「鎮海威武王」なる称号を名乗って、海賊を率いて清朝相手に丁々発止の戦いを続けた。時に台湾に上陸し、台湾府（台湾の行政の中心地。現在の台南）を包囲したこともあった。蔡牽は、清朝水師の司令官李長庚と同じ福建省同安県の出身だった。李長庚は蔡牽との戦いのさなか、流れ弾を受けて戦死し、その後、李長庚の旧部下の活躍によって蔡牽は居船の自爆に追い込ま

図序–4　戦う鄭一嫂＝ミストレス・チン

フィリップ・ゴス『海賊の世界史』155頁より

れた。李長庚は清廉潔白で有能な男だった。彼が戦死したのは、彼の活躍をねたむ福建当局の妨害が原因だ、とされた。つまりは海賊問題は、当時の官僚腐敗のもたらした災厄の一つである、とも観念されていたのである。

広東では、鄭一嫂（ていいっそう）という女が率いる海賊集団の横行に、注目が集まっていた（**図序–4**）。彼女の本名ははっきりしない。鄭一（ていいっ）という、ベトナムから広東にかけての海域で海賊をしていた男の未亡人（「嫂」とは漢文で目上の既婚女性を指す）で、夫の旧勢力を率い、部下の張保仔（ちょうほし）という美少年を後夫としていた。彼女は、清朝広東当局との交渉の末、清朝に投降し、清朝水師の一員として、ほかの海賊集団を撃滅した。のちに欧米の文筆家は、彼女を「美しく強い女性」として描いた。そのため、欧米では奇妙なほど中国海賊について知られている。このことは、あとでまた取り上げることにしよう。なお、漢文史料には彼女の容姿に関する記述はまったくない（張保仔が美少年であったという記述はある）。

鄭一嫂が清朝に降り、主要な海賊集団が消滅したとされるのは、一八一〇年のことであった。乾隆帝の跡を継いだ嘉慶（かけい）帝の年号を取って、この一連の海賊問題は、嘉慶海寇（かいこう）の乱と呼ばれることもある。同時代の内陸部で発生していた白蓮教反乱と並んで、当時の清朝の斜陽を示す事例の一つとされ、一八四〇年に勃発するアヘン戦争の前史に登場することもあった。

以上が十八世紀末以来の海賊問題である。さて、ここで確認せねばならないのは、その海賊問題が、どのような時代背景を持って現れたのか、ということである。このような問題はいつでも起こるものなのか、それとも当時に特殊なものなのか。まずは二つの背景を考えなければならないだろう。一つは海の歴史のなかの十八世紀末、もう一つは清朝史のなかの十八世紀末という文脈である。一つひとつ見てゆこう。

2　倭寇の海——十七世紀のシナ海

中国の海賊といえば、「倭寇（わこう）」（図序－5）を想像される向きも多いだろう。だが、冒頭にも記したように、倭寇と清朝の海賊は、その性質をまったく異にする。では何が違うのか。

「倭寇」とは、十四世紀中ごろから、朝鮮半島沿岸あるいは長江下流沿岸地域（江蘇、浙江付近）で活動した、おもに九州から来る武装集団を指す語であった。西日本・朝鮮南部・長江下流域を結ぶ貿易を中心とするその活動は、十四世紀末には終息へ向かう。明朝が成立し（一三六八年）、李氏朝鮮が成立し（一三九二年）、さらに日本で南北朝合一（一三九二年）に伴い足利政権が強い影響力を持つようになると、明朝、李朝、足利政権が貿易を管理、独占するべく、取り締まりを行ったからである。これらを総称して「前期倭寇」と呼ぶ。もともと九世紀ころには、日本を含む東アジア海域各地を結んだ貿易[*2]が盛んになっていた。「前期倭寇」は、既存の貿易活動を管理しようとする十四世紀後半の新興勢力との対抗によって生まれた

図序–5　倭寇
『学海群玉』（東京大学東洋文化研究所所蔵）より。明朝では、月代を剃り、日本刀を持ち、上半身裸の男性が倭寇であるとされた

＊2　**東アジア海域各地を結んだ貿易**　朝鮮半島（新羅）や中国大陸の商人は、九世紀ころにはしばしば日本を訪れ、東南アジア産品（コショウなど）をもたらした。この活発な民間交流こそが、遣唐使終了の背景でもあった。国の経費で使節団を送らなくても、民間交流で用が足りたということである。

もの、といえるかもしれない。要するに「倭寇」の背景には、その最初から国際貿易があったのである。

「後期倭寇」は商業的な利益とさらに密接に結びついていた。その内実は十六世紀に活躍した日明武装商人である。倭寇出現の背景には、日本での銀の大量生産と、明朝の強力な銀需要による銀の奔流があった。

当時、明朝は税の銀納化を進めており、明朝領内では大量の銀が必要とされていた。この明朝の銀需要に応えるべく、周辺国では銀鉱山開発が加速した。そのなかでもっとも成功したのが、日本の石見（いわみ）銀山（現在の島根県）である。ところが、明朝は「前期倭寇」対策の時期から一貫して、民間交易を禁止していた。[*3] 管理できない貿易は治安を乱す、と考えていたのである。つまり、たとい明朝経済が渇望する銀を取引していたとしても、海外との交易は、明朝政府からすれば犯罪であった。こうして、日明貿易に携わる商人は非合法な存在とされ、取り締まりの対象となった。取り締まりを逃れ、莫大な利益を獲るため、商人たちは武装した。かくて倭寇が復活したのである。

倭寇は猖獗（しょうけつ）を極め、時に明朝軍を打ち破ったが、明朝はかたくなに貿易制限を緩和しなかった。流れが変わったのは一五六六年、あらたに即位した隆慶（りゅうけい）帝（在位：一五六六―七二）が、東南沿海や北辺での貿易制限の一部解除を決定し、銀の取引が合法化されたときのことである。これによって日明貿易商人は「倭寇」という蔑称では呼ばれなくなった。その後、一五九〇年代には日本でも政情が安定し、日本の王権が朱印船（しゅいんせん）貿易[*4]を開始すると、東アジア経済は活況を呈し、とくに中国と周辺諸国のあいだを結ぶ地域、海域を支配する、数十年前まで倭寇と呼ばれていた集団がさらに成長していった。

一六〇四年、福建省泉州に生まれた鄭芝龍は、この貿易の時代の申し子であった。閩南語（福建南部方言）、官話（標準中国語）、ポルトガル語、スペイン語、オランダ語、そして日本語を自在に操り、オランダ東インド会社[*5]をパートナーに東アジア全体で交易を行っていた彼は、一六二八年、明朝に名目上「投降」し、武官職を得た。鄭芝龍は明朝軍に組み込まれたわけではない。自分の勢力をそのまま率いていた。つまり、明朝に沿海支配を認めさせたのである。日明貿易を軸に成長した鄭芝龍は、間違いなく倭寇の本流に位置づけられる。十七世紀初頭のシナ海は、日中貿易を基軸にした「倭寇の海」だった。

＊3 **明朝の民間貿易禁止政策**　明朝の貿易制限は、朝貢貿易一元体制と海禁の二つの政策によってなっていた。朝貢貿易一元体制とは、明朝との貿易は朝貢という外交使節の付帯貿易（＝「朝貢貿易」）のみを認める、という制度である。足利政権のいわゆる勘合貿易も、この制度下で行われた朝貢貿易であった。一方海禁とは、出航規制政策である。もともとは明朝が前期倭寇対策の一環として打ち出した沿岸部における非常事態宣言であったが、その後、民間貿易一律禁止政策に読み替えられたものであった。

＊4 **朱印船貿易**　豊臣政権あるいは徳川政権の許可を得た対外貿易。日本中世、近世において、朱印が押された各種許可状を朱印状と呼び、そのうち、貿易許可に関する朱印状を所持して日本と海外のあいだで貿易を行う船を朱印船と呼んだ。朱印状は、日本人のみならず日本在住の中国系商人、ポルトガル人、オランダ人、イングランド人などにも発給された。

＊5 **オランダ東インド会社**　一六〇二年設立の民間会社。当初は東南アジアでの香辛料取引を目的に設立されたが、その後、日明貿易を初めアジア海域各地の貿易に参入した。

こうして明朝領域には、合法的に大量の銀が供給されるようになった。これによって、大都市は好景気に沸いた。しかし、農村では相変わらず銀不足が続いていた。都市での商業活動への課税を増やすことができなかった明朝政府が、ほとんどの税収を農村に求めたからである。税負担に耐えかねた農民は、逃げ出して流民となり、各所で略奪を行った。流民の鎮圧に当たる兵隊に対しても、明朝は給料を支払うことができなくなった。かくて兵隊も流民に加わる。こうして、流民集団は雪だるま式に拡大した。流民集団の首領李自成が北京への進撃を開始したのは、一六四四年二月のことであった。

3　清朝の海——平和と安定の十八世紀

一六四四年（明の崇禎十七年、清の順治元年）四月、李自成軍の攻撃によって北京は陥落、紫禁城が包囲され、明朝第十七代崇禎帝はみずから縊り、果てた。こうして李自成が北京の主となったが、その直後、清朝軍が、万里の長城東端の要衝山海関を越えた。北京落城の報を受けた、山海関を守る明の将軍呉三桂（一六一二—七八）が、清朝に降伏し、これを招き入れたからである。清朝軍は数日のうちに李自成軍を壊滅させ、北京に入城する。それから一五年をかけて、清朝は、雲南、貴州、広西、広東に至る明朝の旧領域をほぼ接収し、東南に広がるシナ海に達した。

東南沿海、すなわち浙江、福建、広東の沿海部を支配していた鄭芝龍は、清朝の形勢有利と見るや、早くも一六四六年の段階で清朝に降伏した。しかし、鄭芝龍の息子鄭成功（**図序—6**）は、清朝への投降を拒否し、厦門を根拠地に独立勢力を率い、福建、広東で清朝軍と戦闘を繰り広げた。一六五八年には軍勢を率いて南京城下に迫ったが、あえなく敗北する。厦門へ帰還した鄭成功は、そのまなざしを台湾へ向けた。

台湾には、オランダ東インド会社が貿易拠点を築いていた。同社は、もともと一六二二年ころから台湾海峡の澎湖諸島に拠点を築き、明との貿易を行っていたが、明朝福建当局は、澎湖は版図のなかにある海防上の重要地点であるとして、一六二四年に澎湖からの撤退を強く求めた。このため、同社は拠点を台湾南部に移していたのである。なお、明朝は洪武帝（在位：一三六八―九八）の時代から、

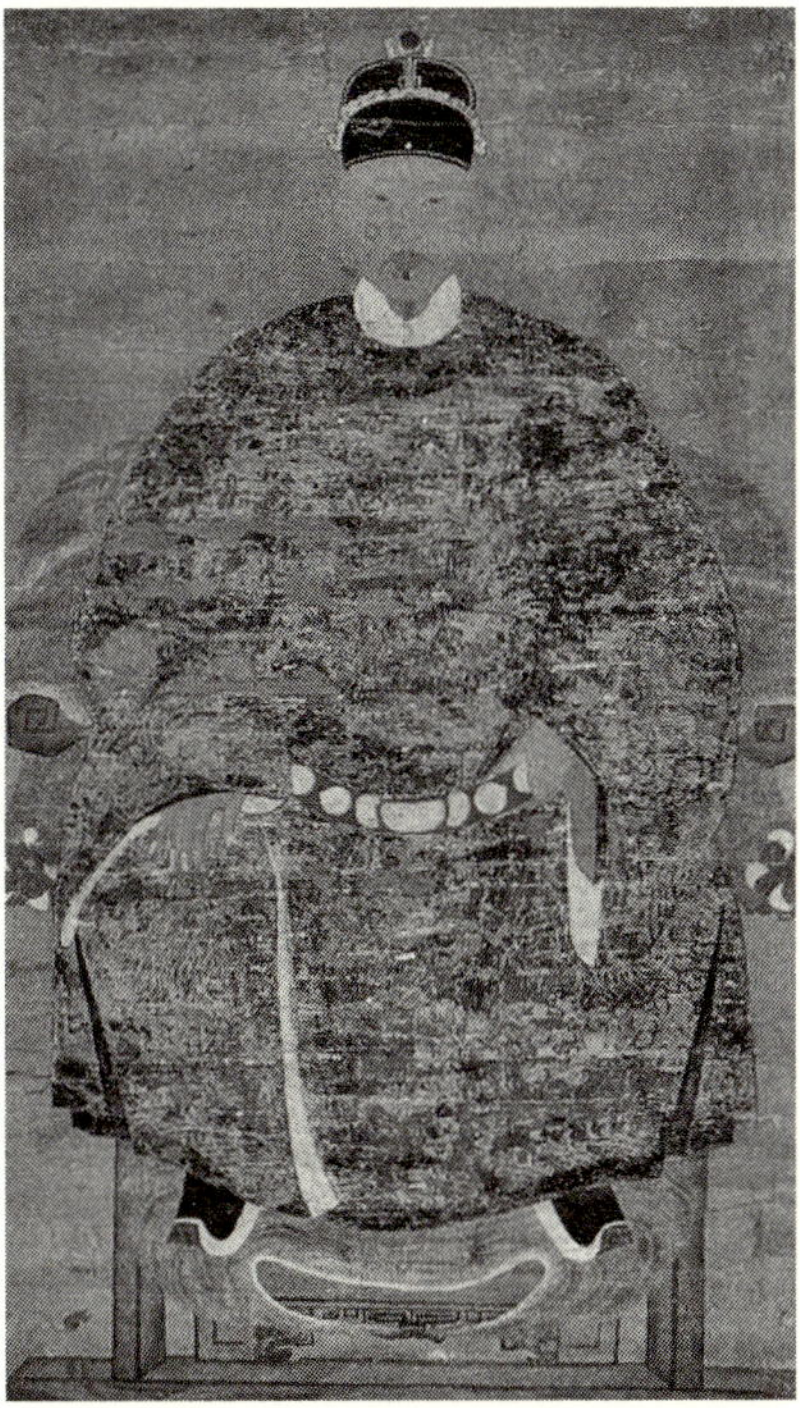

図序–6　鄭成功（1624-62）

原名は森。母親は長崎平戸の女性。7歳で福建にわたり、その後、南京で学問を修めた。南京陥落後、故郷福建へ戻り、父鄭芝龍が擁立した隆武帝に気に入られ、明皇室の「朱」姓を賜った。このため国姓爺（皇室の姓を持つ身分の高い男性）とも呼ばれる

台湾は明朝領域の外にある、と認識していたため、同社が台湾で拠点を建設しても問題とはしなかった。明朝の跡を継いだと標榜する清朝[*6]も、当初は台湾を接収すべき土地とは考えていなかった。南京を攻め落とせなかった鄭成功からすれば、清朝領域の外側に拠点があったほうがよい。父親も利用していた台湾は格好の海外拠点であった。

このころ、オランダ東インド会社と鄭成功の関係も悪化していた。もともと鄭氏一族は、同社と友好的な関係を結び、台湾を中継地として日明貿易を行っていた。しかし、一六五〇年代に入り、オランダ支配下の台湾で華人（かじん）（中国系住民）の反乱がたびたび発生すると、オランダ側は、鄭成功が裏で反乱分子を操っている、と考えるようになった。さらにオランダ側では、鄭成功から取引制限を受けるなど、圧迫を感じてもいた。両者の衝突は時間の問題でもあった。

一六六一年三月、鄭成功はみずから兵を率いて台湾へ渡り、オランダ側の拠点ゼーランディア城を包囲した。長期にわたる籠城戦の末、オランダ東インド会社台湾評議会は、一六六二年一月二十五日、降伏を決め、二月十七日、台湾長官コイエットは台湾を離れた。

かくて鄭成功は、オランダ人を台湾から駆逐し、父の支配した東南沿海と日中貿易を軸にした独立王国を建設し、現在の台南に当たる都市を首府「東寧（とうねい）」と称し、自勢力の名称にも使用した。鄭成功自身は台湾占拠直後に急死したが、その跡は子の鄭経（ていけい）が継いだ。この鄭氏政権を、清朝は「海賊（現代のピンイン表記ではHǎizéi)」と呼んだ。

当時の漢字漢文の用法において、「海賊」は英語のパイレーツに対応する語ではない。「海賊」とは文字通り海の逆賊であり、「海上で活動する清朝の許し難い敵」を意味する、政治的な含意のある語であった。東寧、すなわち台湾を根拠地に、東アジアから東南アジアにかけての海上交易の利益と、それをもとに整備した海軍力を背景として清朝に戦いを挑む鄭氏一族は、まごうことなき「海賊」であった。

清朝は、中国産品を買い付け日本に売って財源を確保していた「海賊」鄭氏を弱体化させるために、中国と台湾の交易を杜絶しようとした。そのためにとった方策が、遷界令と呼ばれる、海岸線から三〇里(約一五キロメートル)の住民すべてを内陸へ移住させるという沿海部無人化政策であった。マカオ[*7]などいくつかの例外はあったが、非常に厳密に施行されたこの政策は、当然のことながら、同時に、

＊6　**明朝の後継**　清朝は当初、「明朝は李自成という出自もよくわからない暴力集団によって滅ぼされたのであって、我々は明朝崩壊後の混乱を収拾するために北京に入ったのだ」と主張し、自縊した崇禎帝の葬儀を主催した。

＊7　**マカオ**　十六世紀初頭からポルトガルの東アジア貿易の拠点となっていた広東中部沿岸の港町。ポルトガルは、当初、インド、東南アジアの香料貿易に注目したが、その後、東アジアの地域貿易にも参入した。マカオの利用は、当地の海賊対策に協力した褒賞として認められた、とマカオのポルトガル人は記録するが、それに対応する記録は、漢文では確認できない。実際には、当時の明朝広東当局者に賄賂を贈って利用を黙認させたのが始まりのようである。遷界令施行当時も、イエズス会宣教師を通じた北京の朝廷でのロビー活動と、清朝広東当局への多額の上納金によって、強制移住対象から外すことが何とか認められていた。

海外からの銀流入を停止させる、という副作用をもたらした。遷界令施行により、銀を貨幣として利用してきた江南経済は大打撃を受け、当時の清朝の緊縮財政もあいまって、銀不足による深刻なデフレ不況に陥った。清朝と鄭氏の抗争は、このように、ある種の我慢比べであったが、鄭氏側の内紛もあり、最終的に清朝の勝利に帰した。鄭経の息子鄭克塽（ていこくそう）は一六八三年、清朝軍の台湾上陸を受けて、清朝へ投降する。かくて「海賊」はその姿を消した。このとき、倭寇の時代はようやく終わりを告げたのである。

倭寇の末裔である「海賊」を滅ぼした清朝は、こうして旧明領沿岸部を支配することとなった。だが、清朝はただ「海賊」を武力で叩き潰しただけはなく、同様の問題が発生しないように工夫もした。台湾接収後、遷界令を解除した清朝は、沿海統治を治安維持と徴税に特化し、中国沿海の商取引に対して、強い規制をかけようとはしなかったのである。いくつかの禁制品（硫黄や武器など）はあったが、その禁制品も、海防上の最低限の必要から指定されたものであった。

十六世紀、明朝の朝貢一元貿易管理体制を突き崩した後期倭寇には、日本と明朝のあいだでの銀や生糸の取引がもたらす莫大な利益という、明朝官憲の取り締まりに命をかけて対抗するだけの動機があった。しかし、十七世紀の末には、清朝への抵抗を誘発するような商品も規制もなくなっていた。清朝は、倭寇に類似した国際貿易を基軸にした敵対勢力を、発生させないようにする枠組みを作り上げていた。

十七世紀の末までにこうして生まれた平和かつ安定した状況は、約一〇〇年ののち、清朝第六代皇帝乾隆帝が息子の嘉慶帝に皇位を譲る直前の、十八世紀末の海賊問題の発生によって、唐突に終わりを迎えた。では、この時期の清朝はどのような状況にあったのだろうか。

4　嘉慶という時代（一七九六―一八二〇）

不世出の東洋学者宮崎市定は、その論考「雍正硃批諭旨解題」（のちに著書『雍正帝』所収）のなかで、康熙・乾隆に比べてその狭間の雍正時代は、一般にはよく知られていないとして、雍正は「明朝の年号であろう」と「傍若無人に説いた」「似而非シナ通」のエピソードを紹介しているが、乾隆のあとに続く嘉慶は、おそらくそれ以上に知られていない。ここでは清朝の歴史を概観しながら、その位置づけを確認してみよう。

一六四四年、長城を越えて北京に入った清朝は、数十年かけて明朝の残存勢力を滅ぼした。鄭氏台湾の投降（一六八三年）はその最終局面であった。乾隆（在位：一七三五―九六）の時代には、最大のライバルである西モンゴル遊牧民国家ジューン・ガルを滅ぼし、最大の支配圏をうちたてた。このとき、モンゴル帝国以来の大帝国がユーラシア東部に出現したのである。

この時期、平和と好況を背景に人口も急増した。十七世紀中ごろには一億人前後であったのが、十八世紀中葉には二億に、十九世紀前半には四億を突破している。急激な人口増大を支えていたのは、四川を初めとするあらたな土地の開拓と、トウモロコシやサツマイモを初めとする新大陸産の農作物による食糧の増産であった。人が増えても、開拓地へ移住して、作付けが容易な新しい農産物を作っていれば、食べてゆけるようになったのである。

対外貿易収支も黒字が続いた。日本からの銀流入は、日本側の貿易制限によってなくなったが、今度はイギリスを中心とする欧米の船が広東を訪れ、茶や陶器、生糸を買い、その代価として大量の南米産の銀を清朝にもたらした。銀という貨幣が海外からどんどん流れ込んでくるため、十八世紀を通じて、清朝は潤沢な貨幣供給と潤沢なフロンティアを背景に、経済の好循環が続く。自他ともに認める「盛世」（繁栄の時代）であった。

図序–7　嘉慶帝
『清仁宗嘉慶皇帝朝服像』(故宮博物院所蔵)所収

この繁栄は、乾隆の終わりころ、ほころびを見せ始める。開拓地でも人口が過密になり、治安が悪化し始めた。開拓地のうち豊かな土地は、すでに先に来た移住民によって開発が進んでいたため、新来の移住民は貧しい山間部などを開墾したり、以前から暮らしている移住民のもとで低賃金で働くほかにはどうしようもなく、不満をため込んだのである。

乾隆帝が退位し、息子の嘉慶帝（在位：一七九六—一八二〇）（**図序—7**）が跡を継いだ一七九六年、湖北・四川・陝西を中心に白蓮教反乱が起こった。白蓮教は仏教系民間信仰で、反乱の中核がその宗教結社にあったことからその名があるが、実際には宗教反乱ではなく、むしろ清朝の繁栄の限界が生んだひずみを背負わされた、開拓地であぶれた人びととの暴発であった。

一〇年近くに及んだ大反乱の鎮圧には、清朝国家平均歳入の五倍の費用が投入され、清朝財政を圧迫した。そのうえ反乱鎮圧に際しては、八旗や緑営*8などの既存の軍事力が役に立たない、としばしば報告され、団練（地方村落の自衛団）、郷勇（臨時傭兵部隊）などと呼ばれた、新しく召募された地方自衛集団に頼るようになっていった。白蓮教反乱は、清朝の財政を突き崩し、既存の軍事力の弱体化を暴露したのである。

一七九六年に譲位したのちも、太上皇帝として、皇帝のさらに上に君臨した乾隆帝は、眉目秀麗

＊8　**八旗と緑営**　八旗とは、清朝の社会組織で、これに所属する者は旗人と呼ばれた。満洲・蒙古・漢軍の三つからなり、清朝の支配層を構成する。八旗は軍事組織でもあり、旗人は時に兵士として動員され、北京に置かれた禁旅八旗のほか、要衝に置かれた駐防八旗のいずれかに従軍した。どちらも、反乱や戦争など大規模な軍事行動が必要な際に出動することを目的に設置されたものであった。一方、緑営は現地採用兵士による漢人部隊で、反乱鎮圧のほか、警察力の一端を担い、治安維持にも当たった。緑営については第五章でも触れる。ちなみに、窃盗など一般的な犯罪の取り締まりは、地方政府が雇った現地採用下級役人が当たっており、八旗、緑営、現地役人のあいだで役割分担ができていた。

図序–8　和珅（ヘシェン）
『平定台湾二十功臣像』所収

でたいへん気の利く和珅（ヘシェン）なる人物を重用した（**図序–8**）。嘉慶帝は一七九九年、父帝が亡くなるや、すぐさまその和珅に自殺を命じた。嘉慶帝によれば、和珅はたぐいまれなる貪欲な男で、乾隆帝の寵愛をいいことに、民を虐げ、不正蓄財に励んだ、その結果が白蓮教反乱だ、という。だが、和珅が実際に悪人であったかどうかなど、どうでもよい。要するに、嘉慶帝とその周辺は、そろって和珅にすべての責任を押し付けたのである。

当然のことながら、和珅という一個人がいなくなることで反乱が収まるわけでもないし、人口増加が収まるわけでもない。経済がV字回復するわけもない。清朝経済は十九世紀前半を通じて低調なままであった。

一八二〇年代に入ると、経済の停滞は、イギリス人が大量に持ち込むアヘンが原因である、と考えられるようになった。それまで茶の代価として大量の銀が流れ込んでいたのに、アヘンが売りつけられることで、逆に代価として銀が流出し、そのために銀が足りなくなって、デフレ不況が発生した、とされたのである。ほんとうにアヘン密輸が当時のデフレ不況の原因であったのかについて、歴史家のあいだで現在でも、なお議論が行われるきわめて複雑な問題なのだが、アヘンと不況を短絡した当時の人にとっては、そんなことはどうでもよかった。とにかく経済に再び活況をもたらすためには、不況の原因であるアヘンの流入を止めねばならない。かくて清朝は、イギリス人のアヘンを取り上げるという強硬策に出た。一八四〇年、これに怒ったイギリスとのあいだで起こったのが、史上名高いアヘン戦争である。敗北を喫した清朝は、その後の二〇年にわたって内憂外患に苦しむこととなる。

一八五一年には、太平天国戦争[*9]が起こり、国土のほとんどが戦乱で荒廃した。太平天国戦争が終わらないうちに、アロー戦争[*10]が起こり、一八六〇年にはイギリス、フランス両軍によって、首都北京が破壊された。十九世紀中ごろには、国内各所で、漢人移住民と衝突した回民（イスラーム教徒）や、少数民族による反乱も頻発するようになった。

ところが一八六〇年代、為替変動やヨーロッパでの好況によって対外貿易収支が好転し、清朝経済は活況を取り戻した。だが、いささかの小康ののち、清朝政府は国内での求心力を失ってゆく。対外

---

*9　**太平天国**　一八五一年に広西省で武力蜂起した、洪秀全を中心とする自称キリスト教系民間宗教。清朝領域南部を席巻し、一八五三年から一〇年余にわたって長江下流域に蟠踞した。

*10　**アロー戦争**　第二次アヘン戦争とも。英仏連合軍と清朝のあいだで戦われ、北京落城により終結した。一八五六年にアロー号という元英国船籍（期限切れ）の船舶を清朝官憲が臨検したことが発端であったため、こう呼ばれる。

政策に失敗したからである。一八七〇年代には新疆（しんきょう）北部をロシアに一時的に奪われ、[*11]一八八〇年代にはフランスとの戦争[*12]に破れ、一八九五年、ついには日本に敗れた（日清戦争）。下関条約で日本に台湾を奪われると、列強は相次いで清朝に、領土の割譲や租借を迫った。さらに一九〇〇年、列強すべてを敵に回した義和団戦争の敗北によって、清朝中央政府は決定的に力を失った。この間、清朝経済自体はけっして悪い状況には陥ってはいなかったが、結局一九一二年、前年に発生した武装蜂起を抑え込むことができず、宣統帝溥儀（せんとうていふぎ）が退位することで、清朝は滅びた。

　右の清朝興亡記によるならば、清朝は、人口増と開拓、移民ブーム、貿易黒字によって繁栄し、開拓の終焉（しゅうえん）と貿易赤字によって苦境に陥った、ということになるだろう。開拓の終焉を象徴する白蓮教反乱が発生し、清朝財政が一気に苦しくなったのが一七九六年、すなわち嘉慶元年である。一方、包世臣（ほうせいしん）（一七七五―一八五五）という学者が、アヘンの密輸が銀流出を加速させ、清朝経済を蝕（むしば）んでいる、と指摘したのは一八二〇年、すなわち嘉慶二十五年、嘉慶帝が亡くなった年であった。つまり、清朝が衰退へ傾いたのは、まさに嘉慶年間のことだった、ということになる。

　たしかに、世界史の教科書や中国史の概説書にはそのように書かれる。では、この時期の清朝の当局者は、王朝の衰退を袖手（しゅうしゅ）傍観していたのだろうか。そもそもほんとうに清朝は「衰退」への道を歩み始めていたのだろうか。海賊問題発生から一〇〇年以上、一九一二年に宣統帝による退位の詔（みことのり）が出されるまで清朝が命脈を保ったことは、どのように理解されるべきなのだろうか。むしろ、海賊問題や白蓮教反乱、そしてアヘン戦争、その後の太平天国戦争などを、清朝は何とか乗り越えていった、と考えるべきではないのだろうか。右で確認した通り、清朝の滅亡は直接的には、むしろ十九世紀最末期の対外関係マネジメントの失敗によるのである。対外関係の失敗の理由を、さらにその一〇〇年近く前の社会状況に求めるのは、奇妙ではないだろうか。

嘉慶帝や、その跡を継いでアヘン戦争を引き起こすことになる道光帝（在位：一八二〇―五〇）は、歴史家によってしばしば、善良だが無能な人物、とされた。当時の官僚はみな腐敗し切っていた、とされた。だが、特定の皇帝や官僚の無能や腐敗をあげつらっても意味はない。個人に社会の動きの責任を押し付けるのは、たんなる思考停止である。むしろ重要なのは、当時のさまざまな社会、経済、あるいは国際関係の構造である。構造と言ったらわかりにくいので、しくみと言い換えてもよいだろう。そのしくみのなかで、当時の人びとは、どのような条件のもとに、どのように問題に対処していったのだろうか。

＊11 **ロシアの新疆支配**　一八六〇年代初頭以来、新疆ではテュルク系イスラーム教徒（現在、ウイグル族と呼ばれている人びと）の武力蜂起が頻発し、最終的にヤアクーブ・ベグという人物が支配する独立王国が成立した。その混乱のさなかの一八七一年、国境付近での混乱を嫌ったロシアにより、新疆北部が占領された。清朝がヤアクーブ・ベグ政権を打倒すると、ロシア側との交渉が持たれ、一八八一年のイリ条約をもって新疆北部が清朝に返還された。

＊12 **清仏戦争**　一八八四年から翌年にかけて清朝とフランスのあいだで行われた、ベトナム支配をめぐる戦争。

嘉慶時代は、たしかにいろいろと振るわない時代ではあった。その理由は、人が多過ぎることに尽きる。だが、要らない余った存在だからといって、一度生を受けた人間はおいそれと消えてはくれない。きしみながら社会は回ってゆく。そのなかで、ある者は海賊となり、ある者は海賊に襲われ、ある者は海賊を鎮圧し、ある者は海賊を利用した。

本書の目的は、「衰退しつつある」と呼ばれた時代を生きる人びととその社会の実相を、海賊問題を通じて明らかにすることにある。

5 ねらいと構成

本書で行う作業は、十八世紀末から十九世紀初頭の時期に頻発した海上における暴力行為の主体となった人びとを海賊と呼び、その存在が、誰に、どのように、なぜ問題視され、そして、いかなる影響を及ぼしたのかを跡づけるものである。

ある行為が発生したとき、すべての人間が、自動的にそれを「あってはならないこと」と認識し、問題だと思うわけではない。「問題」を発見する人びとのまなざしは、まなざしを持つ主体が背負っている政治的、社会的、経済的な文脈や利害、欲望によって生成され、規定される。本書で取り扱う「海賊問題」の実態は、十八世紀を通じて増え過ぎ、行き場を失った、余った人間たちによるたんなる強盗殺人や恐喝、誘拐の頻発に過ぎない。しかし、それらは、実際に被害を受けた現地住民や商人のみならず、その地を管轄する清朝地方政府、その地方政府を通じて統治を実現していた清朝中枢、さらには、その地に貿易上、安全保障上の利害を持つ欧米勢力によって、彼らの利害に沿ったかたちで「問題」とされた。本書が描こうとするのは、何となく興味深そうな中国の海賊たちの姿ではない。むしろ海賊たちを疎ましく思い、あるいはその存在をうまく利用しながら、「海賊問題」を通じて、清朝沿海の「秩序」に関わり、生き抜き、さらなる利益を求めていった人びとの思惑とその背景である。

海賊がいかなる問題とされたのか、という問いを通じて、我々は、嘉慶とはどのような時代であったのか、清朝の南に広がっていた海が、どのような世界であったのか、そして、その知られざる時代、世界が、我々の今にどのようにしてつながるのかを理解することができるだろう。

では、本書の構成を紹介しておこう。

第一章では、国際問題としての海賊問題について考えてみたい。安南という外国から海賊が侵入するというのは、清朝からすれば国際問題でもあった。しかも安南は、反乱や戦争により大混乱に陥り、海賊問題発生の数年前に、清朝はその混乱に軍事介入して手ひどい失敗を経験していたのである。されば清朝は、この「安南海賊」をどのように扱うべきなのだろうか。清朝の海賊問題への対処から、清朝の対外政策のあり方が明らかになるだろう。

第二章では、海賊問題が清朝沿海の社会経済にどのような影響を与えたのかを見る。海賊に限らず反社会的な勢力が、じつは在地経済に不可欠な存在だったりすることはたしかにある。では、清朝の海賊たちもそのような、ある種、地元経済を代表する立場の者たちであったのだろうか。海賊による、航行する船舶や沿岸の集落や港湾への襲撃、金品や人的資源の略奪が、当地の経済に与えた具体的な損害から考えてみたい。

第三章では、海賊の被害者たちがどのような人びとだったのかが示される。ふつうの人びとの生活というのは、じつは当たり前過ぎて史料に残らない。ところが、海賊の被害者たちの人生は、歴史家にとっては幸いにも（もちろん彼らにとっては不幸にも）記録が残ることとなった。被害を受けた人びとの生活の実情とともに、海賊の猖獗（しょうけつ）を何とかやり過ごしてゆこうとする、ふつうの人びとの営みが明らかになるだろう。

第四章では、海賊の台湾上陸について扱う。一八〇六年から翌年にかけての海賊による台湾上陸は、当時の海賊問題のハイライトであった。海賊の一方の雄であった蔡牽は、この事件を通じて王号を自称し、清朝公式の敵に認定された。一方、台湾在地社会にとっても、外から現れた海賊という脅威は、社会変容のきっかけともなった。海賊たちはなぜ台湾に現れたのか、そして海賊たちの出現は、台湾社会の何を変えたのかが示される。

第五章では、清朝地方当局による海賊対策を見てゆく。海賊の跋扈（ばっこ）に直面した地方当局にとって、最大の問題は財政難であった。苦しい台所事情を抱えた清朝地方当局が、管轄下の治安秩序を大きく揺るがす海賊の活動に対して、どのように取り締まりを行い、曲がりなりにも海賊問題を解決したのかを描いてみたい。

第六章では、当時、東アジアを訪れていたイギリス人を中心とするヨーロッパの人びとと、海賊問題との緊張関係を見てゆく。海賊のもう一方の首領、鄭一嫂の名は、じつは西欧ではよく知られ、いまやディズニー映画「パイレーツ・オブ・カリビアン」シリーズにまで登場することとなった。その意味では、清朝の海賊問題は、ヨーロッパの人びとに奇妙なほど知られているのである。では、そもそもヨーロッパの人びと、具体的にはイギリス人とマカオのポルトガル人は、何のために清朝沿海を訪れていたのか、そして、なぜ海賊問題に関心を持ち、どのようにそこに関与したのかが明らかとなる。

第七章では、海賊たち個人の来歴や、組織のあり方など、海賊たちの実態を扱う。そもそも、安南との国際問題であれ、経済的な影響であれ、被害者たちの対応であれ、台湾社会への影響であれ、清朝地方当局の鎮圧活動であれ、ヨーロッパ人の関与であれ、そこには、海賊たちの個人的な背景や組織構造、あるいは海賊集団出現の理由などは、じつはほとんど関係がない。海賊の存在を「問題」だと感じ、巻き込まれたり、あるいは利用しようとする人びとにとって、海賊たちが実際にどのような人間集団であったのかは、どうでもよいことであった。だから、六章まででは、海賊の実態はよくわからないし、わかる必要もない。

これに対して第七章では、海賊個人の略歴や組織構造、そして海賊出現の社会経済的な背景など、その実像を紹介する。本書の最後に近づいて、ようやく主役たちの紹介が行われるのは、奇妙に思われるかもしれない。しかし、最後に実態を提示することで、むしろ、それまでに見てきた「海賊問題」という社会問題が、問題視する側の都合によって形作られた虚像であることが、はっきりと指摘できるように思われる。

終章では、海賊たちが消えゆく様子を見てゆく。十九世紀初頭、海賊が跳梁跋扈し、各方面から問題視された。しかし、現在の東アジアでは海賊は、ほとんど問題にならない。前近代の社会問題が、現在は存在していないことは、当たり前のように思われるかもしれない。しかし、それはほんとうに当たり前なのだろうか。今から二〇〇年ほど前の海賊たちに類する人びとが、今はいない。その理由を提示して本書を終えたい。

第一章　ベトナムから来た海賊

——皇帝が苦慮した国際問題

両広総督吉慶の上奏[*1]によれば、海賊陳添保が一族郎党を率いて投降し、安南国王から受け取った印章や勅書を提出したという。その上奏には「陳添保は漁の途中で嵐に遭い、乾隆四十八（一七八三）年に（先代の安南国王）阮光平にさらわれて総兵に任じられた」とあった。積年の海賊騒ぎはすべて安南が（海賊を）匿ったために起こったのだ。安南国王阮光平は日々内地の民人を掠去し、勝手にでたらめな称号を与えて、ほしいままに海上で略奪を行わせていたのだ。

（『嘉慶道光両朝上諭檔』嘉慶六年十一月十四日付け上諭[*2]）

一八〇一年冬、嘉慶帝は、海賊が安南、すなわち現在「ベトナム」と呼ばれる地域[*3]の北部からやってくることを知らされ、憤慨した。安南国は、海賊を匿い、あまつさえ清朝の民をさらって海賊に仕立てていたのだ、と。

清朝にとって安南は、当然のことながら外国である。十世紀までは、ベトナム北部がたびたび中国王朝の支配下に入ることはあった。十世紀に政治的に中国の王朝から独立してからは、宋・元・明・清の歴代王朝は、みなベトナムへ向けて派兵した（一九七九年には中華人民共和国も侵攻している）。ベトナムの現地政権は、最終的にはすべてを撃退した。

中国の歴代王朝は、派兵を行い、失敗を重ねる一方、平時は安南の王権を「国王」「都統使」などに封じ、皇帝の臣下として扱った。これに対し、現地政権は定期的に中国王朝に使節を派遣した。いわゆる朝貢冊封関係である。たしかに安南の王は、中国の王朝に対しては「国王」を自称し、中国皇帝に対して臣下として振る舞ったことになっていたけれども、国内では「皇帝」を自称し、「南の中華」として、中国の王朝と対等な、もう一つの中華としての自意識を持っていた。中国王朝は、公的には安南の王権がみずからに朝貢を行い、臣従の意を示したことを嘉して冊封（国王に任命）したが、実際には独立した王権であることを理解していた。朝貢冊封関係の理念においては、皇帝を中心に、光が照らすがごとく、周辺に恩徳が及び、境界はなく、世界のすべてが天子たる皇帝の支配下にある、とされた。だから、夷狄の首長は土産物を持ってあいさつにうかがい、皇帝はそのことを嘉し、夷狄の首長をみずからの配下として王に任命することになるのである。しかし、ベトナムと中国の王朝は、陸続きであっても截然と支配領域が分かれていた。中国の王朝とベトナムの王朝のあいだで、一〇〇〇年にわたってしばしば紛争が発生していたことは、この両国がそれぞれに独立した国家であった、ということを示している（次頁図1－1）。

このベトナムという外国から、海賊がやってきて清朝沿海を荒らし回っていた。つまり、海賊問題

＊1　**上奏**　臣下から皇帝への報告、提案書の総称。

＊2　**上諭**　皇帝名義で出される、清朝中枢からの命令の総称。起草は、軍機処や内閣など皇帝の諮問機関が行っている。

＊3　**ベトナム**　現在ベトナムと呼ばれる地域全体を指す歴史的な用語は、本章で扱う越南国成立以前には存在しない。北部は「安南」「大越」などと呼ばれ、中南部は「占城」「広南」などと呼ばれた。

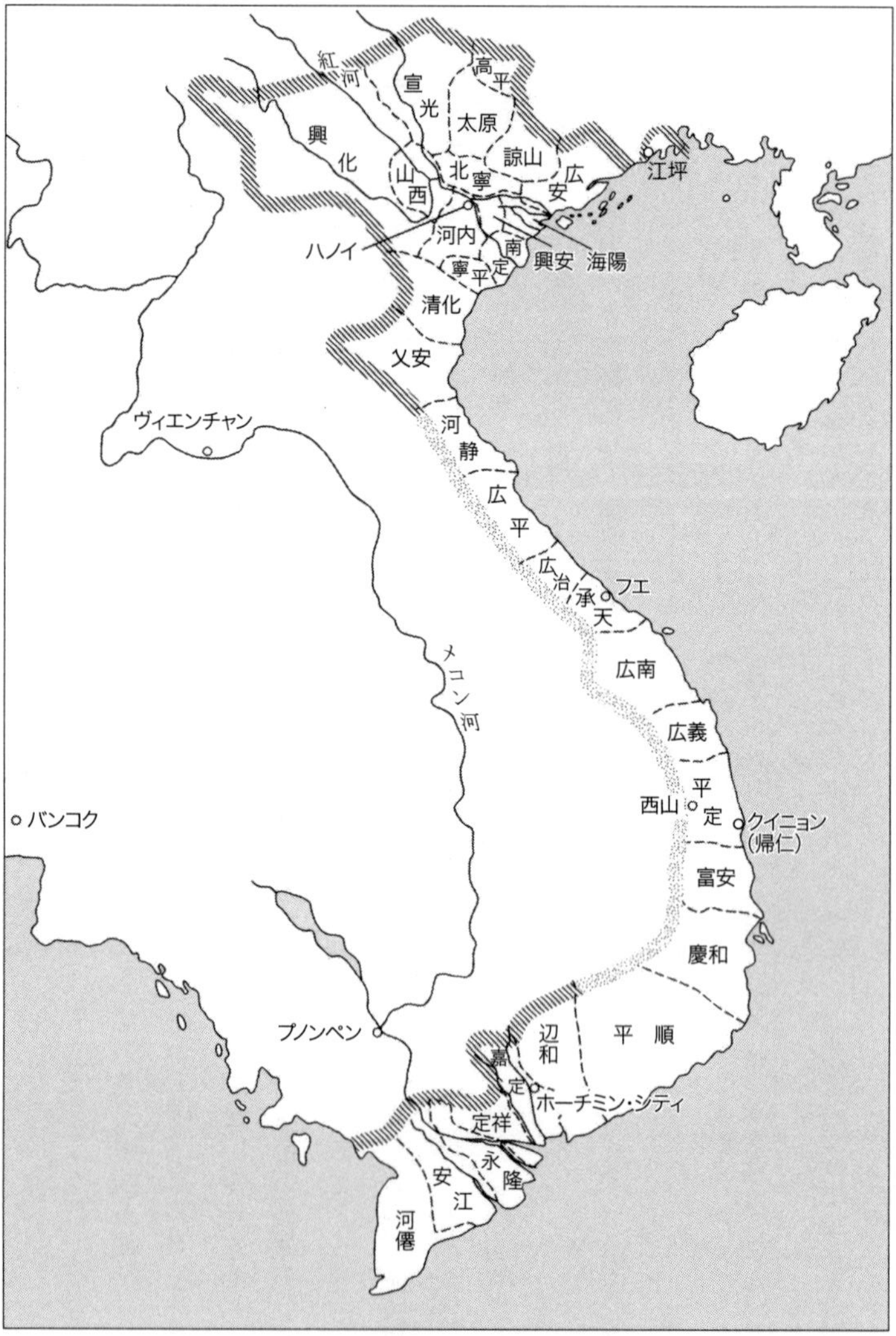

図 1–1　越南地図（1830 年頃）

嶋尾稔「タイソン朝の成立」(『岩波講座東南アジア史』4、2001 年）から作成。地名の多くは、1780 年代から大きく変わってはいない。都市名は現在のものとは、その発生当初から国際問題だったのである。

当時の清朝皇帝嘉慶帝は、安南国王を海賊問題の元凶である、と指弾した。しかし、清朝といえどもよその国の王を、それもみずからが（正確には父乾隆帝が）冊封した安南国王を、名指しで犯罪行為の元凶として批判するのは、不自然ではないだろうか。海賊を教唆して清朝沿海で海賊行為を行わせるような人物を国王に冊封したのは清朝自身なのだから、その冊封の責任が問われてもおかしくないではないか。そもそもそのような不逞の輩は、清朝自身の手によって征討され、制裁が加えられねばならないのではないか。

本章では、国際問題としての海賊問題を清朝政府がどのように処理していったのかを見てゆきたい。時あたかもベトナムでは動乱が発生、大混乱に陥り、政権が次々に交替し、各所で戦闘が続いていた。そして、その動乱に清朝は介入し、派兵した。ベトナムから海賊がやってくることを清朝が確認したのは、その派兵が失敗した、まさにその直後のことであった。

本題の海賊問題に入る前に、そのころの複雑なベトナムの諸政権と清朝との関係を確認しておかねばならない。清朝のベトナム海賊への対応は、それまでの対ベトナム関係の展開のなかから形作られたものであったからである。

1 清朝と安南

(1) 明清交替とシナ海沿岸諸国

一六四四年四月二十五日の明朝皇帝崇禎帝自縊の報は、一カ月ほど経って南京にもたらされた。副都南京では、次の皇帝の位をめぐって権力闘争が発生、勝利を収めた福王朱由崧が六月十九日、皇帝に即位した(弘光帝)。これ以降、旧明朝領域の一部を支配した明朝系勢力を(彼らはもちろん、「大明」と自称したが)歴史家は「南明」と呼ぶ。

さて、弘光帝が即位したころには、北京が清朝の手に落ちたことも知られるようになっていた。北方が異民族に支配された、というニュースを聞き及んだ人びとの脳裏をかすめたのは、五〇〇年前の金と南宋の南北分立[*4]であったかもしれない。しかし清朝軍は、金とは異なり、北京入城後すぐさま南下し、長江以南を接収しようとした。一六四五(順治二=弘光元)年六月、清朝軍は長江を渡り、江南に侵入。南京はたちまち陥落し、弘光帝は清朝軍に捕えられた。再び皇帝を失った南明は二つに分裂した。六月、魯王朱以海が浙江紹興で監国(皇帝代理)を称した。ほぼ同じころ、唐王朱聿鍵が福建福州で即位し(隆武帝)、年号を隆武とすることを公表した。

分裂した南明の命運は儚いものだった。一六四六年七月、紹興は清軍の手に落ち、朱以海は海路、厦門を拠点に清朝に対抗していた鄭成功のもとへ逃げ込んだ。次いで同年九月、福州も陥落した。捕えられた隆武帝朱聿鍵はみずから食を絶ち、死んだ。隆武帝死去の報を聞き、広東広州にいた隆武帝の弟朱聿鐭が即位した（紹武帝）。同時に広東肇慶にいた崇禎帝の従弟である桂王朱由榔が即位し（永暦帝）、翌一六四七年、年号を永暦とした。広州の紹武帝と肇慶の永暦帝は、それぞれ明朝の正統を争って衝突したが、広州・肇慶がともに一六四七年一月に清朝軍の手に落ちると、紹武帝は自害、永暦帝は広西・広東省境の梧州に逃亡した。かくて、南明は広東西部から雲南にかけての地域を支配する地方政権、永暦政権だけが生き残ることになった。

一方、福州を占領した清朝軍は、安南・呂宋、それから、福州を出発したものの海賊に襲われ戻ってきていた琉球の使節を拘束した。東北満洲の地に生まれた清朝は、北京入城から二年ほどで、シナ海沿岸の国々と接触することになったのである。このとき清朝は、いささか強硬な態度をとった。諸外国に対し、明朝と同様の朝貢を行うよう求めたのである。

一方、南明諸政権は、南京に弘光帝が即位したときから、シナ海周辺の海外の政権との関係強化に乗り出した。弘光帝は即位の翌年、海禁を完全に解除し、まずはイエズス会*5宣教師を通じて、ポルト

---

*4　**金と南宋の南北分立**　女真（女直）の王朝である金は、一一二七年、宋王朝の都開封を占領し、当時の宋朝皇帝欽宗を本拠会寧（現在のハルビン）に連行した。同年、欽宗の弟趙構が即位し、淮河を挟んで、長江流域を確保した。かくて、北の金と南の南宋が分立することとなった。

*5　**イエズス会**　キリスト教カトリックの修道会。一五三四年創立。プロテスタントの勢力拡大に対抗

ガル系住民が暮らすマカオに貿易制限の解除を通知した。その後の隆武帝や永暦帝も、広東でのマカオ商人やイエズス会士の活動の自由を許している。

弘光帝は、琉球に対しても、即位直後に生糸取引の自由化を許可した。南明政権は、南シナ海の貿易自由化を通じて、海外の勢力との経済的な関係の強化を図り、それを政権基盤にしようとした。

この両者の態度を見比べていたシナ海沿岸の諸国は、すべて南明政権についた。福建沿海を支配していた鄭芝龍（ていしりょう）は、福州陥落直後に清朝へ投降した（一八年前とは異なり、このときはすぐに武装解除された）が、息子の鄭成功（ていせいこう）は、父親の勢力を糾合して清朝に対し徹底抗戦し、台湾で自立した。琉球も、貿易の玄関口福州に成立した南明政権と良好な関係を結ばないわけにはゆかなかったし、福州陥落後も、南明勢力が勢力を回復してもおかしくないと考え、清朝との正式な関係を結ぶことになる朝貢開始にきわめて慎重であった。

ベトナムも同様であった。当時の黎（れい）朝安南の王である黎維祺（れいいき）は、清朝とはコンタクトを取らず、南明政権に自分を「安南国王」に認定するよう求めた。これに南明側が応じたことから、黎朝安南はその後、永暦政権が崩壊する寸前まで、協力を惜しまなかった。マカオ政庁も、広州を制圧した勢力との関係構築を最優先にしていたが、つねに南明政権に物資や武器、兵士を送り続けた。南明永暦政権が、旧明領の西南に押し込められても、シナ海沿岸諸国は永暦政権を邪険に扱うことはなかった。

一六六〇年、清朝軍に追われた永暦帝は広西から雲南へ、そしてビルマに逃げ込む。翌年八月、ビルマ当局に捕えられ、呉三桂（ごさんけい）率いる清朝軍に引き渡されて、一族郎党とともに処刑された。南明政権が完全に崩壊したこのとき、黎朝安南はようやく清朝との関係構築に動き出すことになる。だが、清朝と安南の関係が安定するまで、もうすこし時間が必要だった。

（2）ベトナム情勢と清朝の対応

清朝が正式に黎維祺を「安南国王」と認めたのは、一六六一年五月二十二日のことである。ところが、その前日、清朝は莫敬宇なる人物を「帰化将軍、安南都統使」に封じている。莫敬宇は、安南西北の山間部で清朝領域と境を接する、高平地方を支配する政権のリーダーであった。

莫氏は、一五二七年、ハノイ（当時の呼び名では昇龍、東京）で黎氏（前期黎朝）をいったん滅ぼし安南国王を禅譲せしめた、莫朝太祖莫登庸の後裔であった。十六世紀前半の莫朝の統治は安定せず、黎氏の復興を旗頭に黎朝の重臣阮淦が抵抗を始める。彼らは、明朝に働きかけ、莫登庸を「簒奪者」であるとして、これを滅ぼすよう、明からの派兵を求めた。当時の明朝皇帝はこれを受け、ハノイ派兵の準備を始めたが、莫登庸は、むしろ先んじて明朝に降伏し、自領域の一部を割譲した。その結果、明朝は、莫登庸を「安南都統使」に冊封し、その支配を認めた。つまり、阮氏の明朝介入要請はまった

するためカトリックの海外布教に力を入れ、中南米、アフリカ、アジアの各地で宣教活動を行った。明朝では知識人との交流を深め、現地習俗を尊重しながら布教を行ったが、のちにローマ教皇庁から現地習俗への融和的な態度を強く批判された。

くの失敗に終わったのである。

一五四五年、阮淦が莫朝から投降してきた将軍に毒殺されると、娘婿の鄭検（東京鄭氏）がその跡を継ぎ、阮淦の息子阮汪を殺して、安南黎氏の実権をすべて奪った。阮汪の弟阮潢は、フエ（順化）へ移って独立し、広南国を名乗った。ここでベトナムでは、北部の莫氏、中部の安南黎氏と東京鄭氏（黎氏は鄭氏の傀儡）、南部の広南阮氏の三勢力が鼎立することになる。この鼎立は、容易に崩れなかった。鄭氏が一五九二年、黎氏を奉じてハノイを攻略したのちも、莫氏の一部は、高平地方を拠点に抵抗を続けたからである。

清朝が一六六一年に行った、黎維祺の「安南国王」冊封と莫敬宇の「帰化将軍」冊封は、このような黎氏（鄭氏）、莫氏が並立する清朝国境付近の状態を、そのまま承認するものであった。一六六七年、黎氏はいったん高平を占領したが、莫敬宇が清朝へ逃げ込み、黎氏の暴虐を訴えた。そのため清朝は、黎氏に対し高平地方を「安南都統使」莫氏に返還するよう要求し、黎氏もこれを受け入れている。

このベトナム北部におけるバランスが崩壊する契機となったのが、呉三桂の起こした三藩[*6]の乱であった。反乱発生（一六七三年）からしばらくした一六七七年、黎氏安南は兵を高平へ送り、莫氏を滅ぼしたのである。本来、莫氏は清朝から「帰化将軍、安南都統使」に冊封されており、それを理由もなく滅ぼすことは清朝への反逆を意味していた。しかし黎氏安南は、莫氏滅亡から二年後の一六七九年、清朝からの呉三桂攻撃要請を受けて「莫氏は呉三桂と通じている」として、莫氏攻撃の承認を求めた。滅ぼしたのちに滅ぼす承認を求めたのである。黎朝安南は、三藩の乱を抱えた清朝がベトナムに対して、現状追認しかできないことを見越していた。

一六八三年、清朝は黎朝安南の主張を認め、清朝領内へ逃げ込んだ莫氏の残党を引き渡した。また、ベトナム南部で半ば独立していた広南阮氏からの国王冊封要求も、無視し続けた。一六八一年に三藩の乱の鎮圧が終了した後も、モンゴル方面で戦争を抱えていた清朝は、黎朝安南を尊重し、それに敵対する勢力を認めないことで、南方にあらたな火種を生むことを避けようとしたのである。

十八世紀に入っても、清朝中央は北方での戦争を念頭に置き、安南へ融和的な態度をとり続けた。一七二四年十二月、清朝雲南当局は、雲南省開化府の南西の端、小賭呪河と賭呪河のあいだの土地は雲南省のものであると安南国へ通知した、と上奏した。これは、この小さな地域で銅と銀の鉱山開発が進行していたことによる。雲南当局はこの地を編入することに一貫して強い意欲を持っていた。安南側ではこの通知に強く抗議し、同時に兵五〇〇〇名を当地に展開させた。雲南当局は、この抗議を無視し、鉱山開発を進めるとともに、あらたな国境線に関所の建設を始めた。雲南当局は、当地の実効支配を進めることで、支配を既成事実化しようとしたのである（次頁**図1－2**）。

＊6　**三藩**　清朝南方で、呉三桂、尚可喜（しょうかき）、耿仲明（こうちゅうめい）が支配する三つの藩王国。彼ら三名は、みな明朝の将軍であったが、清朝へ投降し、その後、武勲を挙げた者であった。清朝の旧明領接収が完了すると、「王」として、それぞれ雲南、広東、福建に駐屯して、半独立藩王国を形成した。

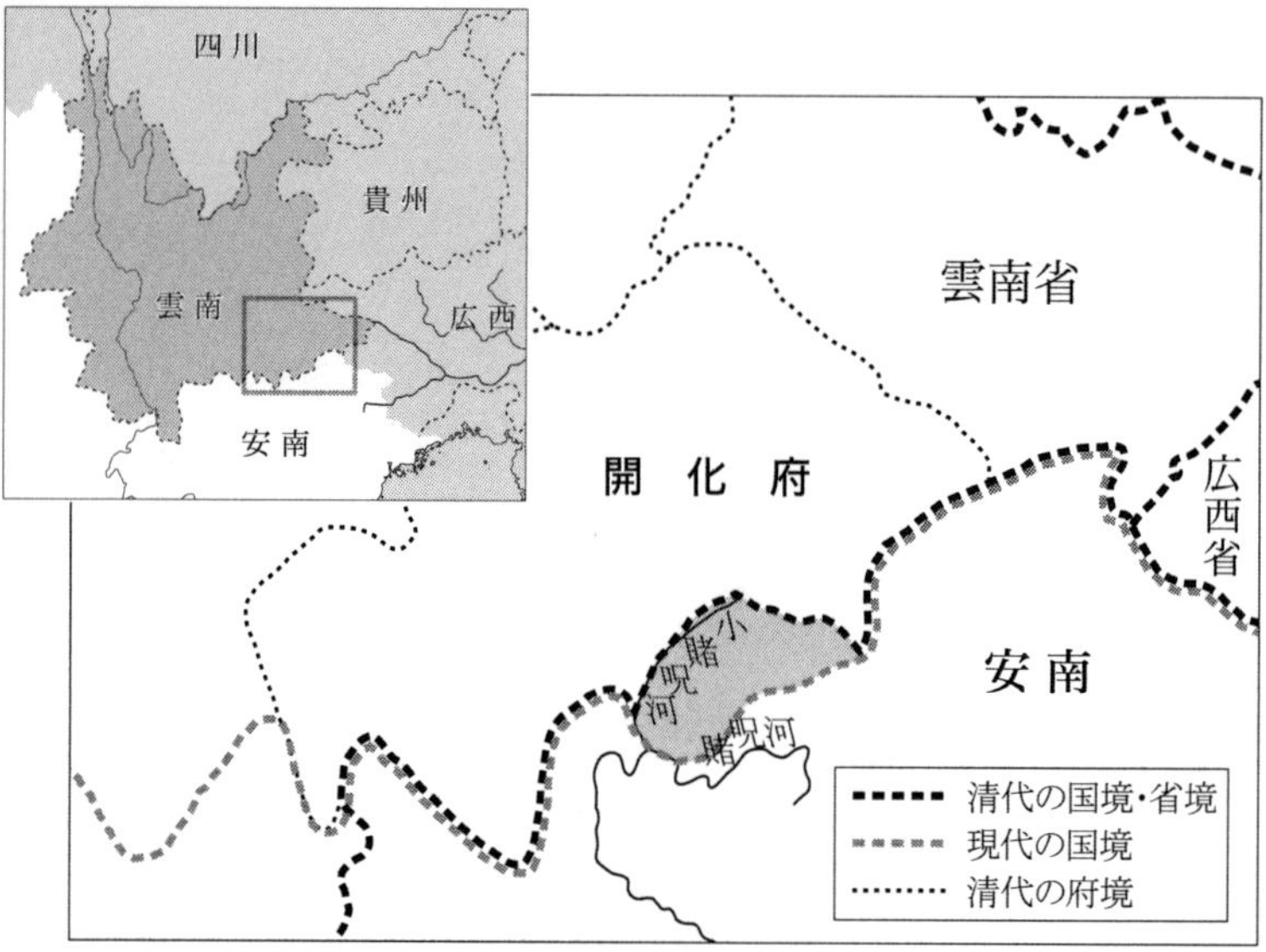

図 1–2　雲南国境付近図

『中国歴史地図集　第八冊　清時期』から作成

安南国が再び抗議すると、雲南当局は武力行使を許可するよう北京の清朝中央に求めた。しかし、当時の清朝皇帝雍正（ようせい）帝は認めなかった。むしろ雍正帝は、四〇里余りの土地をめぐって争うのは無益であるから、その土地は安南に「賞賜（しょうし）」し、今後の交渉は（このとき鉱山をめぐって利害が衝突していた雲南ではなく）広西省を経由して行う、と決定した。一七二五年九月、広西省の担当者と安南側の担当者が、境界を確定する碑石を設置した。このように清朝側の譲歩によって、安南国と清朝の国境が画定したのである。なお、このとき安南に「賞賜」された土地は、一九七九年の中越戦争の後、中華人民共和国の領土とされて現在に至っている。

2　安南への派兵

一七二五年の国境画定以降、清朝と安南国の関係は、おおむね安定した。国境を相互に越える人びとの管理をめぐって、しばしば清朝と安南のあいだで交渉が行われたが、ほとんどの場合、大きな問題となることはなかった。

ところが、十八世紀半ばを過ぎると、安南・清朝国境付近での治安の悪化が明らかになる。国境付近に管理し切れないほどの移住民の流入が起こったからである。雲南省のみならず広西省でも、安南でも、銅や銀などの鉱山開発が急激に進み、労働者が求められた。そこで働く労働者は、みな清朝の他地域から流入してきた移民であった。数万から十数万人にのぼるこれらの移民の一部は、時に鉱山経営者に率いられ隣の鉱山を襲い、清朝や安南の官憲に反抗して暴動を起こした。安南側では、清朝からの移民流入を環境破壊と治安攪乱（かくらん）の原因とみなし、しばしばこれらを悉皆（しっかい）排除しようとする提言が見られたが、実行に移されることはなかった。清朝当局も、安南側の鉱山で広西省出身者が暴動を起こし、それがたびたび清朝領域に波及することを懸念していた。このように国境付近に火種を抱えた時期に、安南は大混乱に陥ることになる。

（1）西山（タイソン）阮氏の抬頭（たいとう）

一七七一年、ベトナム中部を流れるコン江中流の西山邑で、阮文岳（げんぶんがく）、阮文侶（げんぶんろ）、阮文恵（げんぶんけい）の三兄弟が、広南阮氏の圧政に反抗して挙兵した。

阮氏三兄弟の反乱に乗じ、安南黎氏を傀儡（かいらい）として北部に拠っていた東京鄭氏が、大軍を南下させた。阮氏三兄弟はすぐさま鄭氏に帰順し、ともに広南阮氏を攻撃する。一七七七年、広南阮氏が逃げ込んでいた嘉定（ザーディン）（現在のホーチミン市付近）が陥落。しかし、広南阮氏の生き残りである阮福暎（げんふくえい）がその年のうちに嘉定を奪還し、また翌年、ベトナム中部の帰仁（クイニョン）で阮氏三兄弟の長男阮文岳が皇帝を自称して独立したため、北部の鄭氏、中部の西山阮氏三兄弟、南部の阮福暎の三勢力が鼎立することとなった。

このバランスは、一七八二年には崩れた。阮氏三兄弟の三男、阮文恵が、阮福暎の拠る嘉定を攻略したのである。嘉定からシャムへ亡命した阮福暎は、シャム王ラーマ一世の援軍を得て、再び嘉定奪還を目指すが、阮文恵の前に敗れた。阮文恵は今度は軍を北に向け、一七八七年、東京鄭氏を滅ぼしてハノイへ入城した。阮文恵はこのとき、安南黎氏に北部の統治権を返還し、みずからはフエに拠点を置いた。こうして、十八世紀を通じてベトナムの南と北を支配してきた東京鄭氏と広南阮氏は滅び、西山阮氏が支配することになった。

このような国境の向こう側の政治変動に対し、清朝は当初、介入を考えていなかった。蜂起した阮氏三兄弟と広南阮氏を、同じ阮姓であることから同族であると誤認してもいた。一七八六年末には、国境は平穏無事、という報告も行われている。しかし、すぐあとで述べるように、安南黎氏一族が保護を望んで広西省へ逃げ込んだとき、清朝の対ベトナム政策は大きく動き出すこととなる。

（2）安南黎氏の救援要請と清朝の派兵

ハノイを安南黎氏に返還しフエに戻っていた阮文恵は、一七八八年一月、再びハノイに向けて進撃を始めた。鄭氏なきあと安南黎氏を押しのけてハノイの実権を握った勢力が、阮文恵に反抗し始めたからである。

四月、阮文恵の軍がハノイに入ったとき、そこにはすでに安南黎氏の姿はなかった。阮文恵の勢力拡大を恐れた安南黎氏は、その前にすでに一族を挙げて、清朝広西省に向けて逃げ出していたからである。彼らが清朝の援助を受けて、阮文恵に反抗しようとするのは明らかだった。

一七八八年六月、安南黎氏の一部が水口河（すいこうが）を渡り、清朝の広西省に入った。国王黎維祁（れいいき）は高平方面へ逃げた。逃げ切れなかった人びとは、追跡してきた阮文恵の軍により殺害された。広西に入った安南黎氏一族は、即日、両広総督孫士毅（そんしき）（次頁図1－3）[*7]と広西巡撫孫永清（そんえいせい）（一七三二—九〇）に、ハノイが反逆者阮文恵の手に落ちたことを伝え、黎氏一族の保護を訴えた。

＊7 **孫士毅**　一七二〇—九六。浙江省杭州府仁和（じんわ）県出身。一七二六年に進士及第後、内閣中書、軍機章京に任じられ、その後も順調に昇進し、一七八五年から両広総督の任にあった。

図 1–3　孫士毅
『平定台湾二十功臣像』所収

孫士毅と孫永清（以下、広東と広西の地方政府の動きは、広州に駐在する両広総督を中心とすることから、「広東当局」と表記する）、そして黎氏亡命の報を受けた乾隆帝ほか北京の清朝中枢は、とりあえず黎氏一族を保護する、としたものの、その扱いを決めかね、高平へ逃げた安南国王黎維祁の安否が確認できてから対応を決定することにした。この段階では、安南への武力行使という選択はとりあえず避けることが当局者間で確認されているが、両広総督周辺では、早くも武力行使に向けて動き始めていた。

七月、阮文恵の使者が、あらたな安南の支配者として清朝に朝貢を行いたい、として清朝と安南を結ぶ正式な関所である鎮南関（ちんなんかん）に現れ、国書を提出した。これを清朝広東当局は即座に突き返し、阮文恵の簒奪を激しい口調で詰（なじ）った。つまり清朝広東当局は、阮文恵の使者が現れた段階で、すでに武力行使の準備を始めていたのである。

武力行使推進の前提となったのは、次々に逃げ込んでくる安南黎氏の人びとの主張であった。彼らは口々に、安南の人びとは表面的には阮文恵の圧政に従っているが、黎維祁が清朝の助力を受けて挙兵すれば、すべてがこちらになびく、と主張した。さらに、ベトナム北部の鉱山の清朝出身の労働者が清朝に協力する、との情報も入った。

そもそも広東当局は、長らくベトナム国境付近の治安の悪化に頭を悩ませていたし、十八世紀中ごろからは、国境の向こう側にある銅や銀の鉱山に垂涎してもいた。銅銭の材料である銅を省内で確保できれば、多大な利益が見込めるし、銀の生産地を押さえられれば、さらなる利益が得られることは明白であった。治安を回復できないのも、不逞の輩が国境を越えて逃げ出し、捕まえることができないからであって、清朝領域が広がれば治安維持も容易になる、と考えられた。この点は、雲南省も利害が一致していた。清朝当局者たちは当初から安南国王黎維祁を「無能」と評していたが、ベトナムを制圧した暁には間接統治にならば十分利用できる、と考えたのである。

八月九日、孫士毅は、阮文恵の使者を追い返したことを報告する上奏のなかで、「安南黎氏の滅亡は、朝貢国の滅亡であり、天朝たる我ら清朝は朝貢国の滅亡を座視することはできない」と主張した。この主張に対し乾隆帝は、「だから迷っているのだ」と硃批（皇帝が上奏文に書き込む朱筆のコメント）を入れたが、反論はしなかった。「天朝」とは、清朝内で用いられる対外関係における自称であり、世界に冠たる武威を誇る天に選ばれた王朝、という含意がある言葉であった。この「我々は天朝なのだから」というような原則論をいったん持ち出されると、これを否定するのは皇帝でも難しかった。清朝は、みずからが天朝であることを前提にしている以上、その点については反論しようがなかったのである。

孫士毅は、乾隆帝の黙認を得たと判断し、軍備を整えた。十月、高平に潜んでいた黎維祁からも派兵要請が到着し、名分も揃った。十一月には、孫士毅と乾隆帝は、安南北部は黎維祁が治め、南部はシャムが治めるとよい、いや南部はいにしえのチャンパのように、広南阮氏が治めればよいなどと、根拠の薄弱な戦後構想を議論していた。このころには乾隆帝もその気になっていたようである。

十一月二十五日、孫士毅率いる清朝広西軍一万三三〇〇名は、鎮南関から安南へ入った。孫士毅は、黎維祁と合流して、ハノイに向けて進軍し、十二月十七日にはハノイに入城した。直後、雲南から派遣された部隊も安南に入った。

これより約二〇年前の一七六七年、当時の雲貴総督楊応琚（ようおうきょ）（?—一七六七）はビルマのコンバウン朝の態度を挑発的であると問題視し、懲罰を加えなければ「天朝の体面」に関わる、として派兵を強く主張した。この主張に従って実際に派兵が行われたが、結局、対ビルマ戦争は泥沼化し、数年続いた戦闘で戦死者は万を数えた。このとき乾隆帝は、楊応琚が「天朝の体面」という原則論を持ち出したために戦争が長期化したとして（表面的には虚偽報告を理由にして）、楊に自殺を命じた。原則論はできる限り持ち出さず、原則論に従って武力介入したとしても、戦闘が長期化しないように注意すべきであるというのが、一七六〇年代の対ビルマ戦争から清朝が得た教訓であった。

それゆえ、孫士毅の安南侵攻の提案を受けて乾隆帝は迷ったのだが、乾隆帝も色気を出して、孫士毅の出撃を認めてしまった。だが、原則論にこだわって戦争が泥沼化するのでは困る。このため乾隆帝は、一七八九年一月四日に孫士毅からハノイ入城の報を受け取ると、即日、ハノイの防備を固めたのちは黎維祁を残して、速やかに撤退するよう指示を下した。ようやく考え直したのである。同月二十五日には、黎維祁はやはり「無能」であり、「天は黎氏を厭(いと)うているので、これを助けようとするのは天意に悖(もと)る」と断言して、速やかに撤兵するよう再度指示を送っている。しかし、それでは遅かった。

ハノイに入った孫士毅は、黎維祁を安南国王に冊封する儀式を行った後は、雲南からの軍隊が到着するのを待ち、撤退について検討しようとした。ハノイでは、黎維祁は歓迎されず、天候不順もあり、現地での糧食確保は難しかった。安南での長期駐留が難しいことは孫士毅も十分理解し、乾隆帝の指示を待つまでもなく、雲南軍が到着し次第、撤退するつもりであった。待ちわびた雲南軍がようやくハノイ近郊に到着したのは、一七八九年一月二十六日のことであった。

(3) 大敗北と戦後処理

雲南軍到着の翌々日、ハノイ南方に阮文恵軍が現れた。撤退準備を始めていた孫士毅率いる清朝軍はすでに戦意を喪失しており、戦闘開始からほどなく潰走(かいそう)し、阮文恵軍にさんざんに追い散らされた。孫士毅と黎維祁はバラバラに広西省へ逃げ、広西提督許世亨(きょせいきょう)ほか多くの武官が戦死した。孫士毅は、二月三日には国境付近の諒山(りょうざん)まで逃げのびたが、彼の報告によれば、広西から安南へ入った兵一万三三〇〇名のうち、帰還したのは八〇〇〇名に過ぎなかったという。雲南軍はほぼ無傷で帰還したが、収穫はまったくなかった。孫士毅敗走の知らせが北京に届いたのは、二月十九日のことであった。乾隆帝は「孫士毅は、ハノイに黎維祁を置いたら、そのまま撤退すればよかったのだ。黎維祁は惰弱無能なのだから、その後、ハノイを守り切れず賊に捕えられたとしても構わなかった」と言い放っている。

しかし、乾隆帝は孫士毅を責めることはなく、総督を解任したものの罪には問わなかった（孫士毅はその後、皇帝とともに清朝中央の最終決定に当たる立場である軍機大臣や四川総督も務めた）。そもそもは、前年八月九日の孫士毅の上奏の段階で明確に反対しなかったのが悪かったことを自覚していたのである。一七八九年二月二十三日に公開された『御製書安南事記』のなかで、乾隆帝は安南への武力行使は大失敗であり、みずからも責任があったことを認めた。同時に、安南への武力介入は今後もすべきではない、と言明した。

戦後処理はスムーズに進んだ。戦後処理のために両広総督に任命されたのは、乾隆帝の寵臣福康安（フカンガン）であった。乾隆帝は福康安を両広総督に任命するに当たり、平和裏に交渉を妥結するよう言い含めている。阮文恵のほうでも早急に清朝との関係を改善する必要があった。帰仁を支配する兄阮文岳との関係が悪化し、さらに一七八八年九月、嘉定を奪還した阮福暎との戦争が続いていたからである。一七八九年四月に広西省鎮南関に到着した福康安は、阮文恵の使者と交渉の末、阮文恵の安南国王冊封による関係正常化に合意した。

このとき福康安は、翌年執り行われる八旬万寿盛典（乾隆帝数え八〇歳の誕生日祝賀式典）に阮文恵本人が出席するよう求め、阮文恵はそれを受諾した。乾隆帝は、式典に各国の使節を招くつもりであったが、その目玉として朝貢国の王、安南国王本人を呼ぼうとしたのである。しかし、阮文恵は南方での戦いを抱える勢力を率いる君主であり、半年をかけて乾隆帝に拝謁にゆくほど暇ではない。実際に乾隆帝が滞在していた熱河まで出かけて、一七九〇年夏に執り行われた八旬万寿盛典に参加したのは、替え玉の范公治なる人物であった。替え玉が派遣されたことは、福康安はもちろん知っていたはずだ。乾隆帝も知っていたかもしれない。だが、清朝側の記録では一貫して、熱河を訪れたのは阮文恵本人である、とされた。

結局のところ清朝は、ベトナムの諸王権に対して優位に立つことはほとんどなかった。一度だけ行われた武力行使は、誰もが認める失敗であった。熱河まで呼びつけた安南国王も、替え玉に過ぎなかった。清朝とベトナムの王権との関係は、ずっとベトナム側にイニシアティブがあったのである。そのベトナムから海賊が現れ、清朝領域で略奪を行うようになった。海賊問題は、その当初からきわめて敏感な国際問題であった。

3 「安南海賊」の出現

(1) ベトナムより海賊来たる——崖州案

一七九〇年八月、海南島の南西端、崖州の町の沖で海賊取り締まりに当たっていた参将銭邦彦が返り討ちに遭い、殉職するという事件が起きた。この事件を崖州案と呼ぶ。主犯の一部は近くの水神廟で自慢げに手柄話をしているところを通報され、その場で逮捕された。逮捕された海賊たちは、他の仲間が安南方面に逃げ去った、と供述した。ベトナム海域と海賊の関係が指摘されたのは、この事件が初めてのことであった。このことを知った乾隆帝は、海賊の取り締まりを安南国王阮文恵に求めるよう、両広総督福康安に命じた。

清朝の要請に対して阮文恵は、彼ら海賊は「短棉・農耐」地方[*8]、すなわち嘉定周辺に逃げ込んだようだが、彼の地は自分の管轄下にはないため、取り締まり・逮捕は不可能である、と回答した。当時、嘉定地方は、たしかに阮文恵の敵対勢力である阮福暎の支配下にあった。この返答を受けて乾隆帝は、実際に逮捕できなくても、阮文恵は領内における取り締まりは行っており、それだけで十分評価に値する、としたうえで、彼を責めても追い詰めるだけだ、広東側で警備を強化すればよい、そうすれば宗主国としての体面を保つこともできる、今後は安南国への問い合わせを行う必要はない、という趣旨の指示を行った。

このとき、崖州案の主犯のうち逮捕されていないのは、何起文[*9]という海賊ただ一人とされていた。その何起文も「余匪」、つまり「その他」に過ぎず、あせって捕える必要はない、とした。せっかく安南国王（の替え玉）を八旬万寿盛典に参加させることができたこの時期に、海賊問題のような些細な事件を持ち出し、安南とのあいだに軋轢を起こすことは避けられねばならなかった。

一七九二年九月、阮文恵はフエで死去した。享年四〇。跡を継いだ阮光纉はまだ数え一〇歳の少年であったが、清朝は彼を後継者として認め、安南国王に冊封した。このことは、清朝の安南への配慮が、阮文恵の死後も継続していたことを示している。

(2)「安南海賊」の隠蔽

一七九五年、福建・浙江沿海部では、海賊の存在がさらに大きな問題となっていた。六月に浙江で官運米船が襲われた。また、ほぼ同時に、琉球へ帰国する朝貢船団からはぐれた貨物船が襲撃された。さらに、その直後、福建省北部の二つの営汛（えいじん）（緑営の派出所）が海賊に襲われた（この事件については第七章で詳述）。清朝当局者は、この三つの事件は海賊の首領林発枝（りんはつし）が中心となって引き起こしたものである、と断定した。

その林発枝の行方を追うなかで、閩浙（びんせつ）総督魁倫（かいりん）[*10]（クイルン）は、広東から来た海賊船団の一部に頭に

＊8　**短棉・農耐**　農耐は現在のベトナム南部ドンナイ省（四八頁図1―1の辺和付近）を指す。短棉は具体的に現在のどこに当たるのかは不明だが、ベトナム南部メコンデルタ付近を指して用いられる。

＊9　**何起文**　阮福暎政権には、亡命白蓮教徒を自称する何喜文という華人が参加しており、水軍を率いて活躍した。この何起文と何喜文は同一人物と見られる。

＊10　**魁倫**　一七五二―一八〇〇。完顔（ワンヤン）氏、正黄旗（せいこうき）満洲出身。四川省の武官であったが、一七八八年、乾隆帝から直々に福州将軍に任じられた。一七九五年、当時の閩浙総督伍拉納（ごらのう）（ウラナ）から品行の悪さを弾劾されそうになると、逆に伍拉納と福建巡撫浦霖（ほりん）の汚職を暴いて、両者を刑死に追い込み、その後、閩浙総督に任命された。一七九九年の嘉慶帝親政開始後は、四川での反乱鎮圧に当たったが、失敗を重ねたため、自殺を命じられた。

紅巾を巻いた人びとがおり、その船団は「安南盗船」と呼ばれている、と報告した。海賊は安南から来ているので、安南国当局に通達して取り締まりに協力させるべきだ、と暗に主張したのである。これに対して乾隆帝は、正体もわからない外国人の海賊の存在を理由に、規定通り朝貢を行っている安南国王を詰責しても無意味である、内地で取り締まりをしっかりと行えばよい、と指示を下している。その後、乾隆帝は、安南風の服装は内地の海賊が官憲の捜査から逃れるために装っているに過ぎない、と主張し、とにかく林発枝さえ捕えれば海賊騒ぎは収束する、と断定する。このように乾隆帝は、安南と海賊との関係に言及することを明らかに避けていた。

一方で、このころ、海賊を捕えると、尋問の際に、集団内に外国人がいなかったかがかならず問われた。清朝側では、安南と海賊の関係に神経をとがらせていたのである。一七九六年には、浙江省楽清県に漂着した琉球人が安南海賊と誤認され、当地の知県により処刑される寸前に至った、という琉球側の記録もある。その琉球の記録が語る事件が事実であったとするならば、清朝最末端の行政長官である知県が、勝手に怪しい外国人を処分しようとしたことすらあった、ということになる。

また福建では同時期、「言葉が通じない者」一名が、逮捕、護送の途中で死亡した、と報告されている。彼または彼女がどのような人物であったかは知る由もないが、もし取り調べの結果、安南人であると判明したならば、上司への報告や、ひいては安南国王への照会が必要となってしまう。そこで発生する種々の煩瑣を回避すべく、地方官の側が率先して「護送中に死亡」させてしまうことがあってもおかしくない。清朝側では、上下揃って慎重に、安南と海賊との関係を隠蔽しようとしたのである。

（3）海賊は安南から来るか、広東から来るか

福建や浙江では、安南と海賊の関係を隠蔽することができたかもしれない。しかし、実際に安南と境界を接する広東省では、それは不可能であった。広東巡撫（兼両広総督代理）朱珪（しゅけい）*11（次頁図1－4）が提出した一七九六年五月八日の上奏では、はっきりと安南から海賊が来ていることが指摘されている。朱珪によれば、海賊は、国境付近の安南側の江坪（こうひょう）や白龍尾（はくりゅうび）などの港*12を拠点としており、安南国王の報告では、掃蕩作戦が行われたという。ただ、阮文恵の跡を継いだ阮光纘は幼く、海賊の取り締まりがしっかりとは行われているようには見えない。かといって、この点を指摘して安南をなじると、関係が悪くなる。結局のところ、海賊が侵入しないように警備を強化するしかない。

このように朱珪を中心とする広東当局は、広東沿海において安南と行き来する海賊の存在を問題視

---

*11 **朱珪**　一七三一―一八〇七。直隷（ちょくれい）省順天（じゅんてん）府大興（だいこう）県出身。学識を評価され、一七七六年、尚書房（しょうしょぼう）で皇子の教育に当たるよう命じられる。当時、一〇代の皇子永琰（えいえん）（のちの嘉慶帝）に師として慕われた。一七九四年から広東巡撫に命じられた。一七九九年に嘉慶帝が親政を始めると北京に戻り、政務を助けた。

*12 **江坪と白龍尾**　遅くとも、明朝成立当初から安南側の飛び地として、安南の諸王朝が長く統治下におき、ベトナム北部出身の人びとが多く暮らしていた。一八八五年の清仏天津条約の結果、清朝側の領土に編入された。現在でも京族（キン）（ベトナム系少数民族）が多く暮らし、「京族三島」と称されている。

図 1–4　朱珪
『清史図典　第八冊　嘉慶朝』（故宮博物院編）より

していたが、この段階では、広東東部や福建、浙江への海賊活動の波及は、まだそれほど大きな問題であるとは考えていなかった。

ところが、一七九六年初頭、福州から厦門（アモイ）へ兵糧を輸送する船と、台湾での任期を終えた兵を厦門へ帰還させようとした船が、広東から来た海賊に襲われる、という事件が報告されると、即位したばかりの嘉慶帝を差し置いて政務を執っていた、乾隆帝[*13]を中心とする北京の清朝中枢の認識は、大きく変化した。この事件について閩浙総督魁倫は、最近まで福建海賊の鎮圧完了は容易である、と考えられていたが、「粤省艇匪（えつしょうていひ）」すなわち広東の海賊が秋に季節風に乗って北上するようになったため、事態はむしろ悪化した、としている。この報告を受けて、清朝中枢は福建、浙江では海賊の鎮圧が進んでいるのに対して、広東の海賊取り締まりがしっかりと行われていないから、広東海賊が他地域に出張って暴れ回っているのだ、と朱珪を譴責（けんせき）するに至る。朱珪と北京の乾隆帝周辺では、認識がズレ始めていた。

一七九五年にも、「安南盗船」が同様に西の広東方面から福建に侵入する、と報告されていたのだが、一七九六年五月、乾隆帝は、安南からではなく広東から海賊が来た、と断言している。このような不自然な操作が行われた理由は簡単であった。清朝中枢は安南と海賊を結び付けたくなかったのである。

しかし、広東で実際に海賊対策に当たっていた朱珪にとっては、海賊の根拠地が安南にあることを前提に対策を施さなければ、海賊問題の根本的な解決は望むべくもなかった。

朱珪は乾隆帝の譴責に対し、今後も広東海賊（「粤盗」）、福建海賊（「閩盗」）のみならず、「外洋夷匪」のすべてを捕える所存、と返答した。この「外洋夷匪」、すなわち安南海賊に言及する朱珪の反応は、海賊と安南の関係を隠蔽しようとする北京側の説明とは相容れなかった。そのため一七九六年八月、朱珪は海賊対策失敗を理由に（同年六月に任命されたばかりであった）両広総督を解任され、安徽巡撫に降格となり、後任の両広総督には、海賊対策に功のあった浙江巡撫吉慶（ギキン）*14が任命された。八月十二日の上諭では以下のように、朱珪や魁倫が海賊を指して言った「艇匪」なる言葉の意味を定義している。

---

*13 **太上皇帝としての乾隆帝**　一七九五年、祖父康熙帝の治世六一年を超えることを憚った乾隆帝は、皇位を息子永琰に譲り、みずから太上皇帝となった。乾隆帝は退位後も、新皇帝を指導すると称して、皇帝が決済する事案に関わり続け、一七九八年冬に体調を崩すまで、皇帝が書き込むべき朱筆の書き込みを（多くの官僚が読みにくくて困ると嘆いていたにもかかわらず）続けた。

*14 **吉慶**　一七五三―一八〇二。愛新覚羅氏。正白旗満洲出身。山東での食糧政策が高く評価され、一七九三年、浙江巡撫に転任。浙江では、軍事責任者である提督や塩専売の責任者である塩政なども兼任し、海賊対策に成果を上げた。清廉潔白な能吏としての評価を得た吉慶は、一七九六年に両広総督に任命され、一八〇一年には協辦大学士の兼任も命じられた。広東東部の反乱鎮圧での不手際を悔やみ自殺した。

以前は「艇匪」という名称は使われたことがなかったが、今年になって初めて、朱珪と魁倫らが前後して「粤省艇匪」について上奏してきた。陸上の盗賊が洋上で略奪を行う者を指して「艇匪」と言うのであるが、彼奴らは最近、広東海域から風に乗って福建海域に侵入するようになっている。

（『嘉慶道光両朝上諭檔』第一冊、嘉慶元年七月初十日）

このように乾隆帝を初めとする清朝中枢にとっては、海賊問題は、安南とは完全に切り離された国内問題でなければならなかった。同月三十一日の上諭でも、海賊が広東の言葉を話し外国の服を着ている、という台湾鎮総兵哈当阿（ハダンガ）の上奏に答えて、近年の福建で活動する海賊は広東に由来するものである、と断定し、その跳梁の責任を朱珪に帰している。そして、外国から来るという表現も、「艇匪」という特別扱いした表現も、すべてが取り締まりをちゃんと行っていない地方官（つまり朱珪）の責任逃れに過ぎない、とした。

朱珪の後任となった吉慶は、先の八月十二日の両広総督任命の上諭に対して、「艇匪とはまさしく（広東の）陸上の盗賊である」と答えている。上諭では、海賊の由来を広東に求める言説を用いて、海賊行為と安南を切り離すことを意図していたが、それと共犯関係にあったのが、閩浙総督魁倫と新任の両広総督吉慶であった。

ここまで北京の清朝中枢が行ってきたのは、安南との関係を悪化させないために、海賊と安南との関係に言及しないように誘導する作業であった。ここまでは「艇匪」と安南とが明確な関係を持つ証拠はなかった。それゆえ、安南と海賊の関係さえ否定しておけば、安南とのあいだには問題が発生しない、と考えられたのである。

（4）「安南国総兵」の発見

一七九六年九月一日、台風一過の温州の海岸で、蓄髪、すなわち清朝公式の男性の髪型である前髪を剃り落した辮髪（次頁図1―5）にしていない者、言葉の通じない者を含む一〇名余りが逮捕された。前日夜の台風で難破した海賊船が流れ着いたのである。第一報では、この蓄髪していた陳阿澄という男は、安南で漁業を営むうちに彼の地に馴染み、その後、海賊となった者である、と報告された。安南で生活していたとされる海賊は、それまでにも逮捕されたことがあったため、この報告の形式などは、それまでのものと変わるところはない。しかし、今回は同時に密奏[*15]が付され、范光喜なる人物と配下の安南人三名が逮捕されたことも報告された。密奏によれば、范光喜は「安南国総兵」であり、

＊15　**密奏**　当時、清朝の地方官は皇帝に宛てて、奏摺という機密書簡形式で報告を行っていたが、乾隆年間を通じて奏摺を利用した報告の数量が大幅に増えたため、事案処理の効率化のために機密保持が厳密に行われなくなり、しばしばその内容が外部に漏洩した。そのため、敏感な内容を含み、機密を厳守する必要のあるものに関しては、密奏という形式で上奏がなされ、皇帝のみが目を通すことになっていた。

図 1–5　辮髪
頭頂部を残して髪を剃り落とし、残った部分を編んでおさげにする（「辮」）男性の髪型。出典：「トランク職人」水彩画、1800年ごろ（MIT Visualizing Cultures, *Rise* & *Fall of the Canton Trade System*, Gallery）

三名の安南人は安南官兵である、とされた。

この密奏に対して、北京の清朝中枢は、とりあえずこれまでと同様、外国人であれ清朝の民であれ、一律に即刻処分するよう指示したが、問題は安南国王へこの事件について通知するか否かにあった。この事件が報告されるまでは、安南への通知は回避されてきたが、事が安南の民人ではなく官兵に及ぶのであれば、安南との交渉は避けがたい、とされ、范光喜が所持していた文書について通知するよう指示された。証拠が出現した以上、海賊と安南はまったくの無関係である、と主張することはできなくなった。

范光喜逮捕以降は、海賊と安南の関係を前提にして、これにいかに対処してゆくかが問題になった。一七九六年十一月一日付けの両広総督吉慶の上奏に引用される上諭では、「（艇匪とは）福建、広東のずるがしこい輩と結託して、清朝領域に入り込み騒ぎを起こしている夷匪（安南海賊）である」と断定したうえで、今後の対応は、他に安南海賊が逮捕された場合に、北京に送り訊問を加えたうえで決定する、とされた。范光喜の出現によって、清朝中枢はようやく、海賊が安南から来たものであったことを認めたのである。

結局、この年のうちに「夷匪」は、季節風に乗って広東海域から安南まで戻ってしまい、これ以上、安南海賊が逮捕されることはなかった。福建からは翌年一月八日に、海賊の活動は終息した、との報告が提出され、浙江からも二月十七日に「善後事宜章程（海賊問題の善後策に関わる規定）」が提出されて、事後処理の方針が決められた。これらは福建、浙江当局が、海賊騒ぎは終息に向かいつつある、と認識していたことを意味している。同時に広東でも海賊に関する上奏は見られなくなってしまった。

一七九七年二月五日付けの上諭では、以下のように当時の状況をまとめている。

吉慶などの海賊の処分に関する上奏の……追伸には、安南の江坪を調査した結果、彼の地には、福建、広東出身者が住み着いていて、現地の安南人とともに海賊となる者が多数存在している、彼らは白龍尾などから船に乗って清朝領域内に侵入してくることがわかった、とあった。

……江坪は海賊の巣窟であるから、何らかの方法で江坪を捜査し、海賊活動の根源を断たねばならない。しかし、安南に通知して取り締まりを行うのはなかなか難しい。江坪の安南海賊と福建、広東の不逞の輩が結び付いて海賊になっていることについては、そもそも安南国王が知らずに済むことではなく、（安南に）通知して共同で取り締まりに当たるべきであることは間違いない。……だが、吉慶が押収した印章などからわかるように、海賊はみな安南国王から何らかの称号を受け取っているようである。

安南国王は、江坪の者どもが海賊行為に手を染めていることを知らないはずはない。ならば、国王に協力して取り締まりに当たるように要請しても従うはずがない。そもそも、内地の民衆でも海賊になることを禁止できないでいるのに、まして外国人の海賊行為を容易に禁止できるだろうか。もし、安南が言い逃れしてきたとき、それを見分けることができるだろうか。兵を起こして安南を征討することができるだろうか。安南に問い合わせをしたうえで、協力して海賊取り締まりを行うことなどできようはずもない。

（『嘉慶道光両朝上諭檔』第二冊、嘉慶二年正月初九日付け上諭）

北京側では、安南国と海賊のあいだに密接な関係があることを知っていた。同時に安南の江坪や白龍尾で取り締まりを行わなければ、海賊問題は解決できない、と認識していた。しかし、安南を詰責する意思がないことも明らかであった。強硬な態度に出て安南との関係を悪化させるわけにはゆかなかったからである。阮文恵と兵を構え、惨敗してからまだ一〇年も経っていない。敗北の記憶はいまだ新しかった。

この直後、両広総督吉慶を通じて、范光喜の件についての安南からの返答がもたらされた。吉慶らは安南の態度は恭順であるとしたうえで、安南側が「件(くだん)の海賊船が持っていた印章や書類は、農耐鎮(ちん)寧(ねい)地方（嘉定のあたり）の嘉興(かこう)王、昭光(しょうこう)王といった他の勢力が海賊に与えたもので、安南に悪名をなすりつけるために利用しているのだ」と説明してきた、と報告している。この上奏に対して、一七九七年四月一日付けの上諭は、もはや、印章や書類が安南のものかどうかを問う必要はない、とした。そのうえで、そもそも国王が若いから国政を把握し切れていないので、今後は海賊を勝手に処刑しても安南から照会はなされないだろうとし、安南の領域に進入しての海賊の根絶ではなく、内地における警備体制の強化を優先して行うように、と指示した。安南国に海賊について問い合わせをすることを、清朝中枢はあきらめたのである。

その後、安南側は丁公雪を初めとする武官四名を廉州に派遣し、逮捕した海賊船二隻と海賊六三名を送り届けてきた。両広総督吉慶はこれを高く評価し、乾隆帝、嘉慶帝ともに安南国王の恭順さを嘉し、褒賞を与える、との上諭を下した。これは、清朝の公式見解として、安南国と海賊のあいだに関係はない、と断定していることを意味する。

そして、一七九七年九月に海賊のなかで最大の首領と目された林発枝が安南から福建に戻り、投降するに及び（第五章で詳述）、一七九五年から続いていた、広東から浙江にかけての「艇匪」を巻き込んだ海賊騒ぎは、いちおうの収束を見た。

一八〇〇年に浙江で逮捕、処刑された倫貴利は、安南から「大統兵進禄侯」に封じられていた、とされ、彼の所持する印章などは安南へ返還された。この件について照会を行うに当たり、清朝側は、倫貴利がまだ若い国王を欺いて中国沿海で海賊行為を行ったのではないか、という疑念を提示して、その監督責任を問うた。これに対し、安南国側は「国王がまだ若いので、監督不行届となった」と、清朝の詰責をそのまま受けて謝罪する。ここでは清朝側が安南を詰責する際、安南とのあいだに問題を発生させないために、逃げ口上を用意していたのである。いや、安南側の謝罪文案そのものを、事前に両広総督が用意したのかもしれない。

清朝は海賊が安南から来ることは知っていたが、とりあえず安南側はそれを謝罪し、華人海賊を捕え送還してきた。ならば、安南とのあいだで、海賊の存在を問題にする必要はない。海賊を追撃しても根拠地を攻撃できない広東当局にとっては、治安維持の困難さは増したが、その一方で国際関係は安定する。このようにして、一七八九年の派兵失敗以来の、安南との関係維持が可能となったのである。阮光纉の統治する安南国が盤石であれば、これでもよかった。しかし、この直後、安南国は滅亡の危機に瀕することとなる。

4　安南の滅亡と海賊問題

（1）不介入原則の確立

一七九九年、「農耐国主」阮福暎の部下を自称する阮進定という人物が、広東に漂着した。両広総督吉慶らは、この阮進定は忠義の者であるから、丁重に送り返すべきである、と建議する。しかし、北京側はそれを拒否した。阮進定が忠義の者であるからといって、阮福暎のもとに送り返した場合、これまで恭順な態度を取ってきた朝貢国安南の王阮光纉に説明ができない、というのである。北京の清朝中枢はさらに続けた。ここで阮福暎に加担するような態度をとった場合には、阮福暎が一七八八年のベトナム派兵の翻案を目論み、阮光纉政権を打倒すべく武力介入を求めてくるかもしれない。そもそも、阮福暎の支配領域には海賊の巣窟があり、彼らはとても「善類」とは言えない。だからといって、わざわざ阮進定を安南に突き出す必要もないので、今まで通り食糧の供給と船舶の修理の補助を行った後、自力で帰らせればよい、と結論づけた。そのうえで、以下のように上諭を結んでいる。

さらに（吉慶の）上奏は、件の阮進定が阮福種（原文ママ）に従って安南と戦ったことを忠義であるとしている。しかし、外国人同士で勝手に戦っていて、我が天朝に何の忠義があるというのか。……なんじらはただ朕の諭旨に従って物事を処理すべきであって、妄りに事を考えて、軽々しく辺境に戦端を開いてはならない。

（『嘉慶道光両朝上諭檔』第四冊、嘉慶四年九月二十九日付け上諭）

じつは阮福暎の部下阮進定の広東への漂着は、偶然ではなかった。このころ、阮福暎はすでにシャム王ラーマ一世やフランス人宣教師ピニョー[*16]、シャム湾で活動する華人商人などの支援を得て、メコンデルタを制圧し、北上して安南国とたびたび戦闘を行っていた。一七九九年二月七日に乾隆帝が逝去したことを知った阮福暎政権は、皇帝の交替とともに清朝が政策を転換して、以前交戦した安南国

---

*16 **ピニョー**　Pierre Joseph Georges Pigneau。一七四一—九九。フランス、エーヌ生まれ。パリ外国宣教会の宣教師として、一七六五年からベトナム南部で布教活動に従事した。一七七〇年代から阮福暎政権に協力し、一七八七年には阮福暎の長子阮景とともにパリを訪れ、フランス政府に支援を要請した。

に対し冷淡な態度をとる、と見て、阮進定を派遣して、交渉を始めようとしたのである。

阮進定の漂着は、清朝に、安南の向こう側にあらたな勢力が勃興しつつあること、すなわち安南情勢が緊迫していることを示すものでもあった。清朝中枢は、安南における紛争に巻き込まれる危険性が高まっていることを認識していた。農耐と安南のどちらかに加担すると、両者の戦いに介入しなければならなくなるかもしれない。介入に失敗して、乾隆帝の時代の惨敗の轍(てつ)を踏むことは、何としても避けなければならない。しかも、国内に白蓮教反乱を抱える清朝には、対安南戦争を発動する余裕などなかった。いかにして安南への介入を避けるか。これが清朝にとって重要であった。阮進定が帰国後、阮福暎に対し、両広総督吉慶が厚遇してくれたことを報告しているように、広東当局は阮福暎政権にシンパシーを感じて、それなりの対応をしていたようだが、清朝中央としては不介入を基本方針としたのである。

かくて策定された安南農耐戦争への不介入の態度は、このあとも継続する。一七九九年十二月に海賊陳養興(ちんようこう)が広東当局に投降したことに関する上諭では、彼らが銅砲を安南で手に入れた可能性を指摘しているにもかかわらず、内地での取り締まりのみを命じている。一八〇〇年二月には、「夷地(外国)」にいることが久しかった海賊の首領馮勝(ふうしょう)の投降に対する吉慶の処置を高く評価したうえで、どちらかに肩入れしているととられると困るので、農耐から来た者も、安南から来た者も、どちらも受け入れないように指示をしている。

一七九六年以来、海賊対策の中心は武力討伐ではなく投降の呼びかけにあった。そのため投降した海賊はおおむね受け入れることになっていた。しかし、農耐や安南勢力と関係があった者を受け入れない、という原則も再三強調されていた。ならばどうするか。安南あるいは農耐から来た者でも、「夷地」から来ると記録してしまえば、問題はないことになる。この一八〇〇年の上諭の意図は、投降を受け入れる際に、いずれの勢力との関係にも言及しないようにして、文書上、中立を保つことにあった。介入のきっかけになるようなものは、できる限り丁寧に排除したのである。

（2）「安南国王による海賊隠匿」の発見

一八〇一年十月三十日付けの両広総督吉慶の上奏で、「総兵」さらには「安南都督」に任じられたこともあったという陳添保の投降が報告された。本章冒頭の引用史料の案件である。当初、陳添保の投降は、それまでの海賊と同じように、「夷地」から来た者として処理されようとしていた。ところが、吉慶は、陳添保が提出した印章や勅書が安南のものであったことを根拠として、近年の海賊騒ぎはすべて安南に匿われていたために起こったのだ、と断罪したのである。そして、十二月十九日に下された上諭（すなわち本章冒頭引用史料。なお、引用史料が嘉慶六年十一月十四日付けになっているのは、凡例に記したように、引用元を示す際には当時の時憲暦に従うため）は吉慶の上奏をなぞり、以下のように安南国王を指弾する。

積年の海賊騒ぎはすべて安南が（海賊を）匿ったために起こったのだ。阮光平（阮文恵の清朝側の呼称）は日々清朝領内の人びとをさらい、勝手に称号を与えて、ほしいままに海上で略奪を行わせていたのだ。阮光平は先帝（乾隆帝）の重恩を受けながら、かくのごとく理性を失い気が狂った、道理を蔑む人でなしである。今、安南国の命令書には「天下を一家のごとく、四海を一人のごとく視る」とあると聞く。まさに夜郎自大である。このような狂気の沙汰に対して討伐を行うべきであるが、安南は農耐と交戦中であり、その危急に乗じて懲罰を加える必要もない。安南の滅亡が旦夕に迫っているのは理の当然とするところであり、これ以上詰問して悔い改めさせる必要はない。

嘉慶帝は、まるで安南と海賊のあいだに関係があったことを初めて知ったかのように、憤慨してみせた。そして、今回の陳添保の投降により、安南が先代の阮文恵時代から一貫して海賊を後援していたことが露見したので、安南の滅亡は当然である、と言い放ったのである。続く上諭のなかで嘉慶帝は、吉慶らが作成した照会文案中の「国王は知らないかもしれない」という一文に対し、最初から照会すら行う必要はない、としている。また、吉慶が上奏文において たんに「匿っていた」と記したところを、「清朝領内の人びとをさらい、勝手に称号を与えて、ほしいままに海上で略奪を行わせていた」と言い換えた。この瞬間、清朝は、安南国を敵国と認定したのである。

これまでも、海賊と安南国の関係を示唆する物的証拠はいくらでもあった。一七九六年に捕えられた范光喜は安南国総兵であったし、一八〇〇年に捕えられた倫貴利は安南の「大統兵進禄侯」であった。しかし、これらは一八〇一年十二月十九日まで、安南国王がまだ若輩であるがゆえに起こった監督不行届に過ぎない、とされていた。ところがこの日を境に、海賊は、むしろ安南国王が積極的に教唆していたこととされるのである。

じつは、この年の九月ごろから、北京から広東に対し、安南国滅亡後の善後策について検討するよう指示がなされるようになっていた。十一月にも、武力介入は絶対回避することを付言したうえで、以前の安南国王黎維祁同様、阮光纘が亡命してきた場合の対応についても協議が行われた。さらに十月には、両広総督吉慶から、「南越国長」阮福暎が派遣した使者趙大任が広州に到着したことが報告された。つまり一八〇一年の十二月には、安南は近い将来、ほぼ間違いなく滅亡する、と考えられていたのである。

そこで、次に問題になるのは、「恭順」な朝貢国安南の滅亡をいかにして正当化するか、という点である。一般的な朝貢冊封関係に基づくならば、冊封を行う天朝（清朝）は朝貢国から保護を求められたとき、何らかの特別な理由がない限り、それを拒否することはできなかった。さらに当時、阮光纘政権に対する敵意が一部の官僚のあいだで存在しており、旧敵国である安南阮光纘政権を積極的に攻撃するべきだ、という意見もあった。阮光纘を助けるにしても、滅ぼすにしても、清朝による武力介入が求められる可能性が、内外に散らばっていたのである。事態は急を告げていた。乾隆帝時代の一七八八年には、態度をはっきり示さないまま広東当局の暴走を許し、大失敗を経験したことが、清朝中枢の多くの人びとの脳裡をかすめたことだろう。嘉慶帝は、父と同じ轍を踏むわけにはゆかなかった。

十二月十九日付けの上諭においては、安南滅亡は間違いなし、としながらも、滅びゆく安南に対する態度を決めかねていた。翌年(一八〇二)は安南からの朝貢が行われる予定であるが、その際に、救援を求められるかもしれない。さりとて、朝貢受け入れを拒否するわけにもゆかない。嘉慶帝は、戦争に関する話題は無視して朝貢受け入れのみを行うように、と指示を下している。実際、一八〇二年八月に清朝を訪れた安南からの朝貢使節は、慣例通り嘉慶帝への謁見を求めたが、これに対し両広総督は、皇帝への謁見要請は救援を求めるためのものと考え、鎮南関において皇帝拝謁拒否を伝えた。いったん面会を許し、御前で救援を求められた場合、断り切れない、と判断したからであろう。

しかし、このようにただ明言を避けるだけでは、たとえば、阮光纘本人が逃げ込んできたような場合には、対応に苦慮することになる。阮光纘が清朝領域に逃げ込み、自分はおとなしく朝貢をしていた、海賊も突き出したことがあったではないか、非難されるいわれはない、と主張すれば、清朝側としても反論はしにくかったが、阮光纘を匿うと、今度は阮福暎政権と対決しなければならなくなる。だからといって、阮光纘政権を積極的に攻撃して失敗したらどうするのか。もし清朝が介入しないという基本方針を貫徹しようとするならば、事前に今回の朝貢国安南の滅亡を当然のものとして、安南からの救援要請を無視し、同時に、安南への積極的派兵をしないことを正当化する必要があったのである。

ちょうどそこにもたらされたのが、吉慶が提出した陳添保の印章という証拠付きの「安南国による海賊の使嗾」――内地の人びとをさらい、内地沿海で略奪を行わせる安南国というストーリーであった。これさえあれば、安南国は清朝に刃向っていた、と指弾することができた。その滅亡は自業自得であり、救援は必要ない、とすることもでき、同時に安南国の滅亡が旦夕に迫っているのであれば、わざわざ征討する必要もない、という主張も可能であった。これによって不干渉の基本方針が貫徹される。そのためには嘉慶帝は、最大限に憤慨してみせる必要があった。

両広総督吉慶は、陳添保の供述を元に安南を指弾する材料を北京に提出した際には、「まだこの件については上奏していない」と安南側に返答するつもりである、としているように、北京側の出方をうかがっていた。もし、これまでと同様に安南国の滅亡などによる状況の大きな変化がなければ、北京のほうでは安南国を指弾するのは時期尚早と考え、陳添保はそれまでの海賊と同様に、たんに安南に住んでいた経験がある海賊、とされるのみであっただろう。そして、照会を行ったとしても、安南側から取り締まりに努力する旨の返答があれば、そこで沙汰止みとなったはずである。しかし、安南滅亡の可能性がきわめて高いと判断した北京の嘉慶帝周辺は、安南の海賊隠匿を指弾することを選んだ。十二月二十六日、正式に、安南滅亡は不可避である、と明言する上諭が下された。次に問題になるのは、安南滅亡後のプランであった。

（3）「農耐国長による海賊取り締まり」の発見

一八〇二年七月三十日、広州虎門に西南から来た船二隻が現れた。そこには「農耐南越国長」阮福暎によって差し向けられた鄭懐徳ら三名の使節と、兵四〇〇名が乗り込んでいた。彼らは七月十日に農耐を出発し、天候不順に遭いながら到着したと言い、先年広東に阮進定が漂着した際の対応について謝辞を述べた後、フエを攻略した際に発見した安南国王の印章や、莫観扶など海賊三名を献上した。これに対し両広総督吉慶は、「安南は海賊を匿い、使嗾していたので、天朝が安南を助けることはない、安南全土を得たときに再び上表して冊封を請うように」と指示し、食料を与えて、鄭懐徳らを広州城の郊外の港黄埔に待機させた。安南国滅亡は時間の問題であり、わざわざ使節を返す必要はなかったのである。

阮福暎の使者到着の報を受けた北京の清朝中枢は、九月二日付けの上諭において、近年の「長髪（頭髪を剃り落とした辮髪にせず、総髪にした者）」の安南海賊はすべて安南国王阮光纘が教唆したもの、と断定したうえで、その父阮光平（阮文恵）が乾隆帝に対して非常に恭順であったことを強調した。つまり、この上諭は安南（阮文恵、阮光纘親子）と農耐（阮福暎）ではなく、阮光纘と阮福暎という一八〇二年時点の二人の王を比較して、善悪を明らかにすることを目的としたものであった。ここではまず「国と存亡をともにすべき」勅印を置いて逃げた阮光纘と、拾って届けた阮福暎という対比がなされている。また、内地の盗賊を匿う阮光纘と、逮捕して突き出してきた阮福暎のみが言及され、一七九七年に安南国王阮光纘の命を受けて海賊六三人を縛送してきた丁公雪の存在は、完全に忘れ去られている。ここで軸になっているのは、阮光纘によって総兵に任命されていた莫観扶ら三名を阮福暎が縛送してきたという、一八〇二年七月に発見された状況だけであって、前年（一八〇一）の陳添保（本章冒頭の引用史料）には言及すらされていない。

また、この上諭では、前年十二月の陳添保投降に際して下された上諭と異なり、海賊を匿ったことの責任が「不孝」な阮光纘一人に押し付けられている。前年の上諭は、一七八三年に安南で総兵に任じられた陳添保の存在を軸に、阮文恵（阮光平）、阮光纘親子を詰ったものであった。しかし、一年後には、海賊拡大の原因はすべて阮光纘に押し付けられることとなった。清朝側は一七九三年二月に、阮文恵から阮光纘への代替わりを確認しているため、もし論理の一貫性を保とうとすれば、一七九三年以前の安南による海賊への官職授与を問題にする限り、詰責の対象は阮文恵となるはずであろう。しかし、ここでは、「不孝」な阮光纘だけが、父が天朝より受けた恩を忘れ、海賊を匿った、とされる。

このような不自然な操作が行われる理由は、以下のようなものである。すなわち、一八〇一年十二月の場合は、海賊発生の原因として安南国全体を詰責することに目的があったが、今回は阮光纘と阮福暎の交替を正当化することに目的がある。あらたな朝貢国を設置しない場合、清朝側に介入の義務が生じる恐れがあるからである。一方、先代の王、阮文恵に対する詰責は、彼を冊封した乾隆帝を詰ることになるため、それは避けなければならない。ここでは前年と違い、滅びゆく安南国の王、阮光纘個人を貶めることで、あらたに朝貢国の国王となるはずの阮福暎を賞賛しなければならない。そのため、前年指弾した阮文恵についての評価は行わず、阮光纘個人を「不孝」者にしなければならなかった。

この上諭は、阮光纘が亡命してきた場合、受け入れはするが、その王爵は剝奪することを決定し、阮光纘政権滅亡後、阮福暎側に請封使を送ることを求めるように指示して終わる。こうして、清朝側において阮光纘と阮福暎の交代と、安南における紛争の終結が告げられ、阮福暎冊封の方針が明示された。清朝はみごとに武力介入を行うことなく、安南の政権交代に伴う混乱をやり過ごしたのである。まことに面倒くさい手順を踏んだものだが、こうしなければ納得しない人びとが、清朝領内にはたくさんいたのである。

ここまで来れば、冒頭のように嘉慶帝がたびたび憤慨してみせなければならなかった理由がよくわかるだろう。憤慨することで、安南の混乱を傍観することが正当化されるのである。その後、吉慶は、安南昇龍（タンロン）城（ハノイ）が七月十五日に陥落し、阮光纘はいったん脱出したものの臣下の謀反によって農耐側に突き出された、という情報を上奏しているが、嘉慶帝はこれに、「すでに過去のこと」と硃批を入れた。戦後処理の方針が決まった以上、もはや阮光纘の運命など知ったことではなかった。

5　清朝と越南

阮福暎の国王冊封を清朝側が決定し、広州で待機する鄭懐徳らに通知したのは、一八〇二年十月二十六日のことであった。阮福暎からの正式な使節が広西省鎮南関に到着したのは十二月十四日、冊封を要請する使節の到着が北京に報じられたのは、明けて一八〇三年一月十一日であった。この使節の受け入れを担当したのは広西巡撫孫玉庭（そんぎょくてい）であった（それまで担当していた吉慶は前年末に自殺）が、孫玉庭は、使節が提出した文書のなかの、あらたな国号を問題視した。阮福暎側は、長く使われてきた「安南」ではなく、それまで阮福暎政権が利用してきた「南越」を、国号として認めるよう要請していたのである。これまでも、阮福暎政権から清朝へ出された文書では、しばしば「南越」の国号が使われてきたが、問題とされたことはなかった。しかし、孫玉庭は、「南越」は古の広東広西を支配した「南越国」を想起させる、として反対し、「安南」のままにすることを主張したのである。嘉慶帝ほか北京の清朝中枢も孫玉庭の意見を支持したが、阮福暎側は「安南」を認めなかった。結局、孫玉庭は折衷案として上下を逆にした「越南」を提案し、双方が受け入れることとなった。阮福暎側は国号に安南を使いたくなかったが、清朝側でも、国号を要求通りに認めては宗主国としての面子に関わる、と考えたのであろう。「南越」でも「越南」でもベトナム語ではそれほど意味が変わらないということもあり、阮福暎側はとりあえず納得した。双方とも、相手がそれなりに譲歩をすれば、それで十分であったのである。

阮福暎は国内では、一八〇二年にフエを占領した段階で「大越」を国号として、大越皇帝を称しており、清朝から与えられた越南という国号は、対外的に用いられるに過ぎなかった。しかし、阮福暎の跡を継いだ阮福晈（明命帝）は、一八三八年、「大越」は古くからしばしば利用された手垢のついたものであることを理由に、国号を「大越南国」、通称「大南」に変更している。清朝側では、歴代の越南国王が国内で皇帝を自称し、国内で「大南」と号していることをおそらく知っていたが、やはり咎めることはしなかった。また、明命帝も対外的には越南と号していた。その後も越南という呼び名は広く知られ、その現地読みであるベトナム Việt Nam は、現在のベトナム社会主義共和国の領域を指して広く利用されるものとなっている。

かくて、越南と清朝の関係が確立した。これ以降も十九世紀を通じて、陸上、海上ともに盗賊、海賊が両国の国境を行き来したが、両国間の大きな問題となることはなかった。清朝領域内に根拠地を持つ賊が越南領内に入って略奪を働く場合のほうが多かったが、越南側がそれを理由に武力行使をするようなことはなかった。清朝、越南ともに相互に警戒感を持ってはいたが、緊張が高まることもなかった。太平天国戦争によって中断する一八五〇年までの四九年間に、越南から清朝へは定期的に必要最小限の朝貢使節がのべ一三回送られた。清朝一代を通じて、琉球が二一五年間で一一三回、朝鮮が二六二年間で六六四回使節を送っていることを考えると、非常に少ない。要するに越南、清朝両国にとっての朝貢、冊封とは、相互承認を確認する作業に過ぎなかった。しかも越南側では、勝手に清朝から与えられた国号を変更していた。越南の前の安南も、半ば公然と国王の替え玉を清朝へ送っていた。ベトナムの王権側では、清朝が自分たちをベトナムの支配者として認めていればそれでよかった。朝貢や冊封に関わる儀礼なども、どうでもよかったのである。

ここまで来れば諒解されるだろう。一般に言われる中国を中心とする伝統的な東アジア国際関係としての「朝貢冊封体制」などは、現実には存在しなかった。朝貢と冊封とは、実際の国際関係を左右することはない儀礼、しかも、おもに清朝の国内向けの儀礼の一種に過ぎないのである。

清朝側では、ベトナムの王権が、朝貢国にふさわしい態度をとっていれば、正確には、ふさわしい態度をとっていると解釈できるような状況にありさえすれば、その存在を許し、そうでなければ滅びるに任せる、などの態度をとっていた。つまり、朝貢冊封関係の論理に忠実に行動しているように、国内向けに見せなければならなかったのである。これはもちろん、清朝内にいる小うるさい原則主義的な連中に黙っていてもらうためであった。その一方で清朝当局者は、海賊問題の原因をめぐって論理を弄しつつも、ベトナムへの介入を避ける、という政策は一貫していた。朝貢冊封関係は国内向けに政策を正当化するときに利用するものであって、朝貢冊封関係によって政策が左右されるということはあり得なかったのである。

一八六〇年代末、越南がフランスの侵略に直面すると、清朝は越南北部に小規模な部隊を断続的に駐留させるようになった。八〇年代に入り、ハノイがフランス軍に占領されたのを機に、清朝は積極的に越南に介入するようになる。このときフランスが、一八七四年に越南国と結んだ甲戌（こうじゅつ）条約によって保護権を主張したのに対して、清朝は、朝貢を行う「属国」越南に対する宗主権を主張した。それまでのたんなる相互承認の儀式を実質的な服属関係に読み替え、朝貢冊封関係が実際の上下関係、支配被支配関係であるかのように主張したのである。この主張が、伝統にのっとったものというよりも、むしろ十九世紀後半になって初めて生まれたものであることは、容易に理解できるだろう。清朝は越南を自分の影響下にある緩衝国に仕立てるべく、朝貢冊封関係を持ち出したのである。

このように朝貢冊封関係は、まさにその関係が消滅しそうになっていた十九世紀後半になって初めて、中国王朝を中心とした実質的な国際秩序であるかのように当事者たちによって主張された。一八八〇年代、清朝とフランスは越南をめぐって戦端を開いた。戦局は海上ではフランスの有利に、陸上では清朝の有利のうちに進んだが、最終的に清朝は越南への影響力を失い、越南全域がフランスの保護領となった。このとき、清朝と越南の朝貢冊封関係は終わりを告げた。

十八世紀末から十九世紀初頭に発生した海賊問題は、安南、越南の交代というベトナムの混乱を、武力介入を行うことなく何とかやり過ごそう、という清朝の対外政策を正当化するために利用された。清朝は国内に向けて、古代から連綿と続く朝貢冊封体制を原則通り運用しているようにみずからを見せなければならなかった。清朝皇帝は、あるべき対外関係を体現していることを、国内に向けてつねに見せつける必要があったのである。それゆえ、どのような対策をとるにしても、つねに朝貢冊封関係の論理に合致した説明をしてゆかなければならなかった。実際の清朝の対外姿勢は、安南にも越南にも丁寧な配慮を行い、武力介入を避けることを第一の目的とした慎重なものであった。だが、国内向けには清朝とベトナムの王権のあいだの関係は、清朝が主導権を握り、古代以来の朝貢冊封関係が存在しているかのように見せる必要があった。そんな清朝にとっては、海賊たちが実際に安南国王の教唆によって動いていたかどうかなどは重要ではなかった。滅びゆく国にふさわしい悪行が見出せれば、それでよかったのである。

海賊問題は、清朝の対外政策の正当化に利用された。清朝は、海賊問題の解決よりも、対外政策を優先したのである。では、清朝領域内の各地域にとって、海賊問題はどれほどの問題であったのか。次章では、海賊問題が清朝領域沿岸地域にもたらした実際の被害について見てゆくことにしよう。

第二章　大混乱に陥った沿海経済

——商人たちの受難と抜け道

一八〇七年、楊幸逢という台湾出身の男性が、北京の都察院[*1]に告訴状を提出した。

地方官は十分な海賊対策を講じることができないにもかかわらず、それを理由にさまざまな付加税の支払いを要求し、商船主には（出入港時に）さらに過酷な税を課している。この弊害は大きくなるばかりなので、福州で船舶を所有している人びとは、商品を積んで出港しようとはしない。厦門には二〇余りの船行（海運仲介業者）があったが、多くは経営が破綻してしまい、もはや二、三軒しか残っていない。目下、各所の船行は、以前建造した船舶を利用しているが、もしその船舶が古くなって使えなくなると、すぐに解体して業務を縮小しようとするし、そもそも無理をして船を出そうとしない。積み込んだ物資を売りさばくだけでは経費を賄えず、赤字になってしまうため、船舶をあらたに建造して、積極的に海運に携わろうという者もいない。このように、海賊問題が解決されないために、海上を行く船舶は減る一方となっているのである。その影響は、海関の税入の減少をもたらすだけでなく、（海上輸送や商業で暮らしていた）人びとの生活を悪化させ、多くの人びとが海賊に身を投じ、海賊の勢いがさらに増すことになる。これが現在の沿海地方の実情である。

（『軍機処録副奏摺』農民運動類、蒙賞頂戴義民楊幸逢呈、嘉慶十二年九月）

楊幸逢は、当時の台湾府知府楊廷理が不正を行ったために海賊が台湾に上陸したのだ、と主張した（第四章参照）のであるが、そのなかで彼は、海賊問題と清朝の対処の拙さによって、福建の沿海経済が厳しい状態に陥っていることを指摘している。

第一章で見た通り、清朝中枢にとっては、海賊問題とは対ベトナム政策を正当化するための材料に過ぎなかった。では、現地の社会経済にとって、海賊の存在は、いかなる問題であったのか。外交上の取引に利用されたのだから、それほど大きな損害はなかったのか。それとも楊幸逢が指摘するように、海賊は地元の経済を破壊したのだろうか。本章では、海賊問題が、清朝東南沿海社会にどのような影響を与えたのかを見てゆきたい。

当時、清朝の皇帝や官員たちは、海賊たちの行為の社会経済的影響を「擾害商旅（じょうがいしょうりょ）」、すなわち「商業流通の阻害」を意味する語で表現した。海賊というのは海上を航行する船を襲撃する者であるから、この語が現れるのは当然ではあろう。この時代の海賊たちもしばしば商船を襲撃した。問題はその程度と頻度である。海賊がいて、それが年に数回程度小型船舶を襲うのと、たびたび大型船舶を襲撃するのとでは、当地の社会経済への影響がまったく異なることはいうまでもない。

十七世紀末に遷界令（せんかいれい）を解除（序章参照）して以来、清朝沿海ではしばしば海賊の被害が記録されている。しかし、それらは散発的なもので（もちろん実際にモノを奪われたり、殺害されたりしたほうからすれば、たまったものではないが）、大きな社会問題とはされなかったし、実際に社会経済への被害もほとんどな

＊1　**都察院**　中央官庁の一つで、六部（りくぶ）を初めとする中央官庁および地方各官の監察を行った。長官は左都御史（さとぎょし）（従一品）。地方各官の監察業務の一環として、庶民からの告発や陳情も受け入れた。

かった。むしろ、多くの研究者が指摘するように、十七世紀末から十八世紀を通じて、清朝沿海の商業活動は拡大を続け、経済は成長していたのである。

しかし、本章冒頭の引用史料では、十九世紀の初頭の福建ではどうやら、海賊の存在のために、沿海部の社会経済に問題が生じていたとする。では、いつから、どのように海賊問題は社会経済に負の影響を与えるようになったのか。まずは、清朝内部で、海賊行為が社会経済に悪影響を与える、と言明されるようになった、一七八〇年代の状況から見てゆくことにしよう。

1　一七八〇年代の海賊問題

(1) 散発する海賊行為

一七八二年、閩浙総督富勒渾（フレフン）と福建巡撫雅徳（ヤデ）[*2]は、目下進行している福建における治安悪化の原因として、「海洋盗賊」、「械鬥」、「拒捕」の三つを挙げた。械鬥とは、すなわち父系血族組織（「宗族」）間の武力衝突であり、拒捕とは、清朝官憲の治安維持活動に対する反抗を意味する。海洋盗賊は、もちろん海賊である。富勒渾らは、当時の海賊問題について、以下のように言う。

福建の多くの地区が海に面しています。住民の多くは漁業で暮らしているため、洋上を往来するのに熟達しており、それゆえ、不逞の輩は徒党を組んで商船を略奪し、はなはだしきは殺人に至ります。これらの賊は一度捕えると、規定に沿ってすべて誅殺して港で曝し首にしているため、以前よりは減少しているように感じられますが、すべてを捕えたわけではありません。我々は着任後、港の警備兵に厳しい取り締まりを行うよう指示しました。船舶の出入港の際には、すべて牌照（証明書）を検査し、それから通過を許すようにもしております。

（『宮中檔乾隆朝奏摺』第五三輯、富勒渾、雅徳、乾隆四十七年十月十三日）

このように、一七八〇年代から、福建では海賊行為が社会問題の一つとされ、警備の強化が行われた。福建からのいくつかの報告を見ると、このころから海賊行為が増加する傾向が見られる。ただし、このころには継続的に海賊を働く集団がいる、という報告はなされていない。海賊を働いた漁民の行動範囲も、県レベルに留まるなど、非常に狭かった。つまり、このころの海賊問題は、単発的な強盗事件が増えている、というものに過ぎなかったのである。

ここで、このころ問題となった福建の海賊事件をいくつか紹介しておこう。

＊2　**雅徳**　?——一八〇一。瓜爾佳氏、正紅旗満洲出身。一七八五年に閩浙総督に任命された。翌年、両広総督として転出した富勒渾の使用人の不正追及が不十分であったことを罪に問われ、解任された。浙江巡撫、閩浙総督を歴任した玉徳（ユデ）の兄に当たる。

①呉金雀事件

一七八三年十一月一日付けの雅徳の上奏によると、侯官県の商船戸（商業海運業者）方発興から、東西洋で襲われた、と同安県当局に被害届が出された。同様に金門県にも、いくつかの被害届が提出された。それらをもとに捜査を行ったところ、金門、同安、馬巷庁において呉金雀初め一三名が捕えられ、一名が自首してきた。彼らの供述によると、一七八二年四月から海賊を働き始めたが、その人集めの際に、台湾への客船の運航と偽って水夫を集め、それぞれ銀元（スペイン銀貨）二枚を給与として支払ったという。

②翁祐事件

莆田県の船戸（船舶所有者）翁祐が、一七八二年に上欧内洋で金品および船舶を奪われ、これを莆田県に通報した。犯人は浙江象山県で発見された。象山県当局の報告によると、別件で逮捕した者が翁祐の船照（船舶出港許可証）を所持していたため、詰問したところ、当初は借り受けたものだと主張したが、翁祐本人を象山まで呼び寄せて対面させたところ、観念して上欧内洋で奪ったものであると供述した。供述によれば、事件当日、たまたま出会って意気投合した犯人たちが、現在の生活の苦しさについて世間話をしているうちに、海賊行為を思いついたのだという。彼らはすぐに漁を名目に人を集め、たまたま遭遇した翁祐の船を略奪したのであった。

③李起霖事件

浙江定海県に提出された被害届に応じて捜査が行われ、犯人が捕えられたものである。浙江鄞県の船戸李起霖らが一七八三年六月二十日に、孝門洋面で「晋江県一百六十五号」という刻印の入った船に襲われた、というものであった。この晋江県一百六十五号の船を所有していたのは董長春という人物である。逮捕された董長春はその年の五月初旬から漁に出ていたが、嵐に遭って漂流するなどして食料が尽きたため、通りかかった李起霖らの船を襲った、と供述した。

④蔡再盛事件

一七八三年四月三十日、福清県の船戸蔡再盛の船が莆田県吉蓼澳で漁民に襲われ、魚や貨物、その他金品を奪い取られた事件である。被害届を受けた莆田県当局は容疑者九名を捕えた。そのとき、海壇鎮の武官呉漢生が勝手に示談を持ちかけ、強請を働いたことが判明したため、さらに三名が逮捕された。なお、この事件は第五章で詳しく取り上げる。

これらの事例からわかるように、このころの海賊事件は、漁民の小遣い稼ぎが少しエスカレートした程度の散発的なものに過ぎなかった。狙われるのも小さな商船や輸送船だった。前述の四つの事例においては（結局、主犯格はみな死刑になるのだが）、殺人に至ることもなかった。先の富勒渾らの報告にあるように、殺人に発展する場合もあっただろうが、どうやら死人が出るのは、レアケースであったようだ。
ともあれ、この段階では、海賊事件とは、よくある田舎の物取りに過ぎなかった。ところが、台湾における反乱勃発を契機に、清朝東南沿海の海賊問題は拡大してゆく。

（2）台湾の反乱と海賊問題の拡大

一七八六年十一月、台湾中部、彰化県当局は、彰化県の天地会[*3]がならず者を集めて騒ぎを起こそうとしているとして、会員数名を連行した。それに怒った天地会の人びとは「貪官汚吏（貪欲で腐敗した官吏）」を懲罰すると主張し、林爽文なる大親分を中心として、暴動を起こした。林爽文率いる天地会の一団は、翌年の一月には、彰化県知県を殺害し、清朝に反旗を翻すに至る。また、台湾南部の鳳山県でも、会党の首領、荘大田を中心に大規模な騒乱が発生し、台湾の文官のトップである知府孫景燧を初め、多くの官員が殺害された。騒乱はさらに拡大するが、一七八七年十二月、大将軍福康安が台湾に渡り、鎮圧を開始すると、すぐに収束に向かった。翌一七八八年二月に林爽文が、翌月に荘大田も逮捕され、反乱は終結した。これがいわゆる林爽文反乱である。

清朝当局は、台湾で林爽文の反乱軍の鎮圧に当たる一方、大陸側でも、反乱の波及を防ぐためにいくつかの措置を講じた。反乱発生とともに台湾からの避難民が、大陸側へ現れ始めていたからである。加えて福建緑営の司令官である水師提督と陸路提督が、反乱鎮圧の陣頭指揮をとるために、二人とも台湾へ渡っていたし、さらに福建南部では兵力の半分が台湾へ送られていた。具体的には、避難民に紛れて大陸側へ逃亡しようとする反乱軍参加者を捕えることと、大陸側の兵士の多くが台湾での反乱鎮圧に出かけたので、その空白を埋めておくことが必要とされたのである。

福建当局は、福建南部の漳州、泉州地区での船舶検査体制を強化した。漳州と泉州は、台湾との関係が深く、多くの移民を輩出していた地域であった。広東でも、漳州、泉州に隣接する潮州、恵州一帯（こちらも台湾への移民を輩出していた）に台湾から反乱軍参加者が逃げ込んでくることを懸念し、潮州鎮、碣石鎮の兵（水陸合わせて約四〇〇〇名）を福建、広東省境の南澳鎮付近に配置した。さらに、一七八七年四月二十四日から両広総督孫士毅みずから潮州に赴き、港湾での検査の指揮を始めた。結局、台湾からの避難民のなかから問題のある人物が見つかることはなく、清朝当局の懸念は杞憂に終わった。しかし、この潮州付近における警備の強化は、違った角度から評価されることになる。

同年十二月、台湾での騒乱も収束の見通しがついてきたころ、広東では行商（貿易取次商）と塩商（専売塩を取り扱う商人）による銀五〇万両にのぼる「捐納」（清朝政府への寄付）が行われた。彼らは、林爽文反乱に際して警備が強化されたため、海賊の被害が減った、その感謝のしるしとして寄付を行った、とされた。

＊3　**天地会**　十八世紀、開発の進む清朝の辺境地域に生まれた互助組織（「会党」）の一つ。しばしば「反清復明（清朝を覆滅し明朝を復活させる）」などのスローガンを掲げたが、実際には、とくに政治的な目的はなかった。暴動を起こすことから、清朝の取り締まりの対象とされた。

もちろん、この「寄付」が自発的なものであるはずがない。清朝広東当局が警備費用の負担を商人に転嫁したものである。だが、そこに記される「寄付」の理由は、まったく根拠のないものをでっちあげるわけにはゆかなかった。

広東沿海都市の行商が受け入れるのは、海路やってきた商人であったし、塩商は塩を生産地から広州などへ輸送するのに海路を利用していた。彼らにとって、海賊の存在は実際に取引の障害となっていたのであろう。同時期、福建からの上奏文においても、「商旅之害（商業流通に対する障害）」という表現を用いて、商業流通阻害についての懸念がたびたび示されている。すなわち、この時期、広東から浙江までの広い地域で、海賊問題が流通の阻害要因として認識され始めたのである。

また、清朝の官船も、このころから海賊の存在に頭を悩ませるようになった。当時、台湾で林爽文反乱の鎮圧活動に当たる清軍の食糧として、一七八七年八月までに浙江から一〇万石（七一六〇トン。清朝の一石は約七一・六キログラム）が移入され、さらに九月には、浙江、江蘇、江西から二〇万石（一万四三二〇トン）の移入が行われる予定となっていたが、そのルート上で米穀輸送船が海賊に襲撃される事件が発生した。実際の被害は数十石に過ぎなかったが、閩浙総督李侍堯[*4]は、清朝の公式輸送船である米船が襲撃されたことから、海賊対策を重視し始める。李は「海賊が洋上でほしいままに行う略奪は、商人、民衆の害となること、もっともはなはだしい」と指摘したうえで、逮捕した海賊は厳罰に処す必要があるとした。このように、一七八〇年代後半から、台湾、福建周辺を中心に、商業流通や米穀流通の阻害要因として海賊問題が扱われるようになったのである。

このときの海賊問題は、一七九四年一月に各省ごとの総括が行われ、ある程度解決をみることになった。この段階では清朝の行政文書では、商業流通の阻害要因となる懸念が示されていても、実際に海賊問題が原因となって経済活動が滞っている、という記録は、管見の限り見られない。たとえば、一八一五年に刊行された『澄海県志』巻二二「海防」には、林爽文反乱以降、海賊が増加した、との記述があるが、具体的な被害には触れられていないし、ほかの地方志には類似する記述は見られない。一七九四年までは、海賊問題による流通の阻害は、いまだ懸念に過ぎなかったと考えられよう。ところがその懸念は、乾隆最後の年＝一七九五年に現実のものとなる。

2　安南海賊がもたらす不況

（1）海関収入の激減

いささか唐突だが、閩海関（福建）と浙海関（浙江）の収入動向を表した図2-1（次頁）をご覧いた

＊4　**李侍堯**　?—一七八八。漢軍鑲黄旗出身。戸部尚書李元亮の子。副都統に抜擢された後、一七六〇年代、両広総督、閩浙総督、湖広総督など南方の地方官を歴任した。たびたび汚職により罰せられたが、乾隆帝にその才能を惜しまれ、失脚することはなかった。

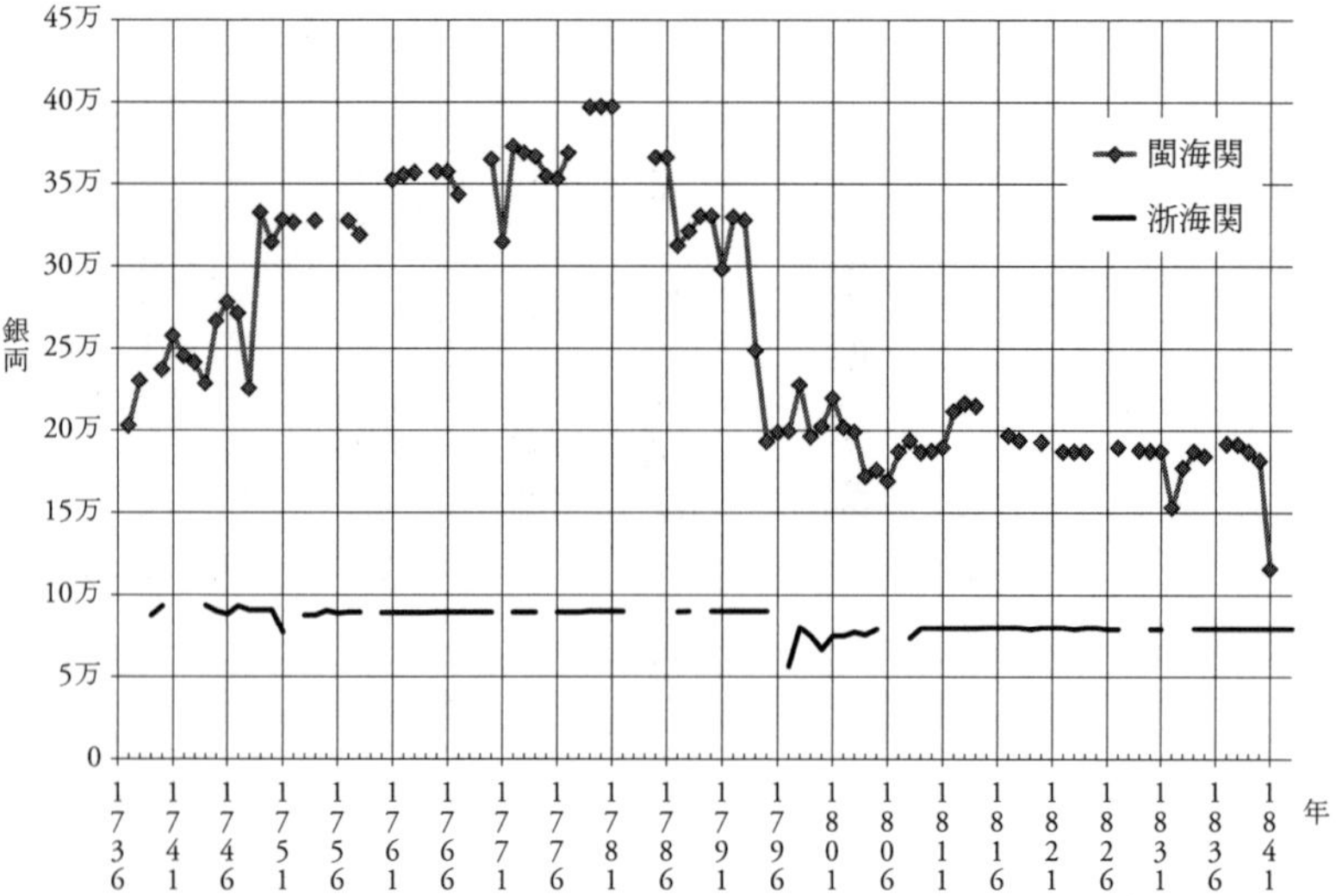

図 2–1　閩浙海関収入動向

だきたい。一七九〇年代後半に閩、浙両海関の収入が急激に落ち込んでいるのが、一目でわかるだろう。具体的には、閩海関の一七九三年度の総税収は三三万両弱であったのが、一七九四年度には二五万両弱に、さらに一七九五年度には一九万両余と、二年のあいだに四〇パーセント余り減少している。細かく言うと、当時の海関の会計報告は陰暦一二カ月を一つの年度としており、一九年に七回置かれる閏月（うるうづき）を無視している。そのため、ここでの会計年度は、太陽暦とおおむね三年ごとにひと月ずつズレが生じるのだが、ここではあまり気にしなくてもよい。半年単位での推移を見ると、閩海関の場合、一七八〇年代には一六万両程度で推移していたのが、一七九四年度後期には一四万両余に減少し、一七九五年度前期には一〇万両強にさらに減少している。税収が底を打ったのは、八万六〇〇〇両を記録した一七九六年度前期であった。同様の傾向は浙海関にも見られ、それまで年に九万両前後で推移していた浙海関収入は、一七九六年度には五万六〇〇〇両余に落ち込んだ。浙海関収入は、この後、いささかの回復を見せ、七万五〇〇〇両前後で推移してゆく。この二年のあいだに発生した急激な落ち込みは、何を意味しているのだろうか。

海関とは、清朝が一六八四年から順次東南沿海の各省、江蘇（江海関）、浙江（浙海関）、福建（閩海関）、広東（カントン）（粤海関（えつかいかん））に置いた、海上の商業流通*5（次頁図2―2）に対する徴税機構である。現代中国語では、「海

---

*5 **清朝沿岸流通**　十八、十九世紀には沿岸交易が盛んに行われたが、そのなかで大宗を占めたのは、棉花、綿布、砂糖、大豆油、大豆粕、米穀などの商品で、それぞれの生産消費地による地域間分業体制が成立していた。まず、砂糖は、福建省南部から広東省東部で生産され、消費地である江南地方に持ち込まれた。江南地方では、棉花生産が盛んで、綿布に加工してから他地域へ送り出すほか、原材料として棉花のまま広東や福建へ送り出すこともあった。江南での棉花栽培と、福建・広東での甘藷栽培と砂糖生産を支えていたのは、大豆粕から作られた肥料であった。大豆は、山東省や東北部で生産され、現地で大豆粕に加工され、南方へ送られた。同時に作られた大豆油は、食材として搬出された。その代わりに東北部には砂糖や綿布などが流れ込んだ。

このように、各地で商品作物栽培が盛んになると、食糧が不足しがちになる。そのため、帯域で生産された米穀が流通するようになった。米穀を生産していたのは、江南のさらに内陸の長江中流域（湖南、湖北、四川）と台湾であった。江南は、米穀供給を長江中流域に仰ぎ、福建は、台湾に依存した。広東省では、広西など内陸部のほか、タイやベトナムなど東南アジア大陸部からの米穀輸入に頼っていた。

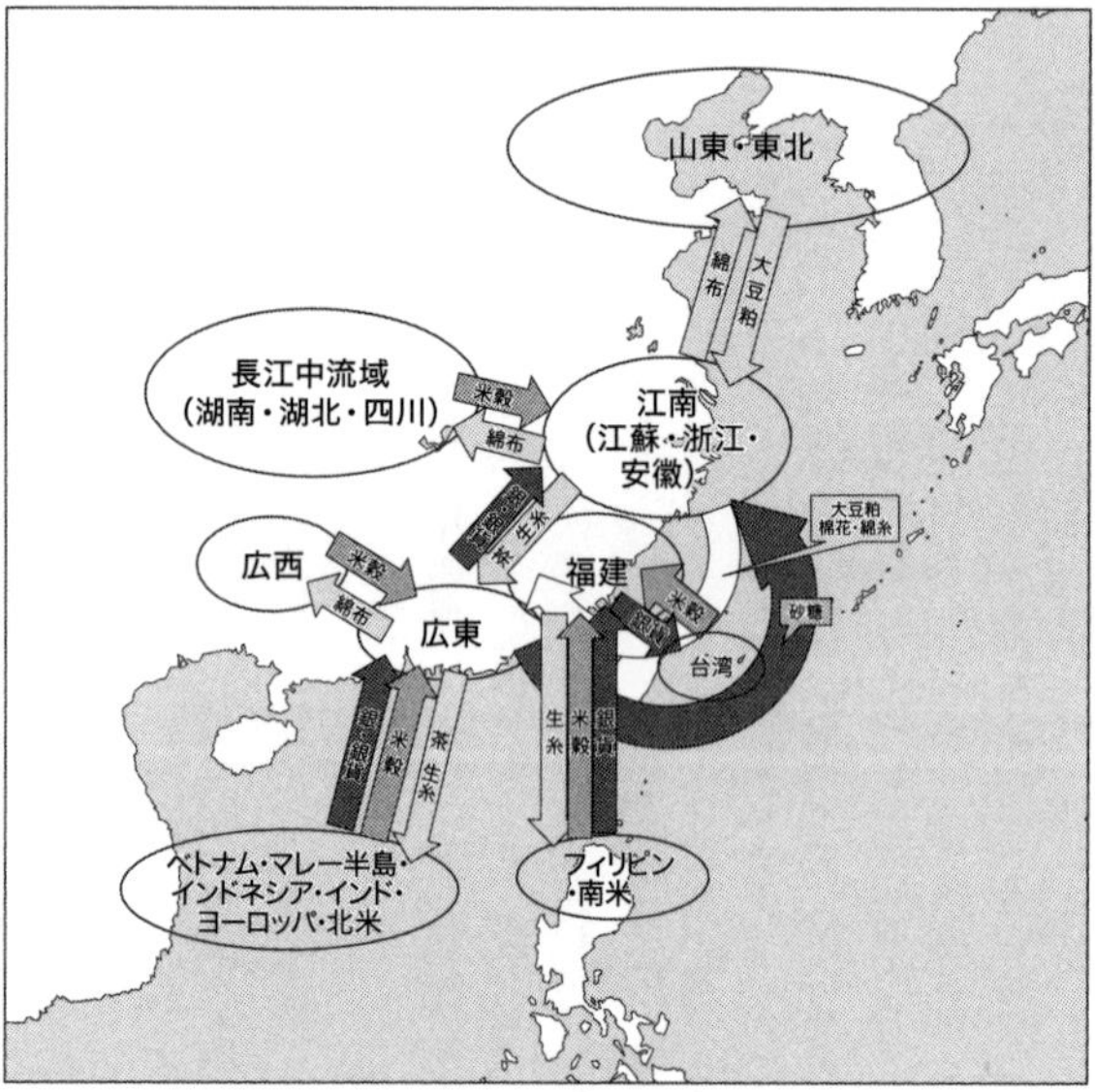

図 2–2　清代沿海流通

関」は現代日本語で言うところの税関、すなわち海外との輸出入を管理する役所を意味するが、この時代は違う。清代の「海関」は、国内交易であれ国際交易であれ、海路を利用して流通する商品に一律に課税して、税を徴収する機関である。

その基本的な性格は、清朝が内陸部の各商業ルートに置いた税関と同じで、取引全体を対象として通行税や取引税を徴収することを目的とする機関であった。たとえば、広州から厦門（アモイ）へ商品を海路持ち込んだ場合は、広州で出港するときと厦門に入港するときに納税しなければならないし、外国人が東南アジアから広州へ入ったときや、華人商人が日本から寧波（ねいは）に商品を持ち込んだ際にも、同様に課税された。課税額は、特定の商品、たとえば絹なら評価額の一・五パーセント、砂糖なら品質に従って四〜八パーセントなどと決まっていた。その評価額も物価に連動したものではなく、ほぼ固定されていたので、課税額は通関する物資の量とおおむね連動する。つまり、原理的には、海関の収入の増減は、管轄地域、すなわち省内すべての商業流通量と比例したものとなるはずである。とするならば、**図2-1**に見える一七九〇年代後半の閩、浙両海関の収入の落ち込みは、商業流通量の激減を意味していることになろう。

ただし、収入動向と商業流通量を結び付けるには、いくつか留保が必要である。第一に、商業流通全体のうち、どの程度を海関が把握できていたのかということが、じつは明確ではない。商人が海関を避けて取引をしてしまうと、**図2-1**には反映されないのである。また、日用品の一部は非課税なので、ここには現れない。納税も、商人個々人が直接行うのではなく、牙行（がこう）などと呼ばれた仲買商人が請け負っていたので、その仲買商人が取引すべてからきちんと納税を行っていたのかについては、我々にも、当時のほとんどの人びとにも知りようがない。とはいえ、とくに大きな戦乱もないようなときに、この海関による商業流通の把握の状況が、数カ月のあいだに大きく変動することは考えにくい。このことは、海関の徴税官吏がほんとうに実徴収額を報告しているのか、という問題にも当てはまる。

清朝や明朝では、役人、なかんずく下級役人の給料水準が著しく低く、給与だけでは生活できないために、勝手に手数料やみかじめ料を徴収していたことはよく知られている。そのなかには、賄賂（わいろ）を受け取って課税対象から外す、というようなことがあってもおかしくないし、徴収しても、報告せずに自分の懐に入れてしまう場合もあっただろう。しかし、そのような行為の頻度を突然増やしたり減らしたりというようなことがあるとは考えにくい。一年で税収が半減するような不正を行って、それが露見しないはずがない。中長期的には、このような要素によって海関収入の増減が発生することはあるかもしれないが、短期的な増減をもたらすようなものとは考えにくい。また、海関収入に関する規定の変更は一七九五年前後には確認できず、むしろその後の一七九九年の嘉慶（かけい）帝親政開始に伴う諸改革のなかで行われており、この時期に何らかの規程の変更があって、税収が大きく変動するということもない。

つまり、このころの海関収入と沿岸部における商業流通量は、おおむね連動することは間違いなく、とくに一七九五年前後の短期的な海関収入の変動は、構造的な要因よりもむしろ、短期的な流通量自体の大幅な変動に起因する、と考えるほうが自然なのである。

（2）海賊の衝撃

ここまでの海関についての知識は、もちろん当事者たちにとっては常識であった。それゆえ、一七九五年五月の海関収入激減を報告する閩海関監督（福建海関の長官）魁倫（かいりん）の上奏でも、海関収入の激減の理由は、一七九五年の初頭から福建海域の海賊、すなわち第一章で見た安南（あんなん）海賊の活動によって沿海を航行する船が著しく減少したこと以外に考えられない、と指摘している。

この時期、福建、浙江では、安南から侵入した海賊集団による事件がたびたび報告されていた。一

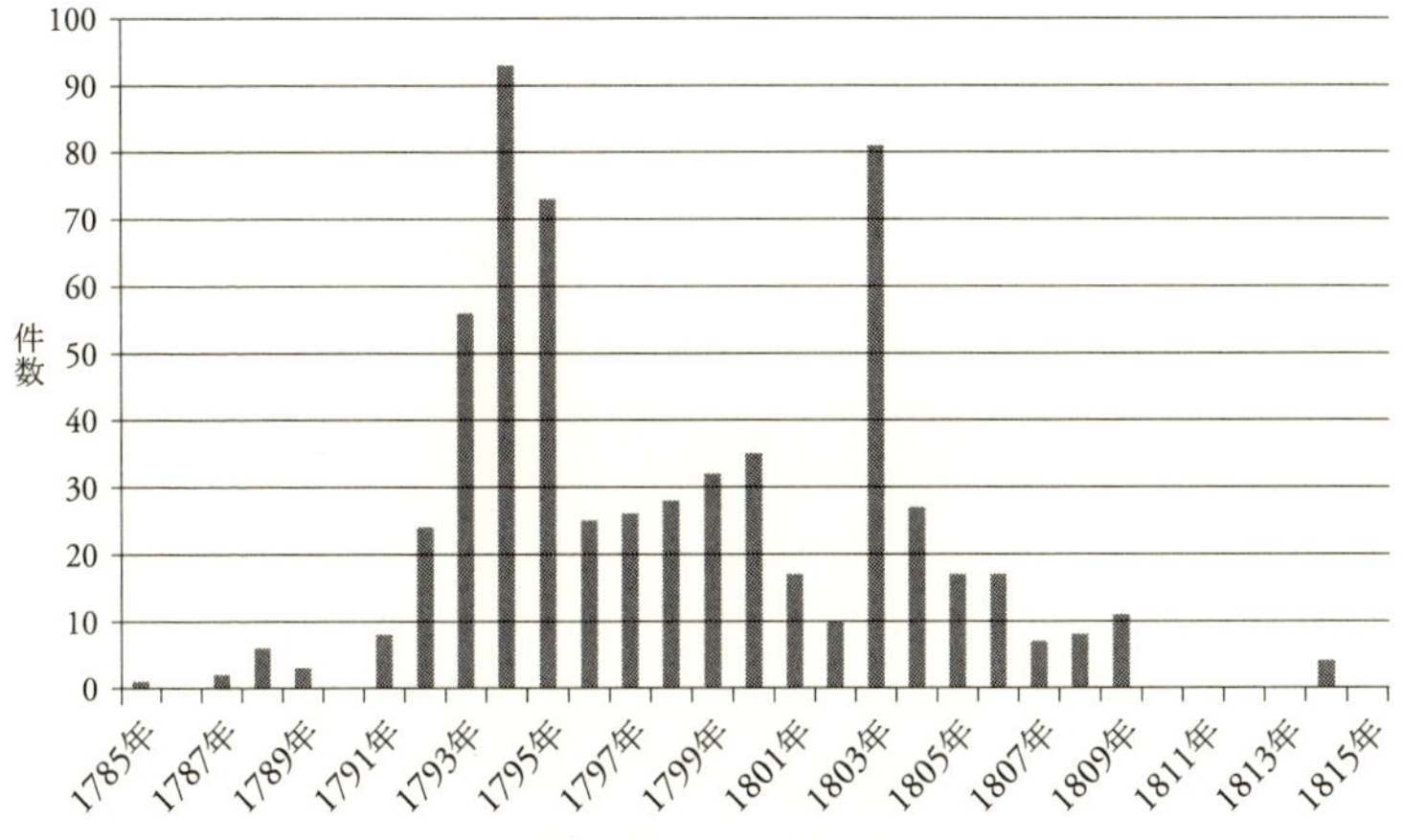

図 2–3　広東省海賊事件被害届件数（1785–1815）

七九五年六月には浙江で官運米船が襲われた。また、同じころ、琉球の朝貢船団からはぐれた貨物船が襲撃された。さらに、その直後、福建省北部の二つの営汛（緑営の派出所）が海賊に襲われている。広東では、これよりも少し前から海賊行為が増加していた（**図2－3**）。海賊の活動が、当地の経済活動に悪影響を与えていたことは間違いない。

では、このころ海賊問題以外に、治安悪化と関税収入減少をもたらすような要因はなかったのだろうか。**図2－1**を見るとわかるように、一七八六年ごろを境に、閩海関収入は少しずつ減少し始めており、一七八〇年代まで続いていた沿海部における商業流通量の拡大傾向は、転換しつつあったように見える。この傾向は、じつは内陸の九江関（江西省）、淮安関（江蘇省）、龍江西清関（江蘇省南京）でも見られるもので、このころから清朝経済全体が後退局面に入ったことを示している。ただし、ほかの地域での税収の減少はもっと緩やかで、閩海関のような急激な変化は見られない。したがって、清朝経済全体の傾向だけでは閩海関の収入の急落を説明することはできない。

またこの時期、福建南部地域では災害も頻発していた。一七九四年九月には、漳州府を中心に暴風雨に伴う水害が発生し、大きな被害が出た。さらに翌年、漳州および泉州府南部では河川への海水の逆流により塩害が発生し、この年は不作となった。これらの災害により、福建南部地域では飢饉が発生し、被災者の一部が海賊集団へ参加した。この水害も福建南部地域に打撃を与えたことは間違いないが、それ以外の福建北部や浙江などでは、とくに天災が続いていたわけではない。災害は局地的なもので、それに福建、浙江沿海全体の商業流通量を半減せしめるほどのインパクトがあったとは考えにくい。

結局のところ、一七九五年の閩海関と浙海関における収入の激減は、魁倫が主張する通り、海賊活動の激化により、出入港する船舶の数量自体が急激に減少したことによって引き起こされたのだ、と考えるほかない。もちろん、入港しなかった船舶すべてが海賊の被害に遭ったわけではない。むしろ海賊猖獗（しょうけつ）、治安悪化の情報を得て、出港を手控えた者が多数であったろう。このころ、官兵の警護を受けて琉球への使節を送る冊封（さくほう）船でさえも、海賊集団の活動を警戒して出航の是非を慎重に検討していた。しかも、当時の沿海流通のうち、大口取引となる山東以北との遠距離交易は季節風に規定されるため、大型船舶の多くがひとたび出航を控えると、一年分の取引の大半が停止することとなる。このような理由によって、商業流通が縮小し、福建と浙江では海関収入が激減したのである。

(3) 外から来る海賊

このように、清朝東南沿海経済に衝撃を与えた海賊とは、どのようなものであったのだろうか。先に挙げた清朝の船舶や緑営の施設に対する襲撃は、林発枝という人物が率いる海賊集団によって引き起こされたものであった。そのほかに王流蓋、獺窟舵などの海賊集団の首領がいた。彼らは広東や福建の出身者であったが、安南（ベトナム北部）を根拠地としていた（彼らがどのような背景を持つ人びとであったのかは、第七章で詳述する）。第一章で見たように、広東巡撫朱珪は、広東へ侵入している海賊が清朝領内の飛び地である安南の江坪、白龍尾などを根拠地としていることを指摘している。同時に朱珪は、以前は雷州半島以西でのみ活動していた海賊が、このころから広東東部でも船舶を襲撃するようになった、とした。魁倫もまた、「安南夷船」が広東から福建南部に侵入して、商船などの襲撃を行っていること、その安南海賊と現地の匪賊が協力して活動していることを報告している。つまり、このとき福建から浙江にかけての海域で活動していたのは、地元の海賊ではなく、安南の西山朝阮光纘政権の水軍を含む、安南に根拠地を持つ複数の海賊集団であった。清朝東南沿海経済は、外から現れた災厄のために大きな打撃を受けたのである。第一章で見たように、安南海賊は対外政策を正当化するために利用されたのだが、現場ではそれどころではなかった。

海賊集団の出現に対し福建当局は、海賊集団をすぐに兵力で抑え込むことは不可能であると判断し、金銭や官職をえさに、海賊集団に投降するように積極的に呼びかけた。清朝には、急激な治安悪化に対応する能力がなかったからである（第五章で詳述）。

清朝による投降呼びかけには一定の効果があり、一七九七年九月には林発枝自身が安南から福建に戻り、福州当局に投降した（第五章でも取り上げる）。当時、最大の海賊集団の首領と目されていた林発枝の投降により、当局者のあいだでは、沿海部の治安は安定し、商業流通も回復に向かうだろうという予測がいったんは広がった。実際に海関収入も、一七九六年度に底を打ったあと、一七九八年度にはある程度の回復を見せ、福建、浙江ともに沿海流通は回復基調に乗るかに思われた。

しかし安南海賊は、毎年、五月から九月に吹く西南の季節風に乗って北上し、清朝沿海を航行する商船をたびたび襲撃した。これに対し清朝当局者は、その動向を注視し、各省間における情報の共有を図りながら対応を練っていたのだが、商業流通の担い手であった船舶経営者も同様に、安南海賊やそのほかの海賊集団の動向を注視し、出港の是非を慎重に検討し続けていたことは想像に難くない。多くの船舶経営者は、結局、出港を取りやめた。その結果、浙海関の収入は一定程度回復したとはいえ、福建のほうでは海関収入は低調なまま、一七八〇年代前半の水準に回復することはなかった。さらに一八〇二年以降は、ベトナムでの戦乱が終結し、負けた西山朝安南側の海賊集団（鄭一集団、烏石二集団など）が広東海域で活動するようになり、沿海集落や都市をたびたび襲撃した。図2-3に見える一八〇三年ごろの被害届件数の増加は、これを反映したものである。同時に、福建、浙江海域においても、蔡牽集団や朱濆集団、張阿治集団など組織化された海賊集団が活発な活動を始めた。こうして海賊問題は長期化していった。

3　長引く不況

閩海関の収入は、図2－1からも確認できるように、一七九五年から急激に減少したのち、低調のまま推移していた。ここで清朝海関の年間税収額の報告から、福建を中心とした沿海部における経済状況を見てみよう。

一七七七年の規定では、それぞれの海関の責任者は、その年の関税収入が過去三年の実績のうちもっとも少ないものを下回った場合、その理由を報告したうえで、差額を補塡しなければならなかった。税収が増加することを前提としていたのである。この規定は一七九九年に、現実的ではない、として緩和され、規定額を下回るときにのみ、責任者が減少理由の報告と補塡を行うことになった。つまり、一七九九年以前は、その年の収入が過去三年の実績を下回った場合、一七九九年以降は規定額を下回った場合、その管轄下における経済の状態、なかんずく沿海流通の不具合が記録されることになる。では、その不具合について、海賊問題によって関税収入が激減した一七九五年以降の状況を見てみよう。

一七九五年度の報告では、商業流通の停滞に関して、海賊行為の被害に加え、取り締まりに民間船舶を徴発しているために、商船の数自体が減少している、とされた。

こののちも海賊対策が施されるが、海関収入は本格的に回復することはなく、流通も不振のままであった。翌年には、浙江においても同様に、海賊問題により、とくに福建海域における沿海流通が阻害され、浙海関収入が回復しない、という報告がなされている。

一七九八年に入っても福建では流通量は回復していない。この年の報告では、暴風雨のせいで往来する商船が減少した、とされている。加えて、近年、船主たちは、自分の船が海賊や嵐によって使い物にならなくなっても、あらたな船を手に入れる余裕がなくなっている、とも報告されている。

商船の往来の減少は、米の価格の推移からも確認できる。福建南部の泉州府と漳州府の米価はともに一七九四年十月から急上昇し、一七九六年一月から同年三月にかけてピークを迎え、一七九八年ごろまで高値で推移している。漳州、泉州は、商業の発達によって人口が集中している割りには平地が少なく、米穀の供給を台湾に依存していた。つまり、漳州、泉州の米価は、台湾の米価や台湾からの米穀流通の状況に左右されるのである。一七九〇年代には、台湾の米価は目立って上昇しているわけではないので、台湾からの米の移入に障害が発生していた、と考えるのが自然だろう。

一八〇〇―一〇年代後半になると、蔡牽集団の活動が活発化し、沿海流通はさらなる痛手を被った。この時期、台湾経済は、蔡牽による擾乱（じょうらん）のため大きな打撃を受け、米価が上昇した。しかし、福建側の漳州、泉州、福州における米価上昇率は、台湾における米価上昇率を大きく上回っている。このことは、台湾からもたらされる米穀がふだんの年に比べて、かなり減少したことを示している。商船の往来自体が減ったのであろう。

一八〇六年度の閩海関収入は、一七三五年以来最低の一六万八九二三両を記録した。その年の税収減少理由には、海賊の活動と、海賊対策のための民間商船徴発が挙げられた。

このように、海賊問題をきっかけとして、福建に来航する船自体が減少したことがうかがえるのであるが、一七九五年から一八〇六年までの海関収入報告には、二つほど興味深い指摘がなされている。一つ目が、一七九八年の報告にある「船主が新しい船舶を調達できない」と、一八〇六年の「船舶そのものが減少している」という指摘である。どうやら海関管理下の船舶数が減少していたらしい。もう一つが、一七九五年の報告にある「民間船舶を雇い入れて海賊対策に利用している」という指摘である。清朝は、しばしば商船の徴発を行い、これが流通を阻害していた。たとえば一八〇四年にも、海賊への船舶提供を防ぐため商船の規模が制限され、福建、浙江を中心に沿海流通が大きな打撃を受けたのだが、このことは当時、広東へ交易にきていたイギリス人も記録している。

本章冒頭で引用した楊幸逢の告訴状は、このような状況に基づいたものであった。楊幸逢は言う。海賊の存在はたしかに問題なので、対策が行われてしかるべきだ。しかし、海賊対策はうまくいっていないばかりか、現地の社会経済を破壊している。課税額は増加し、船舶をあらたに建造しようとする者はいない。福建の海運業はすでに衰退の一途をたどり、失業者が増加し、彼らは海賊に身を投じるであろう。かくて海賊問題はさらに深刻なものとなるのだ、と。

東南沿海、なかんずく福建沿海部では、海賊問題をきっかけとして、治安の悪化に伴いさまざまな負担が増し、沿海経済を担う海運流通業者は大きな打撃を受けたのである。

4　清朝沿海管理体制の限界

（1）海賊集団の解体と治安の回復

このように海賊問題は、一七九〇年代から一八〇〇―一〇年代において沿海流通に大きな打撃を与えた。これに対して清朝は、兵力の増強と投降呼びかけを行うほかは、有効な手段をとることができず、海賊集団の活動は依然活発なまま、治安回復のめどは立たなかった。浙江、広東においては、保甲（ほこう）の強化とともに、郷勇（きょうゆう）など地域防衛体制の強化が行われ（第五章で詳述）、沿海集落の防衛に一定の効果はあった。また、浙江提督、福建水師提督や定海、南澳（なんおう）、碣石などの総兵を中心に、海賊集団の掃蕩作戦が展開されてはいたが、特定の著名な海賊集団を対象とするのみで、いったん海に出た商船の安全を守るような活動は、ほとんどできなかった。それでも清朝はねばり強く海賊集団を抑え込もうとした。

一八〇八年から翌年にかけて、浙江、福建海域においては、蔡牽集団、朱濆集団、張阿治集団などが相次いで消滅した。これは浙江、福建当局による軍事行動と招撫政策が成功を収めたからであった。広東では、張保仔（ちょうほし）集団、郭婆帯（かくばたい）集団が珠江（しゅこう）デルタの集落を襲撃して沿海住民と対立を深め、さらにマカオ当局と衝突し（第六章で詳述）、膨張した組織を支え切れず清朝へ投降した。広東東部の鄭老唐（ていろうとう）集団や西部の烏石二集団も、一八一〇年夏までに鎮圧された。

　このような大規模な海賊集団の急激な瓦解は、海賊集団が沿海社会から生み出されたものではなく、むしろ外から現れたものであったことを示している。もし、沿海社会の誰かの利害を背負った存在であるならば、海賊集団はもっと息の長い活動をしていたはずだが、いったん解体が始まると、あっというまに消滅してしまった。**図2－3**を見ればわかるように、一八一〇年以降、海賊行為はたしかにほとんど報告されなくなった。

（2）回復しない海関収入とアヘン密輸

　では、海賊問題が海賊集団の解体によって「解決」されたのち、沿海流通はどのような展開を見せるのだろうか。蔡牽集団の存在は商業流通を阻害するものとされ、その壊滅は速やかに沿海部における治安と流通を回復させる、と認識されていた。しかし、**図2－1**を見ればわかる通り、一七九五年に激減した福建、浙江の海関収入は、結局、回復しないままであった。なぜなのだろうか。

　十八世紀末から十九世紀初頭にかけての時期、中国沿海において、海関の管理を離脱しようとする動きが強まっていた。たとえば、当時、福建の船戸は、課税や台運（たいうん）の割り当てを避けようとして、清朝が規定した台湾への渡航ルートからしばしば逸脱したり、登録船舶の種類を商船から漁船へ変更するなどした。台運とは台湾から大陸への米穀輸送の請け負い義務のことで、交易が許された、「正口」と呼ばれる台湾側の港湾に、入港した商船に割り当てられた。この台運で請け負った米穀の売却先は固定されており、あまり利益を生まなかったため、商人たちはできるだけこれを避けようとした。そもそも清朝が決めた正規の港湾を利用すると、正規の海関税のほか、非正規付加税の支払いや付け届けが必要となった。一般に清朝の正規の海関税は低く抑えられ、その負担は小さいとされるが、実際には非正規付加税などが加えられるので、可能であれば避けたい負担となっていた。本章冒頭の引用史料にあったように、海賊対策を理由に非正規付加税はさらに増大していた（しかも、一度増えた税金や手数料はなかなか値下がりしないのが世の常である）というから、商人が正式な港湾を使いたがらなくなっていったのは当然のことである。

一八三二年に刊行された『厦門志』巻五「船政略・洋船」には、一七九六年以降、対外交易の従事者たちが海関税の支払いを避けるために、海関の支局が置かれている比較的大きな港湾を利用せず、むしろ陸路や小規模港湾を利用するようになったことが記されている。

また、本章で見た通り、海賊行為の被害を受けた船戸は、新規に船舶を建造して海関へ再度登録しようとはしなかったという。おそらくこの時期にまったく船舶の新規建造が行われなかったわけではないだろう。じつは、竣工後の海関への登録を行わなかったり、あるいは登録後、海賊に奪われたことにして登録を抹消してしまうことはしばしばあった。海関に正式に登録してある船舶の数は、実際に利用されている船舶数以上に減少していたのである。

海関に登録していなければ清朝の管理を受けることはなく、各種手続きの手数料も支払わずに済む。出入港の管理ができない小さな港を利用した場合には、よしんば見咎（みとが）められても、数人の兵士にすこ

図 2–4　20 世紀初頭上海の躉船

し鼻薬を嗅がせておけば、海関税を支払う必要もなくなる。大規模港湾では賄賂を配ろうにも相手が多過ぎるが、駐留する人員が少ない小規模港湾ならば比較的容易であっただろう。このように、海賊問題は、東南沿海の商船主たちに、清朝の沿海管理からの抜け道を探すきっかけを与えるものでもあったのである。

つまり、海賊集団の解体後に治安が回復しても、福建や浙江の海関収入が回復しなかった理由は、もちろん海賊問題による打撃もあるが、むしろ、海関に納税しなくても良い抜け穴の存在が広く知られるようになったことのほうが大きかった。このことは、思わぬところに影響を及ぼすことになる。

一八二〇年代に入ると、インドから大量のアヘンが持ち込まれるようになった。アヘンはもちろん当時の清朝にあっては禁制品であり、ふつうの港湾から持ち込むことはできないか、あるいはどうしても持ち込みたい場合には、港の官吏にそれなりの額の黙許料を支払わなければならなかった。この密貿易人の悩みを解決したのが、一八一〇年代前半、すなわち海賊問題をきっかけとして利用が開始された小規模非公式港湾であった。

アヘンは、インドから広東省珠江河口の伶仃洋（れいていよう）に浮かぶ躉船（とんせん）（前頁図2－4）に持ち込んで備蓄し、現地商人が「快蟹（ファイハイ）」と呼んでいた小型の快速船で清朝各地の港湾へ運ばれていった。このときに利用されたのが、各地の小規模港湾であった。大規模港湾はもちろんアヘン密輸に対する取り締まりが厳しかったが、清朝には各地に散在する小規模港湾を対象とした、厳密な管理を行うことはできなかった。

一八三〇年代に入ると、アヘン密輸が清朝からの銀の流出を加速させ、それが清朝経済を蝕（むしば）んでいる、と当時の清朝の当局者たちは考え、アヘンを持ち込むイギリス人に対し、強硬な態度に出るようになる。これに反感を抱いたイギリス側が派兵することによって、アヘン戦争が勃発する。つまり、十九世紀初頭の海賊問題は、このアヘン戦争の前提となる、アヘン密輸の構造を準備することとなってしまったのである。

第三章　被害を受けた人びと

——被害の実相と海賊との交渉

海賊蔡牽はその名が明らかになって以来、すでに一〇年余り、福建、浙江、広東の三省の海域を往来して商旅を騒がし害をなし、官兵に抵抗し、はなはだしきは台湾の占拠を企て、衆を率いて台湾府城を攻撃し、王号を偽称しましたこと、罪は大きく、悪は極まるもので、はなはだ憤りに堪えないものであります。

(『宮中檔嘉慶朝奏摺』署(代理)閩浙総督 張師誠、福建提督王得禄、浙江提督 邱 良功上奏、嘉慶十四年八月二十六日)

浙江、福建を騒がしていた大海賊蔡牽は、福建水師提督王得禄と浙江提督邱良功の活躍により海の藻屑と消えた。そのことを嘉慶帝に報告するに当たり、彼らは蔡牽の行状を右のようにまとめている。その内容は大きく分けて二つ。一つは台湾占領を企て、王号を僭称するなど、清朝にはっきりと反旗を翻したこと(次章で扱う)、もう一つは「商旅」を騒がしたことであるという。「商旅」とは商業流通を意味している。たしかに第二章で見た通り、海賊は経済の、おもに流通の側面に大きな被害をもたらした。マクロな被害はすでに了解できただろう。だが、それだけでは、実際に損害を被った個人の姿は見えない。

海賊の被害を受けるのは、もちろん海上で商船や漁船を運航していた人びとである。それに沿海の集落や港湾で暮らす人びとも被害を受けたであろう。では、具体的にどのような人びとが、海賊の被害に遭ったのだろうか。金持ちばかりが狙われるのか、それとも貧しい人ばかりが痛い目に遭うのか。よしんば海賊の被害に遭っても日常は続く。商人も取引を続けなければ食べてゆけない。漁民も漁をしなければ食べてゆけない。では彼らはどのように海賊問題をやり過ごそうとしていたのだろうか。本章では、海賊問題の被害者がどのような人びとであり、その被害者たちが海賊問題にどのように対処していたのかを見てゆくことにしたい。

1　狙われたのは誰か

商船や漁船を用い海上や沿岸で活動する人びとは船戸（せんこ）と呼ばれた。彼らは海賊の被害に遭うと、清朝当局に被害届を提出した。ここでは、その被害届から誰がどのような被害を受けていたのかを見てみよう。具体的に取り上げるのは、北京の中国第一歴史檔案館（とうあんかん）[*1]所蔵「吏科題本」の「糾参処分類」という史料群に含まれる、広東省で提出された被害届である。

「吏科題本」「糾参処分類」とはどのような史料群なのか、簡単に説明しておこう。清朝では、何か事件が発生すると、関係する役所が、規程に従って処理を行い、多くの場合、最終的な記録を「題本」と呼ばれる形式の上奏文にまとめ、それを使って皇帝に事件処理の終了が報告された。題本は、まず

＊1　**中国第一歴史檔案館**　北京にある、清代以前（すなわち一九一二年以前）の公文書を所蔵する文書館。檔案とは、公文書全般を指す中国語である。一九一二年から中華人民共和国成立（一九四九年）までの公文書は、南京の中国第二歴史檔案館に所蔵される。

六部（吏、戸、礼、兵、刑、工）それぞれに関連するものに分類され、処理完了後に清朝中央の内閣で保存された。つまり、吏科題本とは、吏部（人事に関わる部局）が扱った案件の最終記録ということになる。「糾参処分」とは糾弾、弾劾して処分を下すことで、「糾参処分類」は、吏部による罰則適用の記録である。具体的には、管轄下で発生した刑事事件にどう罰則を適用したかが記録されている。

清朝の文官や武官は管轄下の治安維持に責任を負っていた。そのため、何か事件が発生すると、（どんなに偶発的な事件であったとしても）事件を未然に防げなかったこと（当時の用語で「疎防」という）について、管轄の文武官が責任を問われた。海沿いの地域では、近海での海賊事件も疎防の対象に含まれた。そのため、海賊事件についても、被害届が糾参処分類に含まれているのである。

事件は、多くの場合、被害届が提出されることで発覚していた。そのため疎防が発生したことを知らせる題本では、ほとんどの場合、最初に被害届が引用され、被害者の姓名、あるいは屋号、被害者の身分、職業、船舶や牌照（出港許可証）の種類、それに続けて、被害のあった海域にいかにして赴いたか、どこに寄航したかなどが記録されている。さらに、被害を受けた際の様子が描かれ、物品や船舶の被害と、殺人、傷害、誘拐などを含む人的な被害の状況が示されている。一つひとつの事件についてここまで細かく記録している題本は、非常に貴重なものであることがわかるだろう。

歴史家が共有する経験則の一つに、人間はふつう、自分が当たり前だと思っていることは記録しない、というものがある。少し考えてみればわかるように、我々は日常とは異なるものに目が行く。当たり前のものには注意が行かないし、価値も見出せない。本書も、二十一世紀初頭の日本では、いささか想像できないような世界について描かれているからこそ、出版されて読まれる価値があるわけで、誰もが当たり前だと思っていることを書き著しても、その時代においては意味がない。そのため、ある時代の日常生活を復元することは、じつは歴史学にとって非常に困難なのである。

その困難を乗り越える一つの手法が、行政文書のなかの些細な記録をまとめて分析する、社会史の手法である。その行政文書も、まったく平穏無事であれば何も残らない。行政文書が多く残るのは、つまりは近隣との各種トラブルで裁判沙汰になったり、犯罪が発生したときなどである。歴史家にとっては幸運なことに（重ねて言うが、巻き込まれた人びとにとっては不運なことに）、嘉慶時代の清朝沿岸では、海賊事件が多発し、被害届がしばしば提出され、記録に残った。おかげで、海賊の被害の実相に加えて、当時の社会の一端もかいま見ることができるのである。

では、その被害届は実際、どのようなものなのだろうか。

被害届の多くは、事件発生直後に、事件発生地点の近隣の営汛（えいじん）（緑営の派出所）に直接、あるいは保甲（ほこう）、澳甲（おうこう）（それぞれ農村と漁村の地域身元相互保証グループの管理者）などを通じて、被害を受けた船舶の所有者である船戸が被害者として提出するのが一般的であった。しかし、被害者が事故、病気などにより、数カ月を経て本籍地に帰着したのちに提出されることもあったし、船戸が行方不明になった場合、被害者の家族や、船の乗客、乗組員などが提出する場合もあった。

被害届を出すことのメリットは、じつは被害者側にはあまりなかったようである。もちろん、被害者たちは行方不明者の捜索や、犯人を逮捕して積み荷を取り返すことなどを求めたが、どの程度うまくいったのかはわからない。被害届が提出されれば、受け付けるほうは事件発生、すなわち「疎防」の対象となってしまう。もみ消しに走る場合もあっただろう。被害届の提出者に対して圧力をかけて、撤回させようとすることもあったかもしれない。被害届を出すにはそれなりの覚悟が必要であった。おそらく海賊の被害者たちは、ほとんどの場合は泣き寝入りするほかなかっただろう。ただし、まれに奪われた船や積み荷が返ってくることはあった。被害届が出されていたために海賊集団に参加していても被害者として扱われ、処刑をまぬかれる場合もあった。被害者たちは一縷（いちる）の望みをつなぐために被害届を提出していたのである。

では、以下に、広東省で提出された海賊に関わる被害届から、被害者たちの姿を見てみることにしよう。対象となる被害届（一七八五―一八一五年）は六一九件である。

（1）被害者の職業

まずは海賊の被害者たちの職業を、被害届の件数が多い順に見てみよう（図3―1）。被害届に記された海賊の被害を受けた時点の職業は、大きく貨物輸送と漁業、それ以外の三つに分けられる。

①貨物運送業者

貨物輸送に携わる人びとは、さらに三つに分けられる。第一は、船戸自身の貨物ではなく、乗客とその荷物、あるいは商人から委託された貨物を輸送する者である。輸送費などは、商人と船戸が直接交渉して決めていたので、輸送業者と呼ぶのがふさわしい人びとである（一〇三件）。

その多くは広東省内で食料品や日用雑貨を運ぶ者である。省内で輸送が完結する場合には、棉花、綿布、砂糖、茶葉など他省との交易に用いられる高価な貨物は確認されない。交易の拠点としては、江門、瓊山、マカオなどが利用されていた。そのほか、固定された区間を運航する渡船と呼ばれる船舶も被害に遭っている。各地に店舗を持つ商人が、交易や掛売金の回収のため船戸を雇うものも見られる。

一方、広東省外の地域へ委託貨物を輸送する者には、白糖を蘇州に運び棉花、布疋と交換する者、浙江省の乍浦へ向かい綿布と豆麩を購入する者、福州へ向かい茶葉、草紙、杉木などを購入する者などがある。もっとも典型的な海賊の被害者は、商人などから貨物の輸送を請け負っていたこのような輸送業者ということになる。

職種		内訳	
貨物輸送（61%）	380	貨物引き受け	103
		自家貨物	53
		官塩輸送	210
		不明	14
漁業（21%）	131	漁撈	105
		塩漬け	18
		販売	8
その他（17%）	108	沿海住民	17
		官役	10
		商人	18
		不明	63

図3–1　職種内訳

第二のタイプとして、みずからの船舶を用い、みずから生産、購入した貨物を輸送、売却しようとする者がある（五三件）。省内における輸送は、やはり食料品や日用品がほとんどであり、省外への輸送も、赤砂糖（新寧から蘇州へ、広州から天津へ）、白糖（掲陽から寧波へ、広州から天津へ）、棗（厦門から広州へ）、棉花（厦門から瓊州へ）、胡麻（厦門から碣石鎮へ）、薬材（広州から天津へ）など、委託された貨物を輸送する場合と品目は大きく変わらない。

ただし、このパターンには国外へ渡航する例（二件）が含まれている。

第三のタイプとして、官塩（専売塩）の輸送（二一〇件）がある。官塩輸送は陸運、河川輸送、海上輸送からなり、海上輸送は、塩の輸送販売を請け負う埠商が船戸を雇い、塩場（塩の生産場）と各地域の港湾を往復させていた。時に船戸がさらに下請けとして、他の船戸を雇う場合もあった。雇用される場所としては広州府がもっとも多く（七五件）、目的地となる塩場は電白県の電茂場が多い（八八件）。つまり、広州府で雇われて、電白県の塩生産場まで赴き、塩を受け取って帰ってくる、というルートをとる者が多かった。

官塩輸送に関わる者のうち塩船戸と呼ばれ、官塩輸送に特化している者（二五件）もいたが、一般には、ふつうの輸送業者が何らかの形で官塩輸送に雇われる、という形式が多かった。官塩輸送を行う船舶は、一〇人程度で運航する中規模以上のものが中心となっており、官塩輸送に当たっては雇う側が、どのような大きさの船舶を利用するかをある程度決めていたことがうかがえる。そのため、適当な輸送業者が見つからない場合、埠商が船舶や船舶購入資金を船戸に貸し付けて、船を用意させる場合も見られた。

これらの輸送業者は、かならずしもそれぞれの経営形態に特化していたわけではない。委託貨物と自分の貨物を同時に輸送する例も確認できるし、自分の貨物を輸送したのち、空になった船に官塩を積載した例も見られる。

なお、官塩輸送に関わる被害届の数が群を抜いて多い理由は、官塩輸送が公的な海上輸送であり、被害報告が義務づけられていたことによる。さらに輸送中に事故によって塩を失った場合、当局がもう一度輸送を命ずるが、商人、当局ともに賠償責任は生じないものとされていたため、報告が比較的スムーズに行われたのである。

②漁業従事者

漁業従事者は被害届の総計の四分の一弱を占めている。このなかには実際に漁撈に従事する者、保存用に魚介類を塩漬けにする者、魚介類の販売を行う者の三つがある。

最初に、漁撈に従事する者について見よう（一〇五件）。彼らは漁業により生活していると申告しているが、収獲は何らかの形で売却していると考えられる。外洋に出た場合でも翌日までに帰還する必要がある、と規定されており、実際に、当日中に帰ってこなかったために捜索願が提出された例もあるが、なかには、他省の海域まで赴き、長期にわたる遠洋漁業を行っていた者もあった。

次に、保存用に魚介類を塩漬けにする者がいる（一八件）。彼らは魚介類を買い付け、これに加工を施し、売却する。魚介類の買い付けは、直接漁船と交渉して海上で行われる場合と、水揚げした魚介類を対象に陸上で行われる場合があり、加工済みの魚介類の売却が海上で行われる場合もある。なお、店舗を持つ者は一件しか確認できなかった。また、大量の塩を利用するため塩票という塩購入許可証を持ち、塩の生産場から直接購入する場合もあったようである。

第三に、魚介類を漁師などから買い付ける者がある（八件）。これは塩漬けにする者と同様に、海上で直接購入する場合と、港で買い付ける場合とがある。魚介類の購入に訪れた商人が、その場で日用品を売ることもあった。

以上三種の職種も、輸送業同様、かならずしも一つに特化していたわけではない。漁船が漁の直後みずから魚介類を塩漬けにする場合もあるし、市場などに販売しにゆく場合もある。商船が航行の途中で漁船から食料品を買い付けることもある。また、漁船が貨物を運ぶことも少なくなかった。

なお、これらのうちのどの程度を蜑民(たんみん)*2と呼ばれる水上生活者が占めていたのかは、よくわからない。はっきりと蜑民と明記されている者は二九件(内訳は漁民一九件、貨物輸送二件、水手三件、不明五件)である。

③その他

沿海住民も上陸した海賊の被害に遭い、被害届を提出している。海賊の被害に遭った農業従事者は、茅葺(かやぶき)の住居を沿海に設置し、農業を行っていた者である。これらのなかには沿海地域の治安悪化により内地へ移り住む途中で襲われた者もある(第五章参照)。また、広東では製塩業も沿海で行われており、こちらも茅葺の簡易住居を建てて塩の生産に当たっているところを襲撃されている。

その他、埠商に雇われ塩生産場や港湾の警備を行う者も、海賊の被害に遭った。これらは徭役(ようえき)(労働によって納められる税)として扱われ、場合によっては給与が支払われていなかったようである。このほか公式の業務において、船戸を雇用し公文書を輸送している途中で襲われる、あるいは海賊取り締まりの活動中に襲撃される、などの事件も確認された。

ただし、海賊による沿海集落や港湾への襲撃は、この被害届のファイルにはあまり記録されていない。というのも、集落や港湾への襲撃は、個人的な被害届によって処理される案件ではないからである。このことについてはまたあとで扱うことにしよう。

(2) 被害者たちが利用した船舶

①船舶の種類

清朝沿海を訪れた外国人は、木造帆船を総称してジャンク(次頁図3―2)と呼んだが、現地での総称はもちろん「船」であった。清朝沿海の船舶の名称はきわめて多岐にわたる。同じものでも、方言あるいは用途によって異なるからである。**図3―3**(次頁)は職種別にどのような船舶が利用されていたかを示す。それぞれの名称はかならずしも厳密ではなく、「双桅船(そうき)」(二本マストの船。本書の表紙に描かれている)のような形状を表すものもあれば、「運塩船(うんえんせん)」、「米船」など用途によるものもある。これらの名称の船が具体的にどのような船舶だったかを示す図像はほとんど残っておらず、地方志などで

＊2 **蜑民** 蛋家とも呼ばれる。浙江、福建、広東の沿岸部の広い地域に暮らす水上居民を指す。人種、言語的には周辺の陸上居民とそれほど変わらないが、元代以来、被差別民として扱われ、科挙受験資格などが与えられなかった。一七二九年に雍正(ようせい)帝が被差別民の法的規定を撤廃すると、公文書上では一般民として扱われるようになった。しかし、現地では、蜑民を別個のエスニックとして扱い、最近まで婚姻などに際して差別が行われていた。

図 3–2　ジャンク（海船と沙船）

Alexander, William, *The costume of China: illustrated in forty-eight coloured engravings*

ジャンクとは、清朝沿海でもっとも一般的に利用された、木造帆船の総称である。竜骨（キール）が無く、船体内部が水密隔壁で区切られているのが特徴。最大のものは総トン数 2000 トン程度であった。浙江以南から東南アジア海域で利用された、遠洋航海を目的とする海船（左）に対し、江蘇以北の沿海航海で利用された沙船（右）は、船底が平らで、水深が浅い海域や河川にも入ることができた

漁業（78件）	舨船（1）、艒船（1）、艬船（2）、罟船（2）、家口船（1）、漁船（47）、魚艇（3）、小船（3）、小漁船（7）、小船隻（1）、小拖漁船（4）、小艇（2）、小料船（4）
官塩輸送（161件）	石船（1）、運塩船（1）、運船（1）、売仔船（1）、綒艚船（1）、釘灰船（1）、塩船（11）、商船（5）、双桅米船（1）、双桅小料船（1）、双桅船（86）、双桅大米船（1）、双桅二水船（1）、双桅料船（1）、大米船隻（1）、大坡船（1）、大料船（1）、拖風船（1）、二水船（11）、二水双桅船（1）、開波船（1）、民船（1）、麻辣船（12）、艚船（17）、蠔艇（1）
輸送業（88件）	茅龍船（1）、客船（5）、旧船（1）、小船（2）、商船（39）、小麻辣船（1）、小船隻（1）、小料船（6）、白艚船（3）、双桅商船（1）、双桅船（25）、単桅船（3）
その他（3件）	塩船（1）、巡船（2）

図3–3　被害届のなかに見られる船舶名（カッコ内は出現数）

図 3–4　小規模漁船

Alexander, William, *The costume of China: illustrated in forty-eight coloured engravings*

も小型船舶についての説明はほとんどされていない。名称から規模を想定してみよう。

　漁業に利用される船舶は、「小」が付く名前からもわかるように、数人で運航可能な小型なものがほとんどである（**図3―4**）。これは、漁船は樑頭（船体のもっとも幅が広い部分の長さ。課税の単位）五尺（約一・六メートル）以下、水手（乗組員）五人以下にするという広東省の規定の影響もあるのだが、実際に、あとで確認する経営規模から見ても、小型船舶を利用するほうが合理的であったといえるだろう。

　一方、官塩輸送には、双桅船や米船、艚船など米の輸送に用いられる船舶などが利用されている。官塩輸送は塩数百から千数百斤（一斤は約六〇〇グラム）を輸送する場合がほとんどであり、積載品がおおむね同じようなものであるため、利用する船舶の規模も同じになったと考えられる。

　貨物輸送に関しては、多くが商船と称されるため詳しくはわからないが、三桅船、四桅船などの大型船隻に関する事例は確認できず、さらに、名称に漁船同様「小」が付くことが多い。大規模な船舶が利用されることはまれだったのだろう。

②船舶の入手経路

船舶の入手経路が記録されていた被害届は、全部で二〇九件であった。そのうち八五パーセント(一七七件)が、被害者みずからが所有していたと記録されている。このなかには、父親が購入したものを相続したもの(三件)、船団を組み、それぞれの船をそれぞれに入手したもの(三件)なども含まれており、かならずしもすべてが、みずから資金を準備して購入したものではない。なお、この六件はすべて官塩輸送に関わる中型船舶(乗組員十数人)であった。

船舶を共同購入したとするものが二二件あるが、これも官塩輸送に用いられる中規模以上の船舶である。さらに、官塩輸送に用いられる船舶の入手経路として、「埠」あるいは埠商から借り受けた、というものが一九件確認された。そのほか、埠商から船舶購入資金を借り受けたものが三件ある。もともと塩船は、清朝広東当局が用意するものとされていたが、一七八九年以降、埠商が用意するものとされたので、そのことを反映しているのであろう。また埠商などではなく、個人から船舶を借りたものも三件確認された。すべて漁業に用いられている。

③乗組員の人数

雇用されている水手にはさまざまな名称があるが、船上でどのような仕事を何人がこなしていたか、

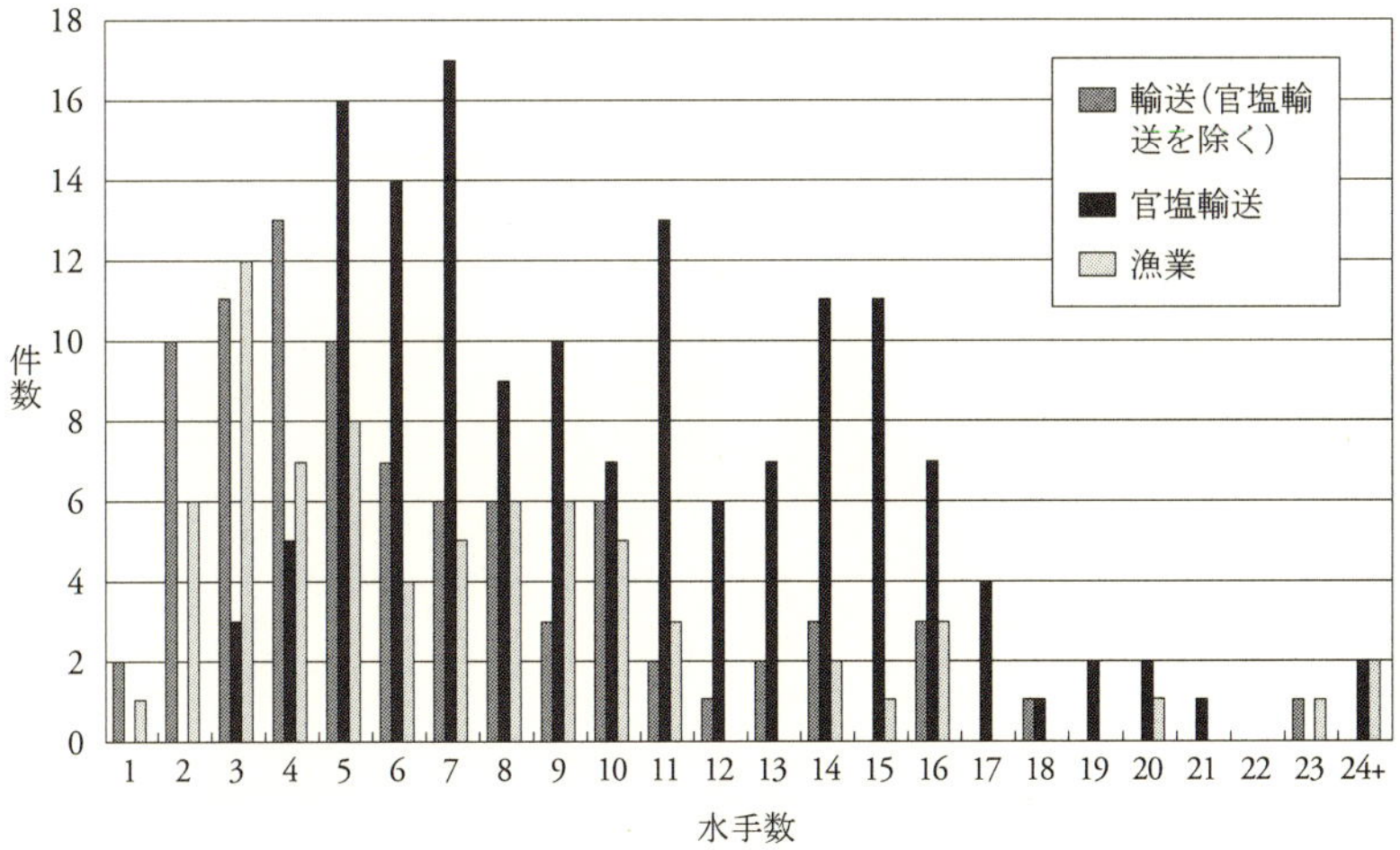

図3–5　乗組員数

などの情報は、被害届のなかにはかならずしも記録されていない。**図3–5**は輸送業（官塩輸送を除く）、官塩輸送、漁業それぞれの被害届（全三三三件）に記録された、船上で働く水手の人数の分布をグラフにしたものである。なお、全体の平均は八・六一人である。

官塩を除く輸送業は平均が六・四一人であるが、四人前後での運航が一般的である。官塩輸送は平均が一〇・三〇人。小規模なものは五人前後であるが、十数人で運航される船舶も多く、他業種に比べばらつきが少ない。漁業の水手の人数は平均が七・七八人。数人で操業するのが一般的であるが、まれに大人数で漁を行うこともある。なお、水手として船舶の航行に関わるかどうかは別にして、妻子を同行する船主も多数確認される。

④牌照（許可証）

清朝では、船舶の建造、購入の際、船戸は本籍地の

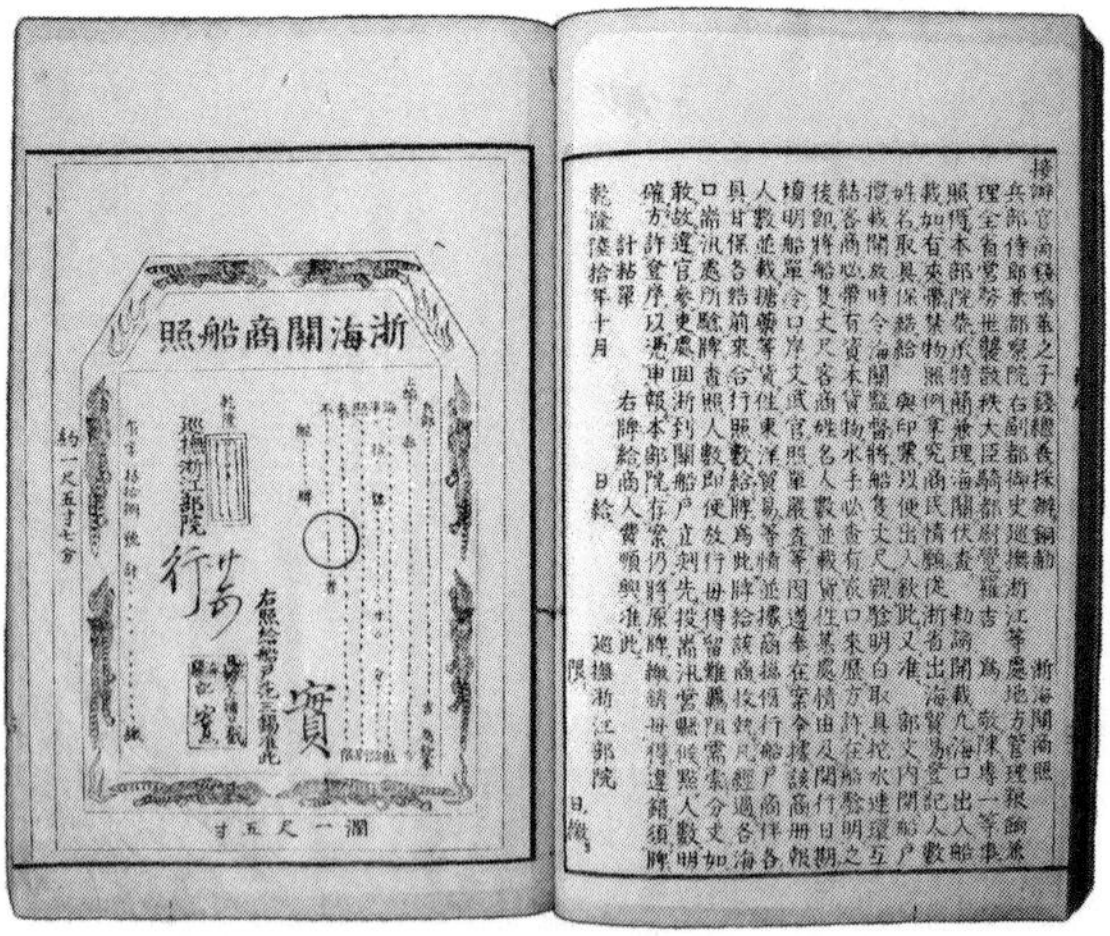

図 3–6　牌照（浙海関発行船舶証明書）
中川忠英『清俗紀聞』（1799）より（九州大学所蔵）

州や県の衙門に届け出ることが義務づけられていた。そして、その際に発行された牌照（**図 3–6**）と呼ばれる種々の建造、購入証明書は、つねに携帯せねばならず、出入港時に検査などで官憲と接触するたびに牌照が必要となった。

　省城を中心とする官塩輸送に携わる船舶は、広州に置かれた衙門（粤海関、塩運使、永寧通判）が発行する牌照（二七件）、あるいは府以上のレベルの衙門が発行する牌照（一件）を所持している。ただし、これらの牌照は一般の輸送業のうち比較的規模の大きなものも所持することがあった。

　また、みずからの本籍地とは別の地域の牌照を所持している者が七件、港の牌照を所持している船戸もいた。牌照は管轄を表すもので、福建では規模の大きな船舶は海関の所轄とされており、広東も同様であった。そのため、経営規模が一〇〇〇両を超え、水手を十数人抱えるような規模の大きな船舶は、海関発行の牌照を所持していた。

(3) 被害者たちの経営規模

①経営形態

被害届は基本的に船主が提出するが、一般には零細な者が多いため、細かい経営形態については記録していないものがほとんどである。ただし、家族経営と「合夥」(共同経営)に関しては、積荷や船舶の所有者確定の必要性から、記録が残っている。

合夥を行っていたなかでもっとも詳しい事例としては、順徳県の船戸陳彩興ら七名のものがある。彼らは共同で船を購入し、香山県に届け出て牌照を得た。その後、県内の陳村の取引先から投資を受け、それに自分たちで出し合った資本を加えて、日用品や塩漬けの魚を売って暮らしていたという。一七九四年一月十三日、陳彩興らは、新安県蒲台外洋を航行中、海賊に襲われ、積荷と銀や銅銭を奪われた。被害額は三一五両七銭六分であった。

このような合夥と呼ばれる経営形態は、全体で七〇件確認される。船舶を共同購入していることが確認できるものが二二件、それ以外の四八件は、被害届提出時に共同経営を行っていたことが判明するのみで、内実はよくわからない。すべてのケースで血縁の存在は明示されていないし、出身地、姓ともに一致しない場合がほとんどである。他人同士なのであろう。

七〇件中、輸送業に関わるものは二四件。そのうち官塩輸送が六件、自分の貨物を輸送しているものが九件、委託貨物の輸送が四件、渡船経営が二件、その他三件となっている。漁業関連は七〇件中、四二件で、漁獲従事者が三三件、醃魚（魚の塩漬け加工）六件、魚介販売が三件となっている。これらの船舶操業の際の人数は比較的多く、一〇人以上のものが九件、平均で一〇・一五人となり、一般の漁業に比べ規模が大きい。操業人数のすべてが経営に参加しているということは考えにくいが、少人数である場合は、共同経営者全員によって漁船が操業されることもあった。なお、商船、漁船全体を見ると、経営参加者の数は、一般に二人から四人程度である。

近しい血縁関係が明示されている家族経営は、全体で一九件確認された。貨物輸送に携わるものが六件、漁業関連が九件である。被害額や操業人数からは、平均とのあいだに有意な差を見出すことはできなかった。家族経営も個人経営も、ほとんど同じようなものであったことがわかる。

②経営規模

広東の海賊案件に関わる被害届でもっとも興味深いのが、そこに記される被害額である。被害額を記録する檔案は全部で四二七件。ほとんどの場合、被害額の算出には人的被害（傷害、殺害、拉致など）および船舶の被害（劫奪、放火、撃沈など）は含まれず、貨物に対する評価額が銀両立て（両、銭、文、厘、毫、糸）でくわしく記録される。それぞれの貨物に対する評価額は、広東省内である程度統一されている（たとえば魚網一張は二両二銭、塩一〇〇斤は九〇両強であった）。貨物は、「税単」と呼ばれる、出入港時の検査や納税の際に利用した貨物リストに記録されており、「税単」を紛失した場合、被害額算出

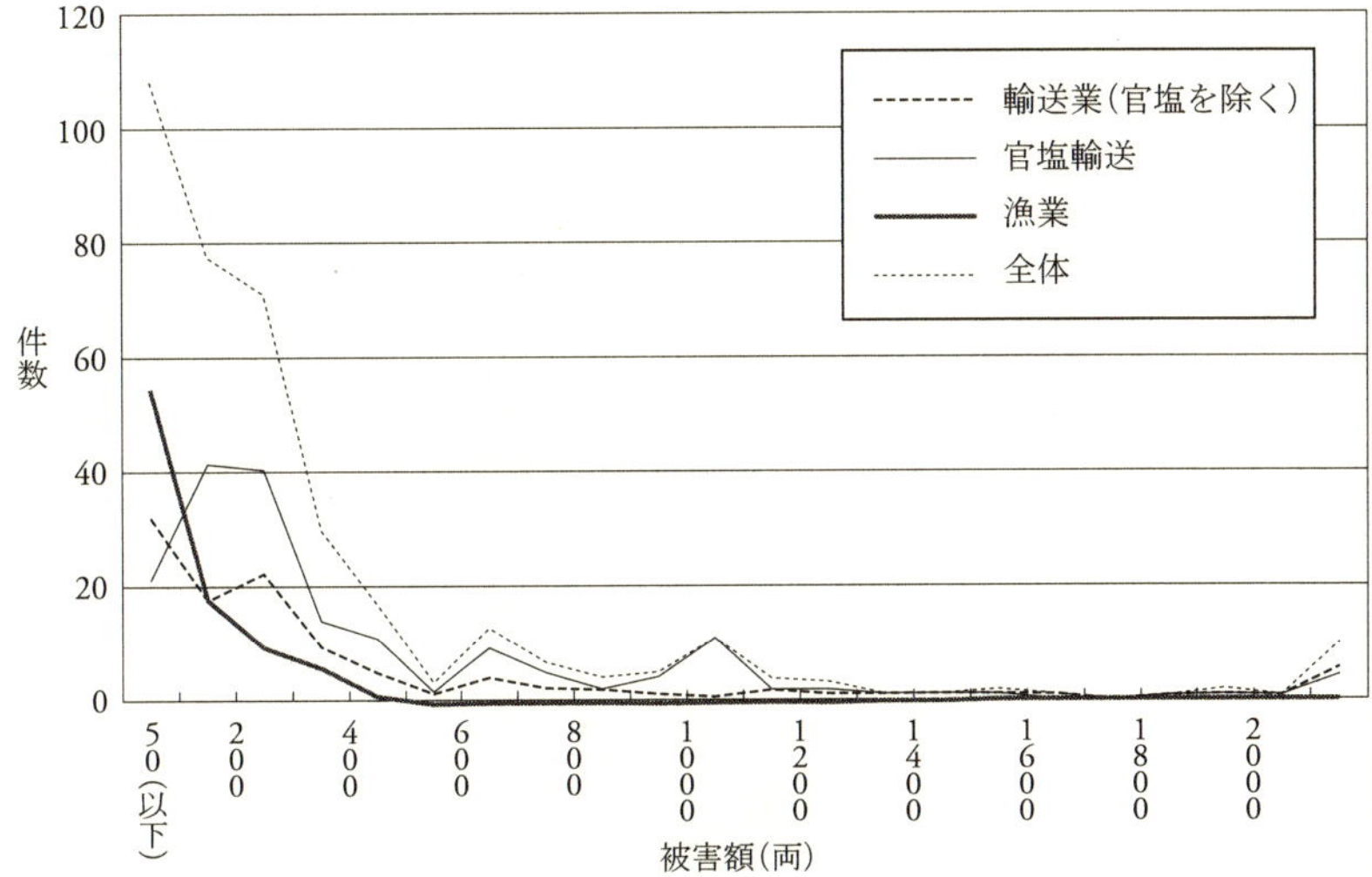

図 3–7 被害額分布

は概算となることもある。被害額は所持していた現金、日用品(衣物、食料など)、積荷のそれぞれの評価額を加算したものであり、船舶一隻当たりの経営規模を見るのに最適な情報であるといえよう。

図3–7は被害額を、全体、輸送業(官塩輸送および それ以外)、漁業の四項目に分けた分布図である。

全体では二〇〇両以下のものが多数を占める。これは、官塩輸送を除いた一般の輸送業や漁業従事者が同じ傾向を示していることから明らかなように、零細な近距離海上輸送あるいは漁業に携わる船戸が多いことによる。一方、他省、他国との交易に携わる船舶は、数百両から一万両以上の貨物を所有している。特筆すべきなのが、官塩輸送に携わる者の多くが二、三〇〇両程度の被害額を申告していることである。これは、官塩輸送には経営規模としては中間に当たる層が従事しており、比較的均質な経営が行われていたことを示している。

全体の平均被害額は三三八両三銭である。ただし、事件数から見ると、被害額が平均以下のものが七七パーセント、一〇〇両以下のものが四九パーセント、五〇両以下が三〇パーセント、一〇両以下が一〇パーセントである。被害届が提出されやすい官塩輸送が全体の数値を引き上げているので、実際の平均額はもう少し低いだろう。要するに、沿海部を航行する船舶で海賊の被害を受けたのは、ほとんどがきわめて小規模な経営を行っている人びとであった。

(4) 海賊問題の被害者は誰か

以上の被害届から明らかになった海賊の被害者の像は、次のようなものになる。

沿海で暮らす人びとのなかで、船舶を所持し乗組員を雇うような立場にある者の半数が、船舶と貨物を合わせて銀一〇〇両程度に相当する規模の貨物の輸送、あるいは漁業で生活している。船舶は、おおむねみずから購入したものであるが、漁民に関しては共同購入という形をとるものが比較的多い。輸送される貨物は、多くが商人から委託されたり、商人みずからが携帯し、船に積み込む。商人がみずからの船舶を所有して交易を行うことは、じつは少ない。輸送業者、漁民ともに、多くが地元の県衙門から牌照を受け取り、それのみを持ち海に出る。船戸として名前が残る者の背後には、乗組員として雇われる者が四、五人ずつ存在している。

これとは別に、数百両単位の貨物を輸送する層があり、官塩運輸を担う者もいる。この層は、知県発行の牌照に加え、粤海関や永寧通判あるいは府レベルの牌照を所持する場合がある。

さらにその上層二パーセント程度の比較的規模の大きい長距離交易を行う者がおり、国際交易に携わるのは全体の一パーセント以下である。なお、海岸沿いには、埠頭とは別に茅葺の小屋を設置し、農業、漁業、塩業に携わる者も確認されたが、かならずしも多くはなかった。

ここではとくに長、中距離貿易に従事する層の被害届が少ないことが顕著である。商品を買い付け自分の船を用いて貿易を行うのは、ひと握りの貿易商だけであった。当時の清朝沿海社会では、小規模な商人が、船をチャーターしたり、貨物を委託したりするのが一般的であった。輸送業と交易で分業が成立していたのである。

東南アジアとの国際貿易に従事する一般的な商船の、一回の航海当たりの取引額は六万から一〇万両に達し、乗客、乗組員が六、七〇人に上っていた。「吏科題本」の「糾参処分類」に含まれる被害届を提出した海賊の被害者たちは、そのような大商人の一〇〇〇分の一、一万分の一の資産しか持たない層がほとんどである。つまり、海賊のターゲットの多くは中間以下の層だった。では、海賊は富裕層を狙っていないのかといえば、次節でも見るように、そういうわけでもない。むしろ海賊の被害は、清朝沿海に暮らす人びとの上に平等に降りかかっていたというべきであろう。少数の富裕層と大多数のそれ以外という被害者の内訳は、沿海社会の縮図であった。つまり海賊は、富者あるいは貧者を狙い撃ちするのではなく、人口比に沿ってまんべんなく沿海の人びとを襲っていたことになる。

では、海賊の被害を受けた人びとはどのように対処したのだろうか。次に、沿海に暮らす人びとの対処の一つとして、海賊の被害から免れるために、どのように海賊と交渉していたか見てみることにしよう。

2　海賊との交渉

一八〇五年二月、広東省潮州府で、民間での所持が禁じられている大砲の製造、販売が行われていることが発覚した。首謀者の楊咱麼は、一八〇〇年ころから、商船が出港に当たって海賊対策のために武装したいと考えていることを知り、廃鉄を買い集め、大砲を製造、販売していたのである。この販売先に、林泮という樟林港の商人がいた。

広東当局が林泮の周辺を調査した結果、彼が近隣の庶民を虐げるなどさまざまな悪事を働いていたこと、潮州沿海で活動する海賊集団の首領鄭流唐と親交を結び、物資の供給を行っていたことが発覚した。林泮は逮捕され、処刑された。さらに、林泮と並ぶ樟林港の有力者林五も、同様に海賊集団と関係していたことが判明し、処刑された。林五はふだんの生活には落ち度はなく、樟林港での評判も良かったのだが、鄭流唐との関係を罪に問われたのである。

林五の一族は、林五の逮捕は不当であるとして北京の都察院へ訴え出た。訴えでは、林五は、捜査に当たった按察使[*3]呉俊[*4]（次々頁**図3－8**）とその家人何玉林らへの賄賂が足りなかったので逮捕された、その裏には巡撫孫玉庭[*5]がいる、とされた。このとき、ちょうど広東巡撫と両広総督という広東当局のトップが相次いで交代していた。広東巡撫は百齢（ベリン）[*6]から孫玉庭へ交代し、両広総督は、孫玉庭に弾劾された那彦成（ナヤンチェン）[*7]が解任されて、呉熊光[*8]がこれに代わっていた。百齢は、一

＊3　**按察使**　正三品。臬司(げっし)ともいう。職掌は、省全体の治安・監察・裁判の管理で、総督、巡撫の下に置かれた。

＊4　**呉俊**　生没年不詳。江蘇省蘇州府呉県出身。一七九〇年代から広東に配属され、一八〇三年、広東東部の海賊取り締まりを評価され、按察使に任命されたが、林五事件での家人の管理不行き届きを罪に問われ、降級のうえ京師へ呼び戻された。

＊5　**孫玉庭**　一七五二―一八三四。山東省兗州(えんしゅう)府済寧(さいねい)州出身。一七七五年に進士に及第。一八〇二年から南方各地の巡撫、総督を歴任したのち、一八二四年に大学士に任命された。翌年、黄河決壊の責任を問われ、解任され引退した。

＊6　**百齢**　?―一八一六。正黄旗漢軍(せいこうき)出身。張氏。一七七二年の進士に及第。嘉慶(かけい)帝が親政を始めると抜擢され、各地で按察使や布政使を歴任したのち、一八〇四年末には広東巡撫に任命された。一八〇九年に両広総督となり、海賊問題への対処に尽力した。

＊7　**那彦成**　一七六四―一八三三。正白旗(せいはくき)満洲出身。祖父は乾隆(けんりゅう)年間後半の実力者、阿桂(あけい)(アグイ)。一七八九年の進士で、一七九八年には軍機大臣に任命されるなどスピード出世を果たし、同時期の白蓮教反乱の鎮圧にも活躍した。その後は両広総督や陝甘(せんかん)総督、直隷(ちょくれい)総督など要地の長官を歴任。積極的過ぎる対応が仇となり、しばしば弾劾されて降級処分を受けたが、有能で性格も良いことから、当時から人望の厚く、たいへん人気のある人物であった。

＊8　**呉熊光**　一七五〇―一八三三。江蘇省昭文(しょうぶん)県出身。乾隆年間後半の権臣、阿桂の側近として活躍し、嘉慶帝の即位前からの相談役にもなった。河南巡撫、湖広総督として白蓮教反乱鎮圧に関わり、一八〇五年末から両広総督に任じられた。一八〇八年末、イギリス軍マカオ占領事件の処理に手間取ったとして、解任されイリに送られた。

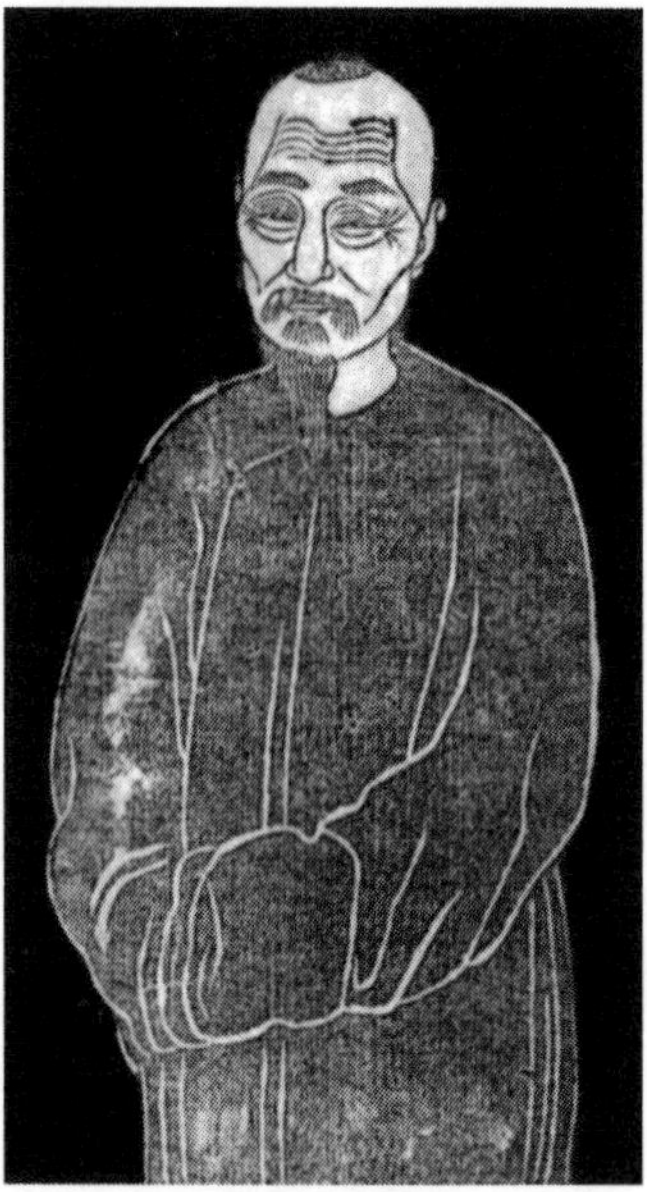

図 3–8　呉俊
『中国歴代人物図像集 下』より

八〇五年に広東巡撫から湖広総督へ転任した直後、取り調べでの苛烈な拷問を理由に両広総督那彦成に弾劾されたが、同年末、今度は那彦成が新任広東巡撫孫玉庭から海賊対策の失策を理由に弾劾され、解任された（第五章で詳述）。広東当局のトップの人事は混乱していたのである。

都察院が取り次いだ訴えと、孫玉庭の林五処刑の報告は、ほぼ同時に北京へ届いた。北京の清朝中枢は、孫玉庭が何か都合の悪い事実を隠蔽しようとして林五の処刑を急いだのではないかと疑い、調査を命じたが、那彦成の後任の両広総督呉熊光は、呉俊は家人の管理不行き届きについて処罰すべきだが、孫玉庭に疑わしいところはなかった、と報告した。つまり呉熊光は、総じて問題はなかったと結論づけたのである。呉熊光は嘉慶（かけい）帝の皇子時代以来の腹心でもあり、広東当局の混乱を鎮めるのに適任である、と考えられたのだろう。こうして、広東当局内部の政治的な混乱は呉熊光の着任によって収まり、林一族の望みは絶たれた。

（1）交渉の実態

樟林港は、潮州の外港として、一六八四年の遷界令撤廃（序章参照）以来、繁栄を続けてきた広東部随一の港湾であった。広東省で生産された砂糖は樟林を通じて江南へもたらされ、また、東南アジアとの交易も行われた。東南アジアへの移住も盛んで、シャムなどに拠点を構えた商人が行き来した。十九世紀中ごろ、砂の堆積によって港湾機能が低下し、汕頭に潮州の外港としての地位を奪われるまでは、樟林は江南と東南アジアを結ぶ重要な貿易港となっていた。林五は、じつはその開発の中心的な役割を果たした林一族のリーダーであった。

林一族は一七二〇年代に福建から樟林に移り住み、東南アジアとの交易（たとえば広東名産の中華鍋などの取引も含む）によって成長した。乾隆前半期にはこの地に天后廟（媽祖廟）を建設し、一八〇二年には、樟林最大の取引場「新興街」を増建するなど、港湾経営に積極的に関わった（次頁図3－9）。林五は港湾の運営に関わるきわめて重要な立場にいた人物であったのである。

では、林五はなぜ海賊と息を通じる必要があったのだろうか。彼の行状から、当時の海運に携わる商人たちが、海運そのものに大きな打撃を与えた海賊問題に、どのように対処しようとしたのかが見えてくる。

樟林港の有力商人であった林五と林泮は、治安状況への不安から、民間での所持が認められていない大砲を購入し、自衛を図った。しかし、あまりうまくゆかず、朱濆や鄭流唐といった広東東部から

図 3–9　新興街

倉庫が並ぶ取引所。当時、倉庫の裏手には水路が走り、貨物が直接、積み込まれていた。樟林の傍を流れていた韓江の支流はすでに土砂の堆積によって埋まり、旧市街を走る水路が積年の面影をとどめているに過ぎない（2007 年著者撮影）

福建南部で活動する海賊によって拿捕された船舶を、たびたび買い戻した。毎回、交渉を行うのではコストがかかり過ぎるし、そのコストもどれほど必要なのかまったく予想できない。そのため、彼らは海賊と個人的な交友を結ぶことで、海賊の被害から免れようとした。たとえば林五は、鄭流唐が同い年であることをきっかけに、豚や羊を送ったり、盗品の売却を請け負ったりして、交友関係を結ぼうとした。そもそも海賊として登場する朱濆自体が、もともとは海賊と良好な関係を維持していた商人であった、という記録もある。

海賊とのコネクションを確立させたあとは、海賊集団の末端として、盗品の売却斡旋や、樟林港を出入する船舶への「収単」、「票」と呼ばれる通行証の販売を請け負って、数百元程度で販売するなどした。つまり、海賊集団の活動に伴う治安の悪化により、船舶が拿捕されるなど商船経営における流通コストが算定不能となってしまったため、それに対応するべく、海賊集団との交渉によって保護費の支払額を決めることで、流通コストを算定可能なレベルまで押し下げようとしたのである。その際、港の有力者であった林一族は、港を代表して保護費を徴収し、海賊に支払うという、海賊集団の代理人のような役割を担った。

この保護費支払と安全の保障という構造には、以下の前提がある。まずは、流通の方法から海運を排除することができない経営形態である。林五、林泮ともに海運によって、海外や他地域との交易を行っていた。近距離であれば陸運に切り替えることも可能であるが、一定程度の距離を超える交易は、海運でなければ難しいし、海外との交易は海運に頼らざるを得ない。次に、海賊集団側にも一定程度の規律や組織性が必要である。言葉の通じない荒くれがただ横行しているのでは災害と同じで、どうしようもない。交渉可能な相手が存在しないのであれば、交渉を通じて流通コストを抑えることは不可能である。だが、この当時の海賊集団はそれなりに組織化されていた。さらに、この当時は海賊集団による沿海集落への襲撃が発生しており、商業流通のみならず港湾の安全保障のためにも、海賊集団との関係を安定的なものとしておく必要があった。

このような保護費支払いと安全保障という構造は、中国沿海においては十九世紀初頭に初めて生まれたものではない。十六世紀末から十七世紀初頭にかけて、福建沿海を支配していた鄭芝龍（ていしりょう）集団は、「報水（ほうすい）」と称して、出入港時や拿捕時に商船や漁船から、あるいは定期的に沿海集落から保護費を徴収するなどした。

また、清朝領域の漢語が通用する地域の盗賊は、しばしば小説『水滸伝』に登場する梁山泊をモデルに組織を作り、通行料やみかじめ料、土地税などを徴収している。税に似た金銭の徴収という行動様式は、海陸を問わず前近代の多くの地域で見られるものであった。

清朝による沿海部統治が確立した十七世紀末以降には、こうした非合法暴力集団によるシステマチックな金銭徴収は確認されなかったのだが、十九世紀初頭、すなわち一八〇二年以降の数年間にのみ、保護費徴収に関する記録が見られるようになる。当時、海賊集団が発行する保護費支払証明書は、「票」「票照」「票単」「単」「免劫票照」「免劫票」などと呼ばれていた。「票」にせよ「照」にせよ「単」にせよ、みな書類を意味する語である。では「免劫」とは何だろうか。

(2) 保護費システム

一八〇三年四月、清朝中枢は福建当局に対し、「各港では商船が出航する際には洋銭四〇〇塊（銀貨四〇〇枚）が、入港する際にはその倍が必要になる。これらの金銭はすべて洋上の海賊蔡牽に渡るもので、それを支払えば無事であるが、支払わなければ生命、財産ともに失う」という情報の当否を下問した。おそらくそんな噂を聞きつけた御史（監察官僚）あたりが、秘密裏に嘉慶帝に上奏を行ったのであろう。皇帝のもとに情報がもたらされ、それについて情報源を隠したうえで地方官に調査が命じられる、ということはしばしばあった。

さて、嘉慶帝の下問に対し、福建当局からは、以下のような回答がもたらされた。

蔡牽は数年来海上を逃げ回り、いまだに捕えられていないが、これらはみな（浙江、福建の）両省の港に情報提供者や食料提供者がいるからである。また、最近では、出港する商船は蔡牽の印が押してある「執照（しっしょう）」一枚を購入し、携帯するという。海賊に遭遇してもそれを見せれば、略奪に遭うことはない。この行為を「打単（だたん）」と呼ぶ。「打単」代理人は船舶の大きさや貨物の値段を見て、船主との交渉のうえで、支払額を決める。その額は一〇〇元から四〇〇元程度である。許可証の代金は蔡牽には半分しか渡されず、残りは代理人のものとなる。

（中国第一歴史檔案館所蔵『宮中硃批（しゅひ）奏摺』農民運動類、閩浙（びんせつ）総督玉徳（ぎょくとく）、嘉慶八年三月十三日上奏）

ここでは、蔡牽集団が保護費の領収書として「執照」（許可証、通行証などを意味する語）を発行していること、港にいる代理人が船舶の規模や積み荷の評価額から保護費を算出して徴収していること、代理人はもちろん徴収した金銭を海賊集団へ送ったが、一部（場合によっては半分）は手数料として自分のものにしていること、などが報告されている。この構造は、右で述べた樟林での一件、すなわち海賊鄭流唐などとコネクションを作り、林五が代理人として商船に「票」を売りつけていた事件とまったく同じである。一八〇二年から一八一〇年までのあいだ、清朝沿海各地で海賊集団が猛威を振るうのと時を同じくして、同様の保護費を徴収し「免劫」する、すなわち劫掠を免れさせるという行為がしばしば見られたのである。

同時期に広東雷州半島付近で活動していた烏石二集団も、同様に塩の輸送船に対しては、塩一〇〇袋当たり五〇元を、それ以外の商船に関しては、貨物評価額に応じて五〇～五〇〇元を徴収し、引き換えに安全を保証するものとして領収証を発行して渡していた。蔡牽集団の場合は、台湾と福建のあいだを結ぶ商船に対しては最大三〇〇〇元を徴収していた、という記録もあり、商船に関しては、数百から数千元の支払いが求められていた。このとき支払いを証明する物品として書類のみならず、旗なども利用された。旗のほうが遠くからでも見分けやすかったからかもしれない。このような大型商船に対するもの以外に、数両単位の保護費を小規模商船や漁船から徴収する場合もあった。漁船などからの保護費徴収は港湾で行うこともあったし、漁場で行うこともあった。とくに浙江では、漁場で保護費を徴収することが多かった。このときも代理人が手数料を受け取った。この代理人も、海賊集団と保護費支払い者のあいだに何人もいた可能性がある。つまり、海賊から身を守るために保護費を代理人を介して支払う、という構造が、大商人から零細漁民まで、各層の被害者全体を巻き込んで出来上がっていたのである。

烏石二集団では、保護費の徴収によって毎年数万両の収入があったという。その数万両が烏石二に手渡されたものであり、それ以外に末端での支払価格の半分の手数料が発生していたとするなら、合わせて毎年一〇万両前後が動いていたことになるだろう。清朝沿海経済全体を考えれば莫大とは言い難いが、田舎の暴力集団によるものにしては規模が大きいといってよいだろう。

このように、一八〇二年から一八一〇年にかけての時期に、ある程度組織化した海賊集団と港湾における代理人との関係を軸にした、保護費の徴収による安全の保障、というシステムが存在していた。この八年間は、海賊集団が組織化された時期と重なる（第七章で詳述）。保護費の徴収というのは、ある程度広い地域に影響を与え得る組織がないと成り立たない。支払う側からすれば、海賊に遭うたびに何度も支払うのでは保護費として意味がないし、徴収する側も毎回ターゲットを拿捕しなければ保護費を徴収できないのでは意味がない。事前にまとめて保護費を徴収するという行為は、徴収側がシステムとして運用できるだけの組織を確立していないと成り立たないのである。

保護費の支払いによって、ある程度の範囲においては、襲撃を受ける可能性は抑制されていた。しかし、この保護費支払いと安全保障のあいだのバランスは、きわめて脆弱であった。この点は海賊集団側も自覚はしていて、内部規約（第七章参照）に保護費二重徴収を戒める文言を収録したりもしているが、実際にその規約が厳密に守られていたとは考えにくい。先に紹介した林五や林泮も、保護費を支払っているにもかかわらず、海賊鄭流唐によって船に積載していた大砲が奪い去られたり、追加の物資要求を受けたりするなど、保護費を支払えばかならず安全が保障されるか否かは、海賊集団の心づもり一つでどうとでもなった。

また、海賊集団との関係を保とうとする動機には、海賊集団による港湾や沿海集落への襲撃の可能性を一時的に抑制することも含まれていた。というのも、保護費を支払わない港湾に対する攻撃予告が、しばしば行われていたからである。とすれば、保護費を支払う側が、ほんとうに海賊集団が庇護を貫徹すると期待していたかは疑わしい。とりあえず現金を支払って攻撃されないようにしておくという、一時しのぎを続けていたというのが実際のところなのであろう。沿海の多くの人びとは、海賊の支配を受け入れていたのではなく、暴れられると面倒くさい相手にカネを渡していただけなのである。

そもそも、この保護費の支払いによる通行の安全保障というシステムは、清朝の沿海管理システムを排除して出現したものではない。つまり商人側は、清朝に対する海関税を初めとする種々の税金と、海賊への保護費とを、二重に支払う必要があった。さらに、保護費の支払いが清朝官憲に知られ、問題視されると、林五のように処刑される可能性もあった。当てにならない海賊と付き合い、ばれたら殺されるような状況が続くのでは困る。その地域に生きる多くの人びとが支持していないこのようなシステムが、安定して長く存続してゆく可能性は低かったといわざるを得ない。

保護費システムは、海賊という暴力集団がある程度組織化され、かつ、それを清朝当局がつぶし切れなかった短いあいだにしか存在しなかった状況下に、成立したものであった。組織的な暴力集団がおり、沿海を航行していると生命財産もろとも失われる危険があった。とりあえず政府はそれを抑え切れないらしい。それならば、ある程度の負担を飲んで、相手方の要求に従って現金を渡しておけばよい。そうすれば、暴力集団側でも効率的に現金収入を得られる。そして、商人にとっても、流通コストをある程度計算可能なレベルに押し留めることができる。だが、こんな不安定な状況は長くは続かない、と多くの人びとが思っていた。これが一八〇二年から一八一〇年にかけての状況であった。保護費システムは、海賊集団が一八一〇年までに解体されると、当然、同時に消滅した。

結局のところ、海賊集団による沿海部の支配などは存在しなかった。ただ暴力を振り回して商人や沿海住民から金銭をせびりとる、はなはだ迷惑な集団がいたに過ぎない。海賊の被害を直接的、間接的に受ける可能性のある人びとにとって、海賊問題とは、どこかよそから来た海賊という気まぐれな暴力集団と交渉して、コストをいかにして抑制するのか、という問題であったのである。

第四章　台湾社会を変えた海賊

——辺境開発の終焉

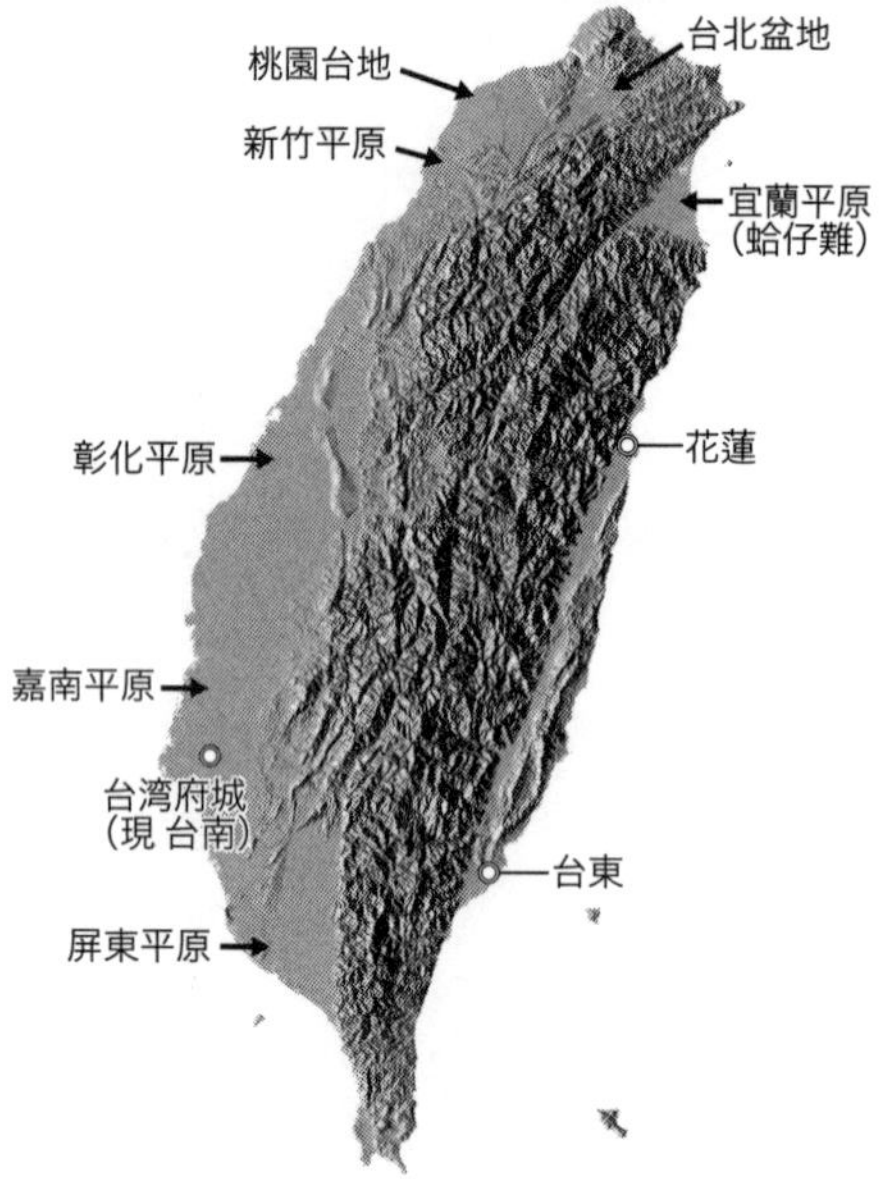

図 4–1　台湾地形図

これまでしばしば言及してきたように、当時の海賊問題のクライマックスの一つに、蔡牽集団による台湾擾乱があった。一八〇六年初頭から台湾府城（現在の台湾本島南西部の台南市中心部）を包囲し、清朝に対し、はっきりと敵対的な態度をとったことで、蔡牽は清朝によってけっして許すことのできない逆賊に認定された。蔡牽の台湾襲来は、海賊問題が治安問題から反政府反乱勢力討伐に切り替わる瞬間でもあった。

その蔡牽が浙江提督李長庚率いる部隊によって台湾から駆逐された直後、台湾東北部の蛤仔難[*1]に、しばしば蔡牽とともに活動していた海賊朱濆が現れ、上陸して根拠地を建設しようとした。このもくろみも、台湾府知府楊廷理を中心とする清朝台湾当局[*2]の活躍によって破れることとなる。結果的に失敗したにせよ、台湾は海賊の巣窟となりかけた。では、海賊の出現は、当時の台湾にどのような影響を与えたのだろうか。

この事件を契機に、台湾島北部の蛤仔難は初めて清朝の版図に正式に編入されることとなった。つまりは、このときまで、台湾東北部は清朝の統治領域ではなかったのである。このことは何を意味しているのだろうか。

海賊が台湾に現れた十九世紀初頭とは、清朝の社会構造が転換点を迎えていた時期であった。清朝沿海部随一の米どころであった台湾も例外ではない。そして、その台湾の転換に海賊問題が深く関わっていた。つまり、海賊問題と台湾の関わりから、清朝の曲がり角の実態も見えてくるのである。

では、海賊と台湾の歴史を、蔡牽の台湾西南部襲来と朱濆の台湾島北部襲来の二つに分けて見てゆくことにしよう（図4-1）。

＊1　**蛤仔難**　台湾北東の宜蘭（ぎらん）平原一帯、現在では中華民国台湾省宜蘭県が置かれている地域。蛤仔難（台湾語では **Kap-á-lân** と発音する）とは、現地のオーストロネシア系原住民クヴァラン **Kavalan** 族の自称を、台湾語発音の漢字に音写したもので、のちに噶瑪蘭（がまらん）の三文字が当てられた。なお、本章では、台湾のオーストロネシア系先住民 **Indigenous Taiwanese** を指して、現在の台湾における漢語に従い、「原住民」と表記する。

＊2　**台湾当局**　台湾本島および澎湖（ほうこ）諸島初め周辺の島々は、清朝福建省台湾府（府城は、現在の台南市中心部）によって管轄された。当時の台湾当局は、台湾道台（府城駐留）、台湾府知府（府城駐留）、台湾鎮総兵（府城駐留。武官）、台湾県知県（府城駐留）、嘉義（かぎ）県知県、鳳山（ほうざん）県知県、彰化（しょうか）県知県、淡水（たんすい）庁通判などの官僚によって構成されていた。

1　海賊蔡牽の襲来

（1）蔡牽台湾府擾乱始末

台湾で海賊の存在が問題となるのは、乾隆末年、すなわち安南海賊が福建、浙江沿海に侵入するようになったときであった。安南海賊の一部は、台湾沖をたびたび遊弋し、一七九六年には、台湾北部の鶏籠汛（現在の基隆）を襲撃して砲台を掠奪するなどした。台湾は、浙江から安南へ南下しようとするときの航路上に位置しており、道すがら襲撃するのにちょうどよい場所にあった。

蔡牽集団も一八〇〇年ごろからしばしば台湾沖に現れ、略奪を繰り返した。蔡牽が、本格的に上陸して、台湾府城を狙おうと画策し始めたのは、一八〇四年の年末のことであった。

一八〇五年一月、蔡牽は淡水（現在の台湾北部一帯）に現れ、商船を襲撃し、現地の水師と戦闘を行った。三月、蔡牽は台湾南部沖に現れたが、すぐさま北部にとって返し、五月に淡水から上陸し、艋舺*3（一六九頁図4－2参照）を襲撃、駐守する下級武官を殺害した。このとき、蔡牽はみずから鎮海威武王を名乗り、光明という年号を制定した。これは、逆戻りできない清朝への明確な反逆行為であった。それまで清朝当局者は、蔡牽にしばしば投降を呼びかけたが、これ以降は呼びかけなくなる。

蔡牽はこのとき、「彰化賊」洪老四らと「無頼」数千人を動員し、彰化県各地で略奪を行わせ、鳳山県の「賊匪」呉淮泗のもとへは使者を送り、協力を要請した。台湾内部の勢力である洪老四と呉淮泗に、銀貨、旗、官職などを与えることで、来たる台湾府城攻撃に際しての協力を取り付けたのである。こうして台湾上陸の準備を終えた蔡牽は、台湾を離れ、みずからの根拠地である福建北部の霞浦県水澳へ向かった。

一八〇六年一月、台湾府城を占領すべく、鹿耳門を通過し、府城近くの入り江である台江内海に入った蔡牽は、まず、台江への進入経路である鹿耳門へ廃船を沈め、清朝の海路からの援軍のルートを遮断した。その後、台湾府城の出城に当たる安平城*4を攻略し、台湾府城の北の外港である洲仔尾に陣を置いて、府城包囲の準備を進めた。

台湾当局も防衛体制を整備し、民兵の召募を始めた。このときに資金を醵出したのは、郊商と呼ばれる商人たちであった。「郊」とは、台湾の港湾に形成された大陸との取引を行う商人団体を指し、「郊商」とは、それに参加する商人を指す。郊商は、大陸からの注文を受けて台湾産品（米穀、砂糖など）

---

*3 **艋舺**　現在の台北市万華区付近。淡水河をさかのぼったところに造られた港で、周辺の耕地で生産された米を集積して、送り出していた。その後の台北発展の拠点となった。

*4 **安平城**　もとはオランダ東インド会社が台湾南部を統治していたときに建設されたゼーランディア城で、その後、台湾を占領した鄭氏一族の居城となった。鄭氏降伏後は営汛（緑営の派出所）が置かれたが、城全体の管理は行われず、第二次大戦後に公園として整備されるまでは、朽ちるにまかされていた。

を買い付け大陸へ送り、台湾からの注文に応じて大陸商品を買い付けた。多くはみずから商船を所有して、買い付けから輸送販売まで行っていた。米穀を中心とする台湾産品を大陸へ送り出す郊商は、台湾経済の中心的存在でもあった。その郊商が所有する商船は、しばしば蔡牽集団の襲撃対象となったため、郊商は蔡牽集団を敵視していたのである。

台湾当局は、同時に周辺の村落へも協力要請を行った。そのなかで積極的な協力を申し出たのが「粤荘（えつそう）」であった。「粤」とは広東（カントン）を意味し、「粤荘」とは、広東省東部出身の客家（はっか）*5系住民が暮らす村落を指す。つまり、客家系住民は、台湾府当局の呼びかけに応じて、台湾府の防衛に参与しようとしたのである。これに対し、福建系住民の反応は鈍かった。

こうして台湾府城の防備体制はいちおう整った。しかし、台湾府城の南方にあった鳳山県城の状況は悲惨だった。鳳山県城は、防衛態勢を整える前に、前年に蔡牽と連絡を取っていた「賊匪」呉淮泗の攻撃を受け、陥落した。呉淮泗らは揚々と台湾府城包囲に加わることとなった。

蔡牽の台湾府城攻撃は、一月下旬から開始された。清朝側でも武官が数名戦死し、包囲されていた城内では、城郭が崩れた、城内の裏切者が門を開いた等の流言蜚語（ひご）が飛び交い、しばしばパニックに陥りながらも、何とか持ちこたえた。

大陸からの援軍が現れたのは、二月中旬のことである。浙江提督李長庚率いる清朝軍は、封鎖されていた鹿耳門を避けて上陸し、蔡牽集団を攻撃し始めた。三月、郊商が組織した部隊と李長庚率いる清朝軍は、蔡牽集団を破り、洲仔尾を奪還した。さらに数日のうちに、呉淮泗の軍勢を壊滅させた。

蔡牽は外洋へ退き、その後も台湾府城沖を遊弋していたが、清朝水師の攻撃を受けて、四月上旬には、福建側の拠点である水澳へ向けて移動した。これと前後して、鳳山県城も奪還された。その月のうちに、残党狩りが行われ、呉淮泗や洪老四などは殺害された。蔡牽は同年六月にも台湾に現れたが、撃退されている。かくて、蔡牽による台湾擾乱は終わりを告げた。

ここまでの展開を見ると、蔡牽は、台湾北部の淡水、艋舺を攻撃したのち、南部の台湾府城を包囲し、その後、遁走したのであって、騒乱を拡大したのは、蔡牽よりも、むしろ鳳山県や彰化県の「賊匪」である呉淮泗や洪老四であった。つまり、この蔡牽による擾乱は、外敵の襲来というよりも、それにかこつけた台湾西南平原における騒乱であったのである。では、どのような社会構造が、このような騒乱を生んだのか。

(2) 台湾西南部平原社会

台湾には、もともとオーストロネシア系原住民が暮らしていたが、一六二四年に澎湖(ほうこ)諸島から退去させられたオランダ東インド会社が嘉南(かなん)平原に、スペイン商人が台湾東北部の鶏籠付近に貿易拠点を

---

*5 **客家** 広東、福建、台湾、広西、湖南、江西、四川(しせん)、貴州(きしゅう)などに分布している漢民族の一集団の総称。「客家」を、客家語で **Hak-ka**、広東語で **Haak-Gaa** と発音することから、日本では「はっか」と読む。なお、十八、十九世紀、台湾へ移住した広東出身者のほとんどは、東部の客家であった。

築くと、それらの貿易拠点の周辺での食糧生産やプランテーション開発などのために漢人入植者が招来され、農地の開発が始まった。その農地開発が加速するのは、鄭氏政権が、台湾西部海岸全体を管理下に置いた一六六一年以降のことであった。鄭氏政権は、故地福建南部から数万人の入植民を召募して、開発を進めた。蔡牽が襲来した台湾西南の嘉南平原は、十七世紀以来の台湾の政治経済の中心だった。

一六八三年に鄭氏政権が清朝に降伏し、翌年、福建省下に台湾府と台湾県、諸羅（しょら）県（一七八七年に嘉義（かぎ）県に改名）、鳳山県が置かれると、入植がさらに盛んとなった。当初大陸側から台湾への移住には、治安維持の観点から制限がかけられていたが、移民ブローカーなどもおり、大陸からの人口流入は止まらなかった。鄭氏政権降伏時には七万人程度であった人口は、一七八二年には七〇万人弱に達し、一八一一年には一九〇万人を数えた。移民の出身地内訳は、福建南部の泉州府出身者が四五パーセント、漳州（しょうしゅう）府出身者が三五パーセント、広東省東部潮州（ちょうしゅう）の客家系移民が一五パーセント、その他（福建北部など）が五パーセントである。

当然のことながら、台湾は無人の沃野（よくや）であったわけではない。漢人入植者は原住民が暮らす土地に侵入し、場合によっては、これを武力に訴えて排除した。原住民側も抵抗した。一方で、原住民女性と結婚して、原住民集団へ溶け込んで交易を行う「番割（ばんかつ）」と呼ばれるような人びともおり、それぞれのグループは、単純に憎み合っていたわけでもなかった。要するに、台湾では漳州系住民「漳」、泉州系住民「泉」、客家系住民「粤（えつ）」、原住民「番」の、大きく分けて四つの集団が離合集散を繰り返していたことになる。

　これらの集団同士が武器を持って抗争を行うことを「械鬥」（械は武器の意）と呼ぶ。台湾への移民の出身地である福建や広東では、宗族と呼ばれる父系氏族が多く存在し、しばしば宗族同士による械鬥が発生した。一方、台湾では、宗族ではなく、出身地ごとに分かれて集住しており、械鬥を行う際にも、宗族だけでなく、出身地ごとに分かれる場合もあった。たとえば、漳州人と泉州人の武力衝突を「漳泉械鬥」、客家系住民が関係するものを「閩粵械鬥」などという。

　械鬥は、台湾のどこでも発生したわけではない。清朝台湾当局の管理が比較的強く、開発も早い段階で終了していた台湾府城付近では、械鬥はあまり発生しなかった。力関係や資源分配のあり方が、ある程度定まっていたからである。械鬥が頻発したのは、十七世紀末以降に開発が進展した、台湾府城を擁する嘉南平原の南に広がる鳳山県城を中心とする屏東平原と、北に広がる彰化平原などのフロンティア地域であった。このあたりはまだまだ力がものをいう地域であった。蔡牽と呼応した呉淮泗と洪老四は、それぞれ屏東平原と彰化平原の「賊匪」であった。では、この「賊匪」と呼ばれたのは、どのような人びとであったのか。

（3）蔡牽襲来の意味

　十七世紀末から始まった台湾開発は、一七二一年に発生した朱一貴の乱によって、一つの画期を迎えた。朱一貴集団は、客家系住民と福建系住民の利害調整に失敗して内紛を起こし、清朝軍に掃滅されることになるが、このとき、清朝軍に協力したのも、蔡牽襲来時同様、客家系住民であった。

朱一貴反乱以降も、台湾ではしばしば反乱が起こった。その代表が、林爽文（りんそうぶん）反乱である。一七八六年に発生した林爽文反乱においても、清朝に反旗を翻したのは多くが漳州、泉州系住民で、数の少ない客家系住民は、清朝側について反乱鎮圧に協力している。一七九五年に泉州系住民陳周善（ちんしゅうぜん）の反乱が発生した際に、清朝に積極的に協力したのは、客家系住民と漳州系住民であり、客家系住民だけが清朝台湾当局と協力関係を結ぶわけでもなかった。だが、たとえば漳州系住民が反乱を起こしたときに、同じ漳州系住民が積極的に清朝に協力して鎮圧側に回る、ということはあまり見られない。

つまり、平常時は、たんに漳州系住民、泉州系住民、客家系住民が原住民を巻き込み、それぞれに集団を形成して抗争を繰り返していたのだが、その抗争が、大規模な暴動に発展し、何かのきっかけで「反乱」と認定されたとき、その「反乱」側とはされなかった人びとは、ふだんから利用している武力を用いて積極的に清朝につき、鎮圧側に回ったのである。

このような背景を踏まえれば、蔡牽の台湾襲来は、台湾西南部で長く続いてきた漳州系、泉州系、客家系住民たちの械鬥を、激化させるスイッチを入れるものに過ぎなかったことがわかるだろう。蔡牽本人が攻めた台湾府城は結局落城しなかった。一方、蔡牽の台湾襲来によってもっとも被害を受けたのは、県城が陥落した鳳山と、「賊匪」が多く活動した彰化であった。この二つの地域は、朱一貴反乱以来、械門がエスカレートした反乱が発生するたびに、大きな被害を受けてきた地域であった。

鳳山県は、一七二一年の朱一貴反乱、一七三二年の呉福善（ごふくぜん）反乱、一七八六年の林爽文反乱などで攻撃され、しばしば陥落し、大きな被害を受けたため、西南に新城を建築して知県を置いたのだが、その新城も、一七九五年の陳周善の反乱、さらに一八〇五年の呉淮泗の攻撃で大きな損害を受けた。その後も一八二四年の楊良斌（ようりょうひん）反乱や、一八三二年の張丙（ちょうへい）反乱でも攻撃された。それらも構図は、一八〇五年の蔡牽襲来に伴う騒乱と同様、エスカレートした械鬥に起因するものであった。

また、一八〇五年の鳳山県と同様の構図、すなわち集団ごとの対立がエスカレートし、暴動が発生すると、暴動を起こした勢力の対抗勢力が清朝側につき、その結果、それまで行われてきた械鬥が反乱と鎮圧に切り替わる、というプロセスは、彰化平原でも見られた。一八〇五年に蔡牽と連絡を取って暴動を起こした「彰化賊」洪老四の行動も、このような背景のなかで理解されるべきだろう。彼らは「賊匪」と呼ばれるが、それは清朝側が、彼らの行動を自衛ではなく犯罪である、と認定したからそう呼ばれただけである。彼らの行動自体は、ふだんの械鬥がエスカレートしたものに過ぎなかった。

蔡牽襲来に伴う台湾西南部における混乱は、きっかけは海賊蔡牽という外敵の襲来であったけれども、実際は、当時の台湾において頻発していた漳州系、泉州系、客家系、原住民らのグループ間の武力抗争がエスカレートしたものであった。それゆえ、直接蔡牽集団の攻撃にさらされた台湾府城の人びとや郊商にとっては災難であったが、事態の構造は、台湾西南部社会にとっては目新しいものではなかった。

このように、蔡牽襲来に伴う騒乱は、台湾西南部の社会状況によって解釈できる、何十年かに一回ある混乱の一つであった。この事件は台湾東北部の蛤仔難には関係がないように見えるし、そこに上陸したという朱濆も、この事件にはほとんど登場しない。では、朱濆の蛤仔難上陸事件は、どのような背景のもとに起き、いかなる影響を残し、蔡牽の台湾襲来とどのように関連したのだろうか。

2　海賊朱濆の襲来

(1)　朱濆蛤仔難上陸始末

朱濆は、一八〇三年秋に浙江水師との戦闘に敗れて以降、蔡牽と仲たがいをして独立して行動するようになった。そのため、一八〇六年初の蔡牽の台湾府城攻撃には、朱濆集団は参加しなかったが、蔡牽の行動を注視していたようである。朱濆が選んだ戦略は、台湾の政治経済の中心を狙うのではなく、いまだ清朝の支配が及んでいない蛤仔難南部に入植し、拠点を作る、というものであった。一八〇六年の冬、朱濆は淡水を訪れ、多くの農具を調達し、翌年八月、その農具を携えて、蛤仔難南部の港蘇澳（そおう）に入港した（図4－2）。

朱濆集団は、蘇澳入港後、蛤仔難南部の原住民のリーダーであった潘賢文（はんけんぶん）に、入植を認めるよう働きかけた。このとき、朱濆は潘賢文に、銀や「嗶吱（ひつし）」（外国産絹織物）を贈っている。

蛤仔難北部の入植漢人の指導層は、朱濆が入植を目的に農具を携えて蘇澳に入港したことを知ると、すぐに陳奠邦（ちんでんほう）ら入植漢人のリーダー数人を台湾府へ使者として送った。

一方、朱濆が淡水で農具を調達し、蛤仔難へ向かった、という情報を受けた台湾府知府楊廷理（ようていり）[*6]は、大陸から朱濆を追跡してきた南澳（なんおう）鎮総兵王得禄（おうとくろく）とともに、台湾府城から艋舺へ向かった。陳奠邦らと楊廷理らは、一八〇七年十月九日、艋舺で会見した。陳奠邦らは楊廷理に介入を要請し、楊廷理もこれに応じて、台湾府城から率いてきた兵とともに蛤仔難へ入ることにした。同日、王得禄は海路、蘇澳へ向かい、朱濆を挟撃することになった。

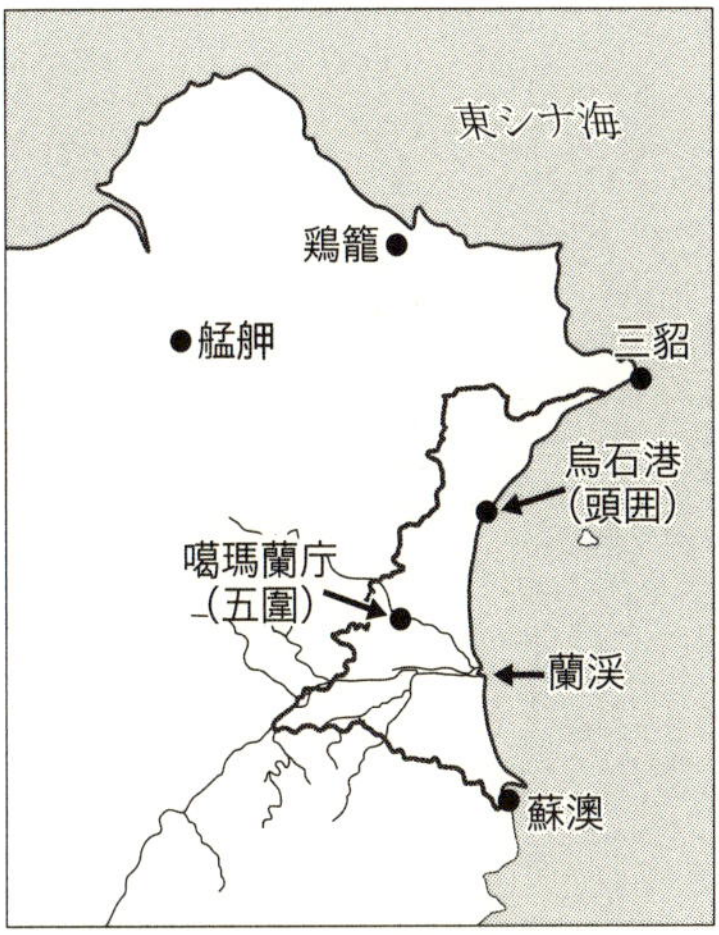

図 4–2　蛤仔難（噶瑪蘭庁）

会見の三日後、艋舺から山道約七〇キロを踏破して蛤仔難に入った楊廷理は、さっそく潘賢文に使者を送り、朱濆への協力を止めるよう働きかけた。このとき楊廷理は、「番銀（スペイン銀貨）」や外国産の絹織物などを原住民側の有力者へ渡し、懐柔を図った。おそらく楊廷理は、朱濆以上の贈り物を原住民有力者へ渡して回ったのだろう。蛤仔難で清朝軍と朱濆集団が直接衝突する前に、バラマキ合戦が行われたのである。そのバラマキ合戦に勝利した楊廷理は、原住民らの手引

*6　**楊廷理**　一七四七―一八一三。広西省柳州（りゅうしゅう）府馬平（ばへい）県出身。おもに福建省の知県としてキャリアを積み、一七八五年から台湾に赴任した。

きを得て、海路蘇澳へ到着した王得禄の水軍とともに、朱濆集団を急襲した。あえなく敗れた朱濆は遁走した。楊廷理は数日後、台湾府城へ向けて帰路についた。ちなみに、楊廷理はこの後、第二章冒頭で紹介した楊幸逢(ようこうほう)の弾劾に接し、福州(ふくしゅう)へ召喚されたが、弁論の結果、楊廷理に対する弾劾は根拠なし、と判断された。

この三年後、楊廷理は、当地に新しく設置された噶瑪蘭(がまらん)庁の長官として赴任することとなる。海賊問題は、清朝をして行政区の新設を行わしめたのである。では、海賊問題と行政区の新設のあいだに、どのような関係があるのだろうか。

(2) 台湾北部経済の成長と蛤仔難開発

結論から先に言えば、朱濆上陸をめぐる海賊問題は、きっかけに過ぎなかった。朱濆が現れた時期は、ちょうど台湾東北部の開発が一段落したところだった。むしろ朱濆は、開発が進みながら清朝統治が及んでいないところを狙ったのである。

すでに述べたように、漢人による台湾開発は、台湾府城が置かれた西南の嘉南平原から始まり、台湾府城を中心として同心円状に進んだ。南部の屏東平原には鳳山県が置かれ、さらに南へ向かって海沿いに開拓が進んでいったが、山に突き当たり、開拓は止まってしまった。一方、北部では、彰化平原からさらに桃園(とうえん)方面へ開発が進んでいった。十八世紀の末には、艋舺(現在の台北)付近まで漢人の入植が終わり、台湾西北部には淡水庁(現在の新竹)が置かれ、艋舺もにぎわいを見せるようになった。

とくに台湾北部経済の重要性が増すきっかけとなったのが、一七八六年に発生した林爽文反乱であった。林爽文反乱により中部、南部の港湾が被害を受けると、清朝は北部の淡水と、福州を結ぶ航路を利用することを認めたのである。それまで、台湾と大陸を結ぶ航路は、台湾府城－厦門(アモイ)ルートと、一七八四年に利用が認められた鹿港(ろくこう)－蚶江(かんこう)ルートの二つしかなかった。

当時、台湾と大陸のあいだでは、食糧が不足しがちな福建省南部へ台湾の米穀を持ち込む交易が、もっとも利益が見込める取引であった。嘉南平原では、一七二〇年代後半から、水利施設が整備されるとともに米穀の生産量が増大し、福建への移出が可能になった。台湾で生産された米穀は、十八世紀を通じて福建へ移出されたのである。

この交易は、台湾の米価が福建の米価よりも安いことを前提に行われていた。そして米穀価格は、開発がすでに完了しており、人口も比較的多かった台湾南部よりも、開発が進行中で人口も比較的少ない台湾北部のほうが、安値で推移した。このため、林爽文反乱によって航路制限が緩和されると、多くの米商人は台湾北部の淡水へ来航して取引を行うようになった。このことが淡水や艋舺の成長を促すこととなり、さらに一八一〇年には、利用港湾の指定は残るものの、航路制限は撤廃された。こうして台湾北部経済は成長していったのである。

このような背景のもと、蛤仔難への入植に成功した呉沙(ごさ)という人物は、台湾北部の淡水、鶏籠と、東北の三貂社(さんてんしゃ)（貢寮(こうりょう)）や蛤仔難を結ぶ交易に従事した、すなわち、あらたな台湾経済の中心である北部と、そのもう少し先の地域を結ぶ交易のなかで成長した商人であった。呉沙は漳州府漳浦(しょうほ)県出身で、一七七三年に台湾へ渡り、その後、蛤仔難の原住民女性と結婚した。彼は淡水の有力商人たちにさらなる未開地の開拓を提案し、出資を得て、一七八七年、台湾東北部の開発を始めた。

最初に呉沙が目をつけたのは三貂社であった。三貂は鶏籠から近く、呉沙も蛤仔難との交易の中継地として利用してきた地域で、交通の便は良かったが、可耕地は狭かった。そこで、一七九六年、移民一〇〇〇人、郷勇二〇〇人、通訳二三人とともに、山を越えて宜蘭平原に入り、平原北部の烏石港を占拠して、まず港の近くに、周囲を柵で囲った集落を建設し、「頭囲」と呼んだ。

現地の原住民クヴァラン族は、入植者を容認せず、すぐに頭囲を襲撃したため、呉沙らは三貂社への退却を余儀なくされた。一七七六年に林元旻なる人物が烏石港北部に入植した際には、原住民の攻撃を受けて全滅したこともあったように、原住民側には入植者に対する強い敵意があった。ところが一七九七年、宜蘭平原で天然痘が流行すると、状況が大きく変わった。天然痘の流行が原住民クヴァラン族に打撃を与え、呉沙らの入植再開のきっかけとなったのである。

蛤仔難では、漢人内部での械鬥は、開発初期はあまり発生しなかった。それはリーダーの呉沙を初めとして、入植者の八割を漳州系住民が占め、なかでも漳浦県出身者が四割を超えていたからである(この割合は、一九二六年の日本の台湾総督府による人口調査でも同様であった)。つまり、原住民クヴァラン族の妨害以外には、入植の障害はあまりなかったのである。結局、呉沙はクヴァラン族の妨害を武力で排除し、一八〇〇年に原住民と講和を結んで、宜蘭平原の中心を流れる蘭渓以北の可耕地を、漢人入植者のものとして認めさせた。朱濆が蛤仔難に現れた一八〇七年ころには、蘭渓を挾んで北に漢人、南に原住民が暮らす、という構図が出来上がっていた。呉沙が死去したのち、北部は、呉沙の息子呉光裔と甥の呉化、加えて入植のための資金を醵出した柯有成、陳奠邦などによって共同で管理され、蘭渓以南の原住民のリーダーが潘賢文であった。

時期は史料ごとに異なっていてはっきりしないが、台湾府城攻撃に失敗した直後（一八〇六年）、蔡牽が烏石港に現れて、上陸しようとしたことがあった。蔡牽は烏石港の沖に停泊し、上陸して開拓に参与し、そのまま根拠地にしようとして、硬軟織り交ぜた態度で協力者を募った。このときは蛤仔難入植漢人のあいだでも議論があったようだが、結局、呉沙亡きあとの指導者である陳奠邦、呉化などは「賊と誼を結ぶと、そのうち官兵に討伐されるので、撃退して功績として認めてもらうほうがよい」として、蔡牽を撃退することとした。陳らは、蔡牽撃退を決定したその日の夜半に準備を整え、翌朝、市場で買い物をするために上陸した蔡牽の配下を捕えた。蔡牽は怒って街を襲撃しようとしたが、すでに港が封鎖されており、上陸することができず、結局、撤退した。

おそらく、この段階で蛤仔難入植漢人は、自分たちが開発した土地を清朝の行政区に編入してもらうよう働きかける必要を感じていたと思われる。もし、次に同様の事案があれば、速やかに清朝台湾当局へ働きかけることが決まっていたのだろう。それまでに準備がなされていなければ、朱濆集団の出現から救援要請までの素早い対応は、望めなかったはずである。じつは、その準備というのは、台湾当局のほうでも行われていた。

（3）噶瑪蘭庁設置

台湾では、漢人入植者が増加すると、清朝当局はそこを管理するために、あらたな行政機構を置いた。噶瑪蘭庁以前に置かれた彰化県、淡水庁なども、漢人入植者の増加に応じて設置された行政機関であった。台湾当局が行政機関を置こうとする背景には、住民の管理を通じた、反乱や暴動などの抑制といった治安維持と、耕地の把握による税収確保という二つの要素があった。しかし、行政機関の設置は、台湾当局が希望すれば実現するものではなく、中央政府の裁可が必要だった。行政機関の長官人事や税額の決定などは、すべて北京で行われていたからである。新規行政機関の設置は、北京の清朝の各部局にとっては人事や土地管理、税務、さらには科挙実施に至るまで、さまざまな業務の負担が増えることを意味しており、にわかには認めがたいものであった。それゆえ、人口が増えた、というだけでは、北京では行政機関の増設を認めなかった。裁可を得るには何かのきっかけが必要であった。

一七二三年に諸羅県の北に彰化県と淡水庁が置かれたのは、朱一貴反乱がきっかけだった。台湾全土を巻き込んだ反乱の反省を踏まえ、行政による把握が望まれたのである。淡水庁のさらに向こう側にもう一つ行政機関を置くためには、朱一貴反乱に相当するそれなりの理由が必要であった。

その理由として格好の材料だったのが、海賊上陸である。台湾の政治経済の中心であった西南部を大混乱に陥れた張本人である蔡牽やその同類である朱濆などの著名な海賊が、蛤仔難を占拠して根拠地にしようとしたなら、それは蛤仔難に行政機構を置いて、治安維持を強化することの十分な理由となり得た。

台湾当局はじつは一七九〇年代から、発展著しい台湾北部にあらたな行政機構を増設し、治安維持と徴税の強化を行うことを模索していた。一七八五年以来、たびたび台湾に派遣されて台湾統治に当たってきた楊廷理も、最初の台湾赴任直後に台湾北部を訪れ、その地の発展を確認し、管理強化のためにあらたな行政機関を設置する必要を感じていた。そのため、楊廷理は、しばしば閩浙（びんせつ）総督など福建省当局を通じて清朝中枢へ設置を提案したが、ほとんど採用されることはなかった。

蔡牽による台湾府城攻撃をしのいだ台湾当局は、蔡牽が蛤仔難に上陸しようとして失敗した、という情報を得た。その後、朱濆を追跡して台湾を訪れた王得禄からも、海賊朱濆が台湾北部での根拠地建設をもくろんでいる、という話を聞いた。海賊が蛤仔難に垂涎（すいぜん）しているという情報は、台湾北部への行政機関増設のまたとない理由であった。逆賊蔡牽の同類が清朝の統治の及んでいない地域を支配しようとしている、と言えば、清朝中枢も台湾当局の提案をむげに却下はできないだろう。楊廷理が、蛤仔難からの使者よりも早く艋舺に入り、使者の到着を待ち受けていたのは、楊廷理ら台湾当局が最初から、朱濆の襲来を行政機関設置の好機と考えていたからである。清朝台湾当局は、蔡牽の襲来も無駄にせず、中央への政策提言を補強する要素として利用したのである。

一八〇七年十月九日に艋舺で行われた、蛤仔難からの使者陳奠邦らと楊廷理の会見は、台湾北部への行政機構設置を狙う楊廷理にとっても重要であった。清朝の介入は、何よりも現地住民の請願なく

図 4–3　宜蘭に祀られる楊廷理
宜蘭媽祖廟の楊廷理像。『台南市史稿』巻首

しては行い得なかったからである。もし現地住民の要請なしに、艋舺の先の淡水庁管轄外、すなわち清朝の版図外に介入を行った場合、その行為は皇帝の裁可を経ずに行われた対外派兵であるとされ、責任者は越権行為を罪に問われる可能性があった。艋舺における一八〇七年秋の会見は、台湾当局と蛤仔難入植漢人有力者の意図が、ピタリと合致して行われたものであったのである。

こうして、蛤仔難に噶瑪蘭庁という行政機関が置かれ、正式に清朝の版図に組み込まれることとなった。楊廷理が蛤仔難から帰還してすぐに行政機関の設置を提案してから、正式に設置に至るまで、中央との事務調整に数年を必要とはしたが、実際には、一八〇七年秋の会見とその数日後の楊廷理と王得禄の軍事作戦によって、新しい庁が置かれる条件はすでに揃っていたのである。

清朝は、十八世紀後半以降、新規行政機関の設置に消極的であった。清朝が国内に抱えていた最大のフロンティアである四川（しせん）などでは、十八世紀から人口が大幅に増え、開発が進展して耕地も拡大したにもかかわらず、行政機関が増やされることはなかった。そんななか、楊廷理は、蔡牽と朱濆という海賊襲来を盾に、みごとに行政機関新規設置を引き出した。能吏であったといえよう。なお楊廷理は、一八一三年、任地噶瑪蘭で死去した。宜蘭市内中心部の昭応宮（媽祖廟）の一角には、今でも彼が祀られている（図4－3）。

3 台湾開発の終わりの始まり

（1）西南から東北へ

本章の最後に、台湾開発における噶瑪蘭庁設置の意味を見ておきたい。

先述のように、清代の台湾開発は、西南の嘉南平原から、海沿いを東北へ向かって進められた。清朝の行政機構も、この開発の進展のあとを追って整備されていった。各地域の開発の最終段階が、行政機構の設置であった。

行政機構設置に際して重要であったのは、現地の入植漢人の行政機構設置への積極的協力であった。というのも、清朝の行政機構が設置されるといっても、実際には長官と武官、数十から百数名の兵士が置かれるに過ぎず、実際の徴税やさまざまな行政サービスは、現地の入植漢人の手を借りる必要があったからである。一方、現地の人びとは、科挙受験資格の付与や、清朝政府による裁判などの紛争調停が行われることを期待していた。

開発がある程度進み、現地住民からの請願があって、清朝の行政機構が置かれる、というサイクルは、十八世紀中ごろには台北盆地に到達しており、林爽文反乱を経た十八世紀末には、台湾西部を縦断する平原全体で、入植漢人と清朝当局末端による統治が実現した。そのあとに残った最後の大規模開発可能地域が、宜蘭平原であった。

台北盆地から陸路で宜蘭平原に向かうには、険しい山道を越える必要があった。楊廷理は三日で踏破したが、現実には、一般の個人が物資を携帯して越えるのは難しく、開発にはある程度の資本と組織が必要であった。その資本と組織を淡水庁で準備し得たのが、一七九六年の呉沙であった。呉沙が指導する宜蘭平原開発は驚異的な速度で進み、数年のうちに宜蘭平原の北半分が入植漢人の耕作地となり、一八一〇年に噶瑪蘭庁が置かれることになった。この噶瑪蘭庁設置は、十七世紀以来続いてきた、自発的入植と開発が進展したのちに清朝の行政機構が置かれる、というプロセスの最後の事例となった。宜蘭平原の南には、もはや十九世紀までの農業技術によって開発可能な土地は、残っていなかったからである。

(2) 台湾東北部開発の意味

先述のように清朝統治期における台湾は、大陸への安価な米穀供給地として位置づけられていた。台湾経済は、フロンティアとして、福建で増加し続けていた人口を吸収するとともに、米穀を生産してそれを大陸側に売却することで成り立っていた。そのため、フロンティア開発が進展した際には、低いコストで米穀を生産して大陸に売ることができなければ、未開地を開発する意味がなかった。台湾西部沿岸の屏東平原から台北盆地までは、開発のための人の移動、耕地開発、さらには大陸側への移送を含めても、コストは十分に抑えることができた。川が無数に流れる沖積平野が海沿いに続き、その至るところに港湾が建設されていたからである。台北盆地よりも大陸から遠い宜蘭平原から、大陸へ米穀を移送する際には、いったん、艋舺か淡水まで輸送する必要があり、コストの低減は望めなかったが、それでも宜蘭平原にはある程度の可耕地が広がっており、十八世紀末以降、台湾西部でも人口圧力が高まって食料価格の上昇が続いていた状況を鑑(かんが)みるならば、人口圧力の開放先として開発を行う意味は十分にあった。

しかし、宜蘭平原よりも南側の台湾東部沿岸は違った。現在の花蓮(かれん)付近から台東(たいとう)付近までの地域には、両脇を谷に挟まれた平地が続いているが、それほど広くはなかったし、直接船を着けることができなかった。また、花蓮と宜蘭、あるいは台東と鳳山のあいだには中央山脈がそびえており、陸路での往復も厳しかった。宜蘭平原以南は、十九世紀中ごろまでは開発可能な条件が揃っていなかったのである。

十九世紀後半になると、清朝は台湾東部にも行政機関を置いた。一八八五年、噶瑪蘭庁が宜蘭県に昇格し、同時に、花蓮から台東にかけての地域に卑南(ひなん)庁が、南端には恒春(こうしゅん)県が置かれた。蛤仔難より南の台湾東部を、初めて清朝の版図(はんと)に編入したのである。

これは開発の進展に伴う措置ではなかった。一八七三年になされた日本の台湾出兵以降、清朝は、日本の台湾進出に対する懸念から、台湾東部に行政機関を設置し、正式に版図に編入したのである。

一八七〇年代以降、清朝は台湾経営を積極的に行うようになり、電線や鉄道が敷設された。一八八五年には福建省台湾府が台湾省へ格上げされ、さらに近代化が模索された。しかしこの間も、台湾東部の開発はそれほど進まなかった。

一八九五年、台湾が日本に割譲された後、花蓮、台東付近には多くの日本人が入植し、糖業の振興が行われ、一九二五年に花蓮‐台東間の鉄道が竣工した。しかし、結局、日本統治期にも、宜蘭以南の地域と台湾西部が直接結ばれることはなかった。宜蘭平原南端の蘇澳（そおう）から花蓮までの鉄道が開通するのは一九八〇年、屏東平原南端の枋寮（ほうりょう）‐台東間の鉄道が開通するのは一九九一年のことである。

このように、十九世紀に入ったころには、宜蘭平原より先には、もはや大規模開発が可能な平野は残っていなかったのである。蛤仔難は最後のフロンティアであった。さらに、一八三〇年代になると、台湾では米価が上昇し、しばしば大陸側よりも高い価格を記録するようになった。台湾内部にはすでにフロンティアがなくなり、米穀生産以上に人口が増加したのである。台湾はもはや福建への米穀移出元ですらなくなりつつあった。つまり、台湾開発は、宜蘭平原すなわち蛤仔難の開発と、一八一〇年の噶瑪蘭庁設置をもって一つの区切りを迎え、その性格を大きく変えたのである。噶瑪蘭庁設置は、十七世紀から続いてきた台湾開発の終わりの始まりを告げる出来事であった。

フロンティアの終わり、というのは、十八世紀末の清朝の多くの地域で同時に発生した現象であった。有名なのは四川や陝西（せんせい）、湖南などの長江中流域で、そこではフロンティアの終わりは、白蓮教反乱という大混乱をもたらした。十九世紀、多くの辺境地域では、少数民族と漢人移民の武力衝突が頻発した。それに比べれば、台湾では軟着陸ができたといえるかもしれない。海賊問題は、結果的にその軟着陸のきっかけをもたらしたのである。

第五章　地方当局の苦闘

——財政難・自衛・武力鎮圧・投降呼びかけ

一八〇〇年二月、浙江巡撫に着任したばかりの阮元は、浙江の文武官や土地の有力者を招き、安南海賊の侵入以来、深刻さを増す海賊問題への対策について話し合った。議論は、海賊討伐用に巨大な船と強力な大砲を用意することが必要、という結論に落ち着いた。阮元がこのことを嘉慶帝に上奏したところ、白蓮教反乱鎮圧で財政が逼迫しているので出費は不可能、という返答があった。

代わりに浮上したのは、広東省で行われていた、経費をすべて地方政府の官僚の寄付（「捐納」。実際は給与の天引き）で賄い、民間の快速米穀輸送船を安く買い取り、兵船に仕立てる、という対策であった。こちらは中央から裁可を得た。要するに嘉慶帝は、ない袖は振れないので、地方当局で財源を確保せよ、中央はあずかり知らない、と宣言したのである。

一七九六年に始まる、四川、湖北、湖南、陝西、河南をまたぐ大反乱、白蓮教徒の乱の鎮圧に、清朝は多大な経費を注入した。一七九四年には、清朝中央の戸部銀庫には七〇〇〇万両余りが蓄えられていたが、一七九八年には、一九〇〇万両余りにまで減っていた。当時の戸部銀庫の歳入は一〇〇〇万両から一五〇〇万両程度であったので、数年分の歳入が消し飛んだことになる。嘉慶帝は、実際の戦費は微々たるもの、無駄遣いが多過ぎるからこうなるのだ、と憤慨したが、ないものはいかんともしがたい。東南沿海諸省が海賊問題に苦しんでいても、中央政府は何もできなかったのである。

中央は助けてくれない。それでも海賊問題に直面していた地方当局は、解決を模索してゆかねばならなかった。では、地方当局はどのようにして海賊問題に対処していたのだろうか。本章では、その奮闘ぶりを見てみよう。

1　新型兵船建造と経費確保

安南海賊が福建(ふっけん)、浙江に現れた一七九五年の段階ですでに、清朝当局者たちは、安南海賊の装備は清朝緑営水師(りょくえいすいし)よりも強力であり、清朝緑営の装備の更新が必要であることを認識していた。とくに安南海賊の船舶が、清朝緑営の船舶よりも大きいことが問題になっていた。じつは一七八〇年代から、海外貿易船より清朝の戦船が小さいことは指摘されており、福建では新規建造の計画があった。だが、事態は急を告げていたのである。かくて、あらたな兵船の建造をめぐって議論が始まった。

（1）どのような船を造るか

具体的な新型兵船の建造についての提案は、阮元の前任の浙江巡撫玉徳(ぎょくとく)によって一七九九年八月に行われた。玉徳は、①兵船二〇隻の新規建造、②定海(ていかい)鎮総兵李長庚(りちょうこう)にみずからの故郷福建で新兵を募集させ、新規兵船の乗組員に充てること、の二つを提案している。

新兵船のモデルになったのは安南海賊の船であった。この年、福建当局に投降した安南海賊が使用していた船は「船長九丈六尺（約三二メートル）、船幅二丈三尺（約七・六メートル）、全高八尺四寸（約二・八メートル）、帆柱七丈六尺（約二五メートル）、胴回り九尺（約三メートル）で、帆柱には清朝領域では調達不可能な巨木が利用されていたという。

帆柱の調達には不安が残ったが、幸い、福州（ふくしゅう）の造船所で解体中の外国船の帆柱が流用できることがわかり、とりあえず二隻の安南スタイルの新型兵船が用意された。その後、帆柱は福建南部の泉州（せんしゅう）や厦門（アモイ）であれば調達可能なことも判明した。この地域では、これまでも大きめの貿易船を建造していた。次は、その建造費用の確保である。

（2）財源をいかに確保するか

新型兵船のモデル決定直後、浙江当局は、嘉慶帝に対し清朝中央の戸部からの支出を要請した（本章冒頭のエピソード）。一八〇〇年二月十七日の清朝中枢からの返答（上諭）は、「兵船の新規建造も装備の新調もたいへんよろしい、ただし中央からの支出は不可能なので、広東同様、養廉銀（ようれんぎん）[*1]の流用や商人からの寄付で工面せよ、この件については、ほかの予算項目から流用してもかまわない」というものであった。じつはこの指示は、この時期の清朝財政の苦衷を示すものでもあった。

清朝の財政の基本原則は、原額主義と呼ばれる。原額主義とは、清代初期の予算と財源項目と支出項目をおおむね固定し、そのまま利用し続ける財政基調を指している。つまり、毎年必要に応じて予算を組んだり、支出額を調整したりはしなかったのである。原額主義は、予算編成や現金、物資、穀物などの流通システムの固定によるコストダウンをもたらしたが、他方で、財政の硬直化を招き、とくに、長期にわたるマイルドインフレなどによる物価の変動（後述）を経験した十八世紀後半には、違う支出項目のために用意された銀を、しばしばよその項目で流用することがあった。

しかし、この流用は清朝の財政規律に違反するもので、一七七〇年代以降しばしば流用が発覚し、総督や巡撫など省当局の首班が、死刑を含む厳しい処罰を受けた。その意味で、流用を許すという一八〇〇年二月十七日の上諭は、海賊対策への清朝中枢の強い関心と、それにもかかわらず財源がないことに対する苦衷をよく表したものといえる。同年二月二十七日には阮元が、この上諭を受けて資金の集まり具合を報告しているが、どうしても数万両足りなかった。では、どこから資金を調達したのだろうか。

新型兵船の完成報告とともに提出された最終的な収支報告によれば、総経費は一〇万二七〇〇両余り（造船費用八万両余り、大砲鋳造費用二万二七〇〇両余り）で、給与の天引きで四万七〇〇〇両、経費削減で一万二七一一両、商人からの（半強制的な）寄付で一〇万両を確保したという。

計画の段階では新型戦船建造に当たり、おそらくは玉徳、阮元ともに、官員の給与天引きでは不足することは予想できていたはずである。本章冒頭で、阮元が浙江の文武官や有力者と海賊対策を議論したことを紹介したが、実際には方針はすでに決まっていた。つまり、わざわざ彼らを呼んだのは、

＊1　**養廉銀**　一七二三年に始まった、給与とは別に官僚に支給される手当。本来の給与はあまりにも安く（たとえば総督クラスで年間一五五両）、それだけでは生活にも事欠き、それゆえに賄賂（わいろ）を求め、不正に手を染める官僚が多くいたため、当時の皇帝雍正（ようせい）帝は、実質的な給与の大幅な引き上げにより、そのような状態を改善しようとしたのである（たとえば両広総督の養廉銀は、年額一万五〇〇〇両であった）。財源はそれぞれの省で得られる付加税などが充てられた。

意見聴取のためではなく、寄付による費用負担を要請するためであった。

かくて建造された新型兵船は、福建南部の同安(どうあん)で建造されたため、同安梭船(させん)と呼ばれた（図5－1）。浙江で利用された海賊対策用の同安梭船は、のちに「霆船(ていせん)」とも呼ばれる。投降した安南海賊の船を呼ぶ「艇船」という言葉から、似た音（日本語ではどちらも「てい」と読むが、現在の中国語〔普通話(プートンホワ)〕や、台湾閩南語(びんなん)では発音がすこし異なる）を採ったのであろう。福建では、広東の形式も取り入れた米艇と呼ばれる米穀運搬用大型船が配備され、浙江では、新型戦船として同安梭船がそのまま配備されることになった。浙江に配備された新型兵船が海賊取り締まりに成果を上げたとする上奏が出されたのは、一八〇一年八月二十三日のことである。

図 5–1　集字号大同安梭船

但書には全長 8 丈 2 尺（約 27.3m）、帆柱は 9 丈 4 尺（約 31.3m）、大砲 25 門を甲板上に配備していたとある（国立故宮博物院所蔵）

（3）誰が建造を監督するか

海賊対策の総責任者であった閩浙(びんせつ)総督玉徳と浙江巡撫阮元は、頻繁に意見交換を行い、協力して財源の捻出に当たっていた。そして、両者は新規兵船の建造の監督官に李長庚を充てることでも一致していた。

新型戦船の配備完了からまもなく、李長庚はそれまでの功績を評価され、福建水師提督に転任することになった。ところが、これに対して玉徳が反対する。表向きは、福建水師提督の駐留する厦門は李長庚の故郷に近く、親族が李長庚の威を借りて詐欺を働くかもしれない、という理由を掲げていたが、同封されていた密奏にはこれとは異なり、「粗忽で軽はずみ」という、非常に主観的な反対の理由が書かれていた。これに対して嘉慶帝が出した上諭は、以下のようなものであった。

玉徳の上奏によれば、李長庚が福建水師提督に任命されるのは不適当であるという。しかし、前任の閩浙総督書麟（シュリン）[*2]が上奏したように、福建や浙江の海賊は「寧ろ一〇〇〇の兵に遇うも、李長庚に遇う莫れ（一〇〇〇人の兵よりも李長庚のほうが恐ろしい）」と噂しているというではないか。玉徳は、李長庚を福建水師提督に任命する前は、「提督としても問題ない」としていたのに、今回は「粗忽で軽はずみ、任にたえない」と言い出すとは、ひと晩で人が変わったようである。今後は一時の愛憎で人事に口出しをしないように。

（『嘉慶道光両朝上諭檔』第六輯、嘉慶六年十一月初三日上諭）

＊2　**書麟**　?—一八〇一。高佳氏。鑲黄旗満洲出身。父親は乾隆中期の大学士高晋（ガオジン）。一七七〇年代、第二次金川反乱鎮圧時の功績を認められ、広西提督に任命された。一七八四年に安徽巡撫に任命されると、その後は各地の地方長官を歴任。一七九九年に半年間、閩浙総督を務めた。白蓮教反乱鎮圧作戦参加中に陣没した。

嘉慶帝も言うように、玉徳と李長庚のあいだでは何らかの衝突があったのだろう。実際のところ、彼ら両人のあいだで何があったのかはわからない。阮元初め浙江当局は李長庚の肩を持ったけれども、だからといって福建当局と浙江当局の関係が著しく険悪になる、などということはなかった。両者はこの後も協力して海賊対策に当たっている。

ともあれ、財源は何とか確保され、同安梭船が配備された。一八〇二年には、玉徳とは関係が悪化したが、嘉慶帝や浙江当局に高く評価される李長庚が、福建、浙江の水師をすべて統率することを命じられた。これによって福建、浙江では、海賊の鎮圧が進むことが期待された。実際に一八〇三年二月には、浙江定海沖において当時の浙江、福建最大の海賊集団である蔡牽(さいけん)集団を撃破している。

ところが、この年のうちに蔡牽集団も同安梭船を入手している。蔡牽は、清朝当局よりも高い代価を支払って、建造を依頼していたのである。船舶の建造や売却、出港には清朝当局の認可が必要であった(第三章参照)。そのため蔡牽から建造の依頼を受けた造船業者は、まず架空の船戸(せんこ)の名義を使って清朝当局の建造許可を得、建造後もその架空の名義を使って出港させた。そして海上に出たところで蔡牽集団へ納品され、造船業者は、清朝には船舶を奪われたと届け出たのである。かくて同安梭船は海賊集団の手に渡った。

ちなみに同安梭船は、その後、十九世紀中ごろまで、清朝東南沿海における主力大型船として、各地の緑営水師に配備されていった。広東でアヘン戦争の際にイギリス軍に粉砕された清朝水師の船舶の多くも、同安梭船であった。一方、商人も同安梭船を多く利用するようになり、東南アジア交易に供用された。十九世紀前半の東南アジアでの華人交易は、同安梭船によって支えられていたともいえる。このように十九世紀前半、同安梭船の建造と利用が広範に拡大してゆくのだが、その背景には、清朝地方当局と海賊集団双方による投資があった。

とまれ、清朝地方当局の海賊対策用の新規船舶建造に注いだ苦労は水泡に帰した。結局、清朝水師は海賊に対して装備の面で圧倒的な優位に立つことはできなかったのである。それでもこれ以降、清朝地方当局者は時に海賊集団との戦闘に敗北しつつも、一貫して海軍力を用いて海賊に圧力をかけ続けた。第二章でも見たように、浙江、福建当局は、民間船舶をも徴発して海賊対策用の海軍力を増強した。

浙江の清朝地方当局の水師の中心にあったのは、李長庚率いる艦隊であった。その艦隊は李長庚が閩浙総督玉徳の委託により同安で建造した同安梭船であり、その乗組員たちは李長庚が集めた新兵であった。李長庚は、清朝の福建、浙江の水師を統括し、蔡牽を追撃したのである。台湾に上陸した蔡牽を駆逐したのも李長庚であった。李長庚は、一八〇八年一月、蔡牽との戦闘中に戦死するが、その後も李長庚が組織した船団が、李長庚によって抜擢された司令官である王得禄（おうとくろく）や邱良功（きゅうりょうこう）によって率いられ、海賊集団との戦いを継続した。蔡牽を浙江省台州漁山（たいしゅうぎょざん）沖で自爆に追い込むことができたのは、一八〇九年のことであった。福建、浙江においては、たしかに李長庚こそが清朝の海賊鎮圧の象徴であった。

（4）ゆがむ記録

この当時の海賊問題は、浙江、福建の海賊問題と広東の海賊問題に分けて記録されていた。ここでは、浙江、福建における記録のゆがみについて付言しておきたい。

浙江、福建の海賊問題は、浙江当局（阮元と李長庚）が海賊蔡牽を追跡するものとして記録されている。その叙述の原型を作ったのは、阮元の幼馴染であり、のちに当代屈指の考証学者として知られる焦循（一七六三―一八二〇）である。彼は、阮元のもとで秘書を務めている時期に、実際に海賊問題の対処に参加し、そのときの記録として「神風蕩寇記」、「神風蕩寇後記」という文章を著した。この文章では、阮元と李長庚率いる浙江当局が主役として海賊問題解決に当たる。この焦循の記録をもとに、魏源（一七九六―一八五四）という人物が「嘉慶東南靖海記」という文章を書き、それを彼の著作『聖武記』に収録した。『聖武記』は、清朝歴代の軍事行動の記録をコンパクトにまとめたもので、二十世紀に至るまで、清朝史研究に強い影響を及ぼした。その「嘉慶東南靖海記」では、浙江当局を率いる清廉潔白で有能な阮元と李長庚は大活躍し、一方、玉徳率いる福建当局は、堕落し邪魔ばかりする存在として描かれた。では、なぜこのような図式化ができたのだろうか。

玉徳は、海賊対策に失敗して失脚した。第四章で取り上げた蔡牽の台湾上陸ののち、蔡牽を取り逃がしたことを理由に李長庚を弾劾したところ、浙江当局と李長庚から逆に職務怠慢を理由に弾劾を受け、失職し、一八一〇年に死去した。一方、阮元は、重要地域の地方長官を歴任し、最後には大学士、太子太傅（たいしたいふ）として位人臣（くらいじんしん）を極めた。しかも、多くの官僚が在職中に亡くなるなか、引退を認められ、皇帝に直接上奏する権限を持ったまま、故郷に帰って悠々自適に暮らすことができた。清朝のみならず歴代王朝までさかのぼっても、これほどまでに順調にキャリアを重ねた官僚は少ない。加えて、みずから考証学の研究を促進し、自身も加わって学界全体を巻き込んで議論を行った。そして、現在でも儒教研究の基礎文献とされる『十三経注疏（じゅうさんきょうちゅうそ）』の校勘（こうかん）、刊行も行った。阮元は当代随一の有力者であった。

つまりは浙江巡撫阮元と李長庚の物語は、嘉慶、道光期の政界における勝利者の記録でもあったのである。魏源はそれをそのまま受け入れ、二十世紀の歴史家、たとえば蕭一山（しょういつざん）、矢野仁一（やのじんいち）、佐野学（さのまなぶ）がこれを引用し、学界の定説となっていった。多くの人びとが、十九世紀前半の、若き日のある大官率いる浙江当局の活躍譚こそが海賊問題だ、と思っていたのである。

蔡牽が当時の海賊中の重要人物であり、李長庚と阮元がその鎮圧に活躍したのは確かである。だが、彼らが繰り広げる華々しい合戦の裏側では、苦しい台所事情を抱えた、清朝当局の地味な奮闘が続いていた。むしろ、地味な奮闘こそが、当局の海賊対策の大部分であった、というべきであろう。その奮闘ぶりに話を戻そう。

2　戦う沿海住民

清朝地方当局は少ない経費をやりくりし、財源を捻出して海賊鎮圧作戦を行い、最終的にはそれなりの成果を得た。しかし、たとえば浙江においても、霆船の供用開始（一八〇一年）から、蔡牽の爆死（一八〇九年）まで、海賊の鎮圧には長い時間がかかり、その間、海賊の脅威は収まることはなかった。清朝当局者が、海賊鎮圧に努力しているあいだも、海賊の被害は、そのまま続いていたのである。

海賊は航行する船舶を襲撃するが、海上で活動する漁船や商船ばかりではなく、沿海地域に暮らす住民もまた海賊の脅威にさらされた。もっとも頻繁に被害を受けたのは、茅葺の簡易住居を建てて、沿海の狭い農地を耕す人びとであった。また、大陸からほど近い島嶼の漁村や農村も襲撃の対象となった。このほか海沿いで製塩業に携わる人びとも海賊の襲撃を受けた。

一七九三年五月、浙江省中部沿岸に浮かぶ石版殿島に海賊が襲来した。海賊たちは上陸し、集落を襲い、子供を攫おうとしたが、住民の反撃に遭って逃げ帰った。その翌日、五〇人余りの海賊が武装して集落を再び襲い、住民の家屋や家畜小屋など四〇棟余りを焼き払い、住民を殺害したという。

石版殿島での事件を聞いた乾隆帝は激怒した。住民を守るべき緑営兵士は何をしているのか。しかし、そもそも上陸した海賊と戦うはずの緑営兵士は、その場にいなかったのである。

（1）消えた緑営兵

①地域のなかの緑営兵

緑営兵とは清朝の現地採用兵士である。緑営は省ごとに編成され、提督、総督、巡撫がそれぞれ自分の標（師団。それぞれ提標、督標、撫標と呼ばれた）の兵を率い、提督の下には総兵が置かれ、やはり鎮と呼ばれる師団クラスの部隊を率いた。緑営兵は省城や要地などに集中して数百名が置かれたほか、各地の派出所（「汛」）に一〇名程度置かれた。

治安維持においては、軽微な犯罪（窃盗、傷害事件や一般的な殺人事件など）の捜査、取り締まりは、清朝行政機関の末端である州や県で雇われた、吏役と呼ばれる下役人が担当したが、徒党を組んで略奪するなどの集団暴力事件への対応は、軍事組織である緑営が担当した。また、吏役は通常、船を持っていないため、海上の事件はおもに緑営が担当した。つまり海賊事件は、緑営が担当すべき領域の事柄であった。末端の緑営が何をしていたのかがよくわかる事件があるので、紹介しよう。

一七八三年四月三十日、船戸蔡再盛が運行する船が、莆田県吉蓼澳で銀貨や魚介類製品を奪われた。蔡再盛は魚介製品の取引を行う商人李元保に雇われて、商品を運ぶ途中であった。

犯人は近隣の漁民陳琳とその仲間たちであった。彼らは深夜、蔡再盛の船に乗り込んみ、碇を外し、港の外に曳航したあと、船室内に侵入した。驚いた蔡再盛たちは船倉に逃げ込んだ。悠然と魚介製品や番銀などを獲得した陳琳らは自船に戻り、獲物を分配した。

五月一日、蔡再盛は、船が岸に流れ着くとすぐさま湄州汛に通報した。担当となったのは哨船外委（パトロール船の管理を行う下級士官）の呉漢生であった。呉漢生は翌日から近隣の漁村蕭厝郷を捜査したが、何も手がかりはない。その後、蕭厝郷在住の知り合いの蕭起娘を訪ね、捜査の手助けを頼んだ。この蕭起娘（おそらく女性）は、じつは陳琳とともに蔡再盛の船に乗り込んだ一味であった。

暗くなったため、蕭起娘は呉漢生が神廟に泊まれるよう手配し、食事を用意してくれた。食事のさなか、蕭起娘は話した。「蕭厝郷の人びとはおとなしく暮らしています。先月三十日以降、海に出た者もいません。余計なことには関わらないほうがよろしいのではないですか」。この話を聞いた呉漢生はピンときた。次の日、呉漢生は「誰が犯人かわかったらしいぞ」と蕭起娘を脅した。呉漢生はカマをかけたのである。蕭起娘はあっさり観念した。そして陳琳らとともに強奪を行ったことを告白し、呉漢生に何とかしてくれるように頼んだ。海賊行為は、捕まれば死罪である。

呉漢生は強請（ゆすり）でひと儲けしようと思いついた。呉漢生は蕭起娘に対し、一人銀元一五枚を支払うなら、被害者に示談にするよう頼んでやる、と告げた。蕭起娘はこれに応じ、船を雇って呉漢生らを哨船のところまで送り届けた。呉漢生は李元保のもとを訪れ、件（くだん）の海賊が誰かが判明したので示談にするよう告げた。李元保は官に通報しては時間も経費もかかるし、奪われたものがすぐに返ってくればよい、と考え、銀元六九枚を賠償金として受け取ることで手を打つことにした。つまり、蕭起娘らが五人以上を集めて、それぞれ銀元一五枚を持ってくれば、呉漢生には何もしないで差額が入ってくることになる。呉漢生は調子にのって宴席を張って自分を接待するよう要求した。李元保はそれに従い、八日に呉漢生を招待して宴席を張った。

十一日、呉漢生が蕭起娘に賠償金の催促に出向いたところ、蕭起娘は、仲間に先日の通り告げたら、みなどうしようもないので逃げ去ってしまった、と言う。銀元一五枚は大金であった。漁民が数日で用意できるような金額ではない。これを聞いた呉漢生は目論見（もくろみ）が失敗したことに気づいた。かくなるうえは自分が責を被らないよう、事件そのものを隠蔽するしかない。上司への報告書は日付けをごまかして作成し、何もなかったことにした。

李元保は、接待までしたのに貨物がまったく返ってくる気配がないことにしびれを切らし、現地の澳保（地域身元保証グループ澳甲の管理者。後述）を通じて、莆田県に被害届を提出した。県の調査により呉漢生の行状が明らかとなり、その後、陳琳や蕭起娘も逮捕、すべて処刑され、事件は落着した。

このように、緑営兵士は警察権力を有し、地域に入り込んでいた。捜査を行い、加害者、被害者を集め示談に持ち込むこともできた。一七八三年に蔡再盛の事件が起きたころには、最後には海賊を逮捕することもできた。しかし、その後、緑営は急速にそのような力を失ってゆく。

②緑営兵の不足

一七八八年、福建中部閩江河口の浦口、東岱という二つの汛に設置されていた大砲が盗まれた。犯人は周辺住民で、彼らは盗み出した大砲を海賊へ売り渡したのだという。周辺住民が大砲を盗み出すのは簡単だった。そもそも守備兵がいなかったのである。

守備兵がいない、つまり、緑営兵士の頭数が不足していた理由は二つあった。一つは、一七八六年に台湾で発生した林爽文反乱（第二章、第四章参照）である。この反乱の鎮圧のため、清朝はまず福建各地の緑営兵を動員した。福建各地に駐留している緑営兵が次々に台湾へ送り込まれると、福建では緑営兵が不足することとなった。台湾へ送り込まれたのは、最大で定員の四割程度であり、福建省当局では兵士一万名を新規に募集しなければならなかった。

もう一つの理由は、緑営兵士の給与の減少である。右の事件では、一部の守備兵は自分から銭三〇〇文を毎月支払って、ほかの仕事をしていた。つまり、緑営兵士としての給与を一部返納してでも、ほかの仕事をするだけの理由があったのである。では、その理由とは何か。

十八世紀を通じて、米穀、生糸を初め、ほとんどの物価は上昇傾向を示した。とくに銀建ての物価は、十七世紀末から十八世紀末までに倍に上昇した、という試算もある。これに対し、緑営兵士の給与水準は、一七二〇年代以来、ほとんど変わっていなかった。このことは、緑営兵士の給与水準が物価上昇に対応しておらず、実質収入は目減りしたことを示している。前述の試算に従えば、緑営兵士の収入は、十八世紀末までに半分に減少したことになるだろう。その一方で、民間における賃金は、物価水準と同様、ある程度上昇傾向にあった。

そもそも清朝における給与水準は、設定された一七二〇年代においてさえ、官僚から兵士に至るまで、けっして高いとはいえなかった。給与水準が低いと、汚職や不正、職務怠慢が蔓延する。そうでもしないと食べてゆけないからである。この状況に対し、前述のように、一七三〇年代までに、雍正帝は養廉銀という項目を設けて給与水準を引き上げ、不正の抑制を図り、それなりの効果を得た。しかし、十八世紀を通じて清朝域内ではマイルドインフレが続き、物価が上昇したため、清朝官僚、兵士の給与は相対的に減少し続けた。

加えて、給与支払い手段が実質収入を押し下げた。清朝経済で利用される貨幣は、額面の大きな取引に用いられる銀両と、小口決済手段である銅銭の二つに分かれていた。多く地方の緑営兵士の給与

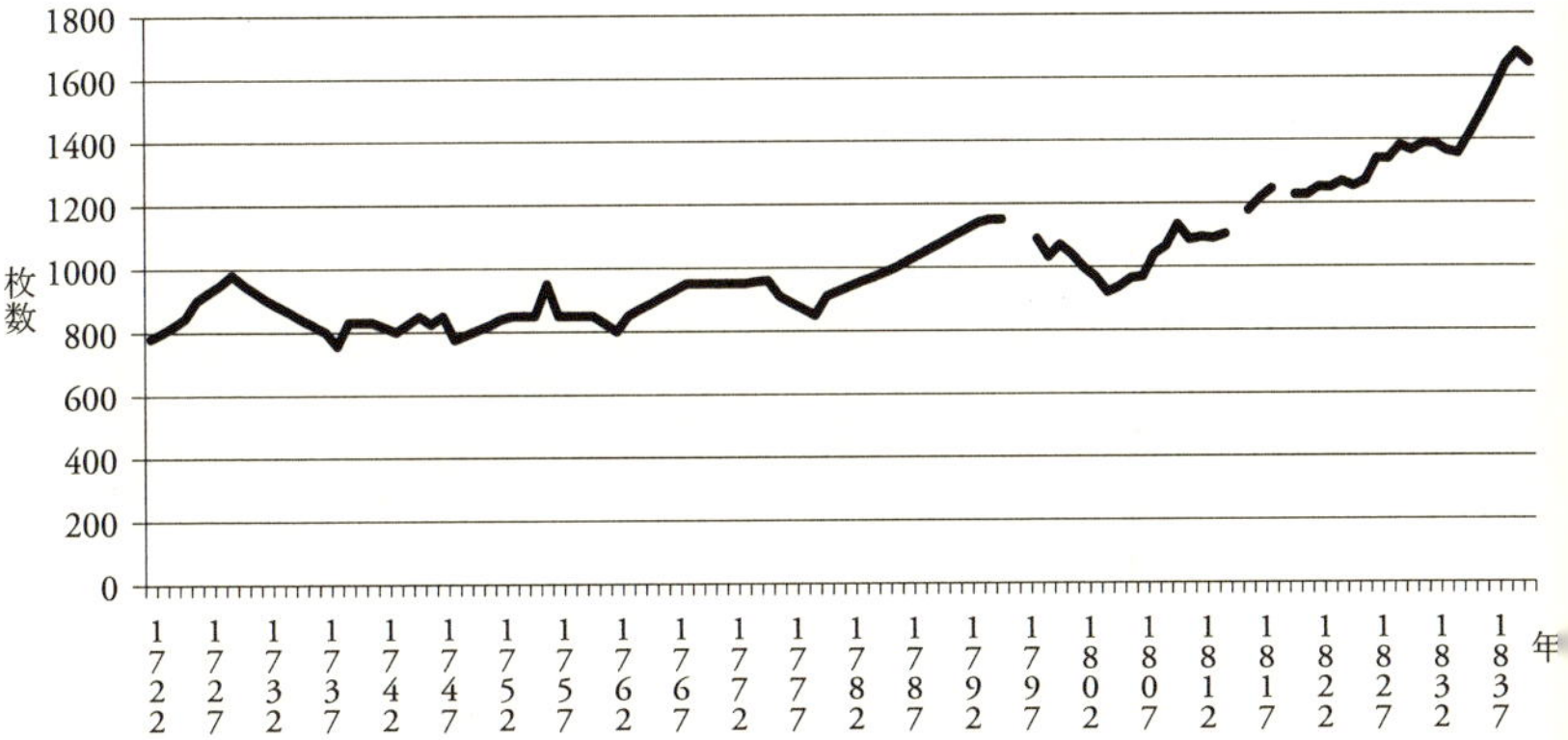

銀1両に必要な銅銭の枚数を示した。数値が増えるほど、銅銭の価値が下がっていることを示している。データは北京付近のものだが、全国的な推移もおおむねこのような形であったと考えられている。出典：林満紅『銀線』

図 5–2　銅銭の価値

は、銀一両＝銅銭一〇〇〇文で換算されて、銅銭で支払われていた。これは、市場交換レートが銀一両＝銅銭一〇〇〇文以下である場合は、銅銭で支払われる実質的な給与は少し高くなることを意味している。十八世紀の北京付近の市場交換レートはおおむね銀一両＝九〇〇文前後であったので、一割程度は得していたのだが、一七八〇年代後半から銀高傾向に転じ、一七九四年には銀一両＝一一五〇文まで上昇している。たとえば、銀安のピークである一七六二年の一両＝八〇〇文と比べるならば、一七九四年の給与は、銀建てに換算すると三割以上目減りしていたことになる（図5－2）。

それに、福建や広東の沿岸部では、緑営兵士が動員されるような事件はそれほど多くなかった。清朝の治安維持は、知県などの行政機関が現地採用する吏役などの下役人が担当し、集団で横行する強盗集団などが発生した場合だけ緑営兵士が出張ってゆくことになっていたのだが、海賊問題発生以前は、そのような暴力集団は存在しなかった。

平和ならば兵士がいてもいなくてもかまわない。自分がいてもいなくてもわかりはしない。そもそも給料だけでは生活は苦しいのだから、少しならお金を払って上司に見逃してもらい、副業に励んだほうがよい。自分の給料も目減りしている上司としても、部下の給料を回収すれば、何とか生活もしてゆけるだろう。一七八〇年代後半の緑営兵士不足の裏には、このような経済的な理由があった。

清朝史を論じる際、しばしば一七八〇年代、九〇年代における清朝各層の腐敗が指摘されるが、ここで進行していたのは、政権担当者や役人の怠慢や慢心などといった心性の問題ではない。先述の原額主義とも相まって、予算規模から使い道まで、清朝財政には弾力性が決定的に欠けていた。一銭も懐に入れなかったとしても、予算の使い道をひそかに変更することすら重大な不正とされた。その結果、清朝の統治構造が市場変動についてゆけなくなっていた。緑営兵もまた、統治構造と市場変動のギャップのなかで消滅しつつあったのである。そこにあったのは、財政と市場の問題だった。断じて心性の問題ではない。

（2）地方当局が主導する沿海住民の自衛

清朝の治安維持のための財源は、日を追うごとに縮小していった。その結果、いたはずの緑営兵士が消え、治安維持機能は弱体化した。海賊の横行はその結果であり、沿海住民が襲われても誰も助けにくる者はいなかった。当然の帰結として、沿海住民に自衛させることになる。

自衛といっても、沿海住民に勝手に武装を許すわけにはゆかない。そもそも民間での火器利用は許されていなかったし、武器を集めることは摘発の対象か、あるいは現地の官憲の格好の強請の種となった。ならば、沿海住民の自衛は清朝地方当局との協力の下に行えばよい。沿海住民の自衛の監督、保護は、清朝地方当局にとって、支出なしで治安を安定させる方策であり、同時に海賊を生み出す沿海社会に対する管理強化も達成できるかのように見えたからである。

とはいえ、最初から地域住民の自衛に頼り切りであったわけでもない。たとい当局の監督下であったとしても、民間に自衛のための武装を許せば、将来的に地域の治安を揺るがしかねなかった。

一七九〇年代に安南海賊が侵入し、同時に地元の海賊の活動が活発化したとき、清朝当局者はまず地元の海賊の活動を抑え込もうとした。そのときに清朝当局者が行ったのが、一つは沿海島嶼を封鎖して立ち入り禁止とする措置（「封禁」）であり、もう一つは保甲制の強化であった。民間に自衛させる前の、清朝当局のあがきを見ておくことにしよう。

①封禁——島嶼の封鎖

封禁は一七九三年に始まった。当時の浙江巡撫吉慶は、海賊の巣窟となっている浙江南部島嶼の無人化を目的に、浙江省島嶼部の封禁についての予備調査を始めた。一七九五年の吉慶の報告によれば、浙江省管轄下には五六一の島嶼が存在し、そのうち、四一四島は無人島であるという。そして、人が住む島嶼の一部に対して、大陸側への移住が呼びかけられた。つまり、空島政策をとったのである。

吉慶が両広総督へ異動して広東での海賊対策に当たるようになった（第一章参照）のち、あらたに浙江巡撫に任命された玉徳は、とくに大陳山という島を対象に封禁を行おうとした。大陳山は現在では、上大陳島と呼ばれている。上大陳山の四キロ南には鳳尾山、現在では下大陳島と呼ばれる島があり、この二つの島を中心として台州列島と呼ばれる小さな島嶼群を形成している。

一七九七年に提出された玉徳の提案書には、当時の大陳山をめぐる状況が詳しく書かれていた。玉徳によれば、大陳山には、以前から福建人が住み着いて、麦やサツマイモ、雑穀などを栽培して暮らしていた。彼らはもちろん許可も届け出もなく勝手に住み着いていたわけだが、そのことはとくに問題ではなかった。問題は、近年、海賊船が福建や広東から侵入すると、言葉が通じる大陳山の住民に近づき、略奪品の処分や食料調達のために利用するようになったことである。海賊が利用する島に、海賊に協力してひと山当てようとする者が集まってくるのは当然であった。

このような現状に対する玉徳の提案は、島の人間をすべて内陸に移す、というものであった。ただ捕まえてきても仕方がないし、生業もなければ早晩ごろつきに戻るに決まっている。玉徳は、島民が暮らす住居を解体しその材料を売って、生活の足しにすればよい、とした。

玉徳は、こうして島民をすべて捕えて、内陸に移した。あばら家を壊して出てきた木材を売ったところで、元島民に与えられる路銀などたかが知れている。結局のところ、この措置は強制移住にほかならなかった。

では、空いた島はどうするのか。玉徳は放置して問題ないと言う。大陳山では米は作れないし、兵隊を置くと食料を運び込まねばならず、むしろ海賊に食料が横流しされる、と指摘する。海賊に協力する大陳山の住民を追い出したあとは、とくに何もしない、と言うのである。

玉徳は、住民を追い出し、そのまま放棄するというこの措置を、大陳山の南側の鳳尾山にも適用した。その結果、のべ数百名が、大陳山、鳳尾山から内陸へ移住させられ、その後も、台州列島への移住は禁じられた。しかし、移住を禁じても、そこには誰も監視する者がいなかった。この後も当該海域では海賊の活動が続いており、効果はほとんどなかった。特定の島への立ち入り禁止は、実行できれば海賊対策に効果があったかもしれないが、そもそも警備に当たる兵士を置かないで立入禁止を貫徹できるはずもない。兵士を置かないのは、もちろんその必要がないからではない。兵士を置くだけのコストを負担できないからである。その後、大陳山とその向かいの鳳尾山はむしろ、海賊の巣窟として有名になった。

②保甲——地域住民連帯責任システム

海賊の根拠地をつぶすことができなければ、海賊になる人が出ないようにすればいい。じつはこのような思考は、山賊が出たり、あるいは暴動や反乱が起こった際の対応として、清朝では一般的なものであった。そこで利用されたのが保甲制である。

保甲とは、もともとは北宋（九六〇—一一二七）の王安石（おうあんせき）が考案した保甲法に始まるもので、民間への警察権力委託のような性格を持つ政策であった。清朝はこの保甲法を念頭に、十八世紀前半に、住民の相互監視と犯罪発生時に連帯責任を問う治安維持システムを設けた。具体的には、「一〇世帯で一牌、一〇牌で一甲、一〇甲で一保として、それぞれ牌頭、甲長、保長が治安維持や軽微なトラブルの仲裁などを行う」というものであった。沿岸では、港ごとに同様の制度が敷かれ、「一〇世帯で一牌、一〇牌で一甲、一〇甲で（あるいは港湾、島ごとに）一澳」が置かれ、牌、甲、澳内から犯罪者が出た場合、メンバーが連座することになっていた。このシステムは住民が基本的には引っ越さないことを前提としており、十八世紀後半になると人口増や移住の増加により形骸化した。

　十八世紀末から十九世紀初頭の沿海地域の当局者は、この保甲制に目をつけ、保甲を編成し直して、住民を把握し、同時に連帯責任を負わせることで海賊に身を投じる人間を減らそうと試みたのである。

　浙江では前出の浙江巡撫吉慶が一七九三年から、福建でも一七九九年ごろまでには保甲、澳甲制度を実施した。海賊を輩出したら連座させられるが、犯罪者を突き出したら免罪とする、などとしており、管理強化を通じて漁民と海賊とのつながりを断つことを目的としたものであった。保甲、澳甲制度による住民管理は、浙江、福建のみならず各地で行われ、それなりの効果を上げた。たとえば、貿易のために福建から移り住んできた人びとが海賊を働いていた遼東奉天府錦州沖の島々では、一七九〇年から保甲制度が敷かれ、住民管理が強化されるとともに、海賊行為が激減した。錦州の福建系住民の数は、保甲制度開始から四〇年後の一八三〇年においても、しっかりと把握されていたことが確認できる。対象となる人数が少なく、人間と帳簿の管理ができる場合には、それなりの意味があったようである。

このような保甲、澳甲制度では、たしかに地元の不逞の輩の活動をある程度抑えられたかもしれないが、遠くから来る海賊の襲撃から沿海住民を守ることはできなかった。保甲は、それだけではそれぞれの地域の住民を管理するシステムに過ぎず、防衛手段ではなかったからである。

封禁や保甲を行っても、結局、海賊活動はさらに活発化した。清朝地方当局はあらたな方策を考えねばならなくなった。それが、団練を通じた沿海住民自身による自衛の奨励だった。

③団練――地域自衛組織の整備

ケース①：浙江

一八〇〇年初頭に浙江巡撫として着任した阮元は、冒頭に引いた事例のように財源確保に奔走するのと並行して、浙江当局の成員や、現地有力者と協力し、保甲、澳甲制を利用した住民の自衛組織の確立を模索した。たとえば浙江では、以下のような取り決めを制定している。

一、沿海の州や県の集落で募った民兵に鳥鎗（銃）の利用の訓練を行わせる。
二、沿海の村落や港の住民を保甲、澳甲に編入する。この経費は官（浙江当局）が負担する。
三、村落や港湾ごとに成年男性を集め、団練を組織する。年長の紳士から賢者を選び、長とする。警鐘を設置する。応じない者は首枷をして晒し者にする。
四、知府、知県、営汛を束ねる武官には、優秀な者を選ぶ。下役人の横暴を取り締まらず民を害する者は処分する。

五、地元の雑官数十名を集め、目立たないよう私服で港湾の見回りをする。郷勇を率い、つねに印鑑を携行する。

(『雕菰集』巻一九、「神風蕩寇記」)

それぞれの項目について説明を加えておこう。

第一項は、民間人に銃を渡して、自衛のためにその利用方法を習熟させる、というものである。民間で所持が表向きには禁じられていた火器の使用を、浙江当局の監督下に限っては緩和したことを示している。当時、実際には小火器はそれなりに流通していたので、合法化といってもよいかもしれない。

第二項は、それまで放置されていた沿海部の村落や港湾の調査を行い、相互監視組織である保甲、澳甲を敷く、というものである。ここでは、浙江当局が調査費用や帳簿管理などの経費をすべて負担することが明言されている。ほかの地域（とくに後述の広東）では、調査から帳簿管理までが村落有力者に丸投げされていたのに対し、浙江では経費を官が負担し、管理強化を積極的に行う姿勢が表れている。

第三項では、村落や港湾ごとに男性を集めて「団練」を組織する、とある。「団練」とは村落などが自衛のために召募した民兵のことで、清朝官憲の呼びかけで結成されたものである。その長に「優秀な者」を選ぶというのは、長の任命権は清朝の当局者にあることを意味している。

第四項は、人事の刷新を意味している。ただし知府、知県の任命権は中央の吏部と皇帝にあるため、地方当局には推薦権しかなく、どの程度実効があったかは不明である。巡撫阮元の心構えを示しているのであろう。

第五項は、具体的な警備の方法について決めたものである。「雑官」とは地方当局が現地で雇い入れた岡っ引きのような民間人で、彼らが取り締まりのときの制服を着用せず、私服で港湾の警備に当たる、としている。彼らは、私服ではあるが身分を証明する印鑑を携帯し、怪しい者を拘束する権限が与えられていた。加えて地方当局が率いたのが、「郷勇」と呼ばれた、緑営を補助する民間武装人員である。「団練」が地域防衛を目的とする民兵であるのに対し、「郷勇」は官軍とともに反乱の鎮圧など作戦行動に参加する傭兵（給料は官僚や商人、民間人からの寄付で賄われた）であった。つまり、海賊に対する防衛も掃蕩作戦も、緑営兵を中心とする官軍だけではなく、団練、郷勇などの民間の兵力を利用した、ということになる。

阮元が策定した海賊対策の基本方針は、浙江当局が海賊対策として沿海住民の管理強化を行い、それに現地住民が協力するように促すものであった。経費は、浙江省内の官吏や商人からの寄付金によるものとはいえ、浙江当局が多くを負担することが明言され、また、細かい取り締まりに際しても、浙江当局と関係を保ち、協力して行動するように設計されていた。

このようにして整備された自衛組織は、しばしば海賊を撃退した。たとえば浙江中部寧波府象山県には、海賊来襲を知らされた沿岸の住民が城郭がある街を目指して逃げ出し、郷勇や団練などの民兵が代わって出撃、海賊を撃退した、という記録がある。

浙江では、一八〇〇年以降、海賊が上陸して沿岸集落を襲うことが減ってゆく。これは、第三章で見たように、海賊集団が、航行する船の通行料による収入に依存するようになってゆくためだが、一方で浙江では、沿岸集落の自衛体制がうまくいったことを示しているともいえる。浙江巡撫阮元の海賊対策は、自衛体制の確立という点では成功していた。

ケース②：広東

広東省でも団練の組織が議論されたが、なかなか実現しなかった。一八〇三年に両広総督倭什布（ウェシブ）が団練組織について提案した際には、経費を官が負担するのは難しいし、民間の武器所有制限を緩和するのは危険であるとして、清朝中枢の大学士などの反対を受け頓挫した。ところが一八〇四年末、両広総督が那彦成（ナヤンチェン。第三章注7参照）に替わると、急転直下、団練の設置が認められる。

那彦成の祖父阿桂（アグイ）[*3]は一七六〇年代以来、長く内閣大学士や筆頭軍機大臣を務めた実力者であった。父を早くに亡くしたが、那彦成は一七八九年、二五歳で科挙に合格し、エリートコースの入り口である翰林院庶吉士に任命された。阿桂は嘉慶帝の皇子時代の教育係の一人でもあり、その孫である少壮の那彦成は、同世代である嘉慶帝のお気に入りでもあった。那彦成は、乾隆帝が亡くなってすぐ、嘉慶帝が時の権臣和珅を逮捕したとき（序章参照）にも活躍し、直後には軍機処での職務も経験している。嘉慶帝初め清朝中枢のメンバーにとっても、那彦成は若き希望の星であった（ちなみに、同い年のもう一人の若手のスター候補が阮元であった）。その那彦成の提案に清朝中枢も反対しなかった。那彦成は一八〇四年秋の四川（しせん）や陝西（せんせい）での白蓮教（びゃくれんきょう）反乱の残党鎮圧でも、保甲と団練を駆使して功績を挙げたことがあったので、受け入れられやすかったのかもしれない。

那彦成は、両広総督として広州に着任すると、ブレーンとして連れてきた厳如熤（げんじょいく）*4とともに、保甲と団練を同時に組織してゆく方策を練った。基本的な方策は浙江と同様で、まず沿岸村落の管理強化を行い、民間の武器所有を認め、自衛を行わせる、というものであった。

ただ、浙江と異なるのは財源である。当初、那彦成の計画では、団練の組織に必要な経費は、一部を府や省の財政から捻出する、としていた。しかし実際の支出はほとんど行われず、結局、ほとんど

---

*3　**阿桂**　一七一七―九七。章佳（ジャンギャ）氏。もとは満洲正藍旗に所属していたが、のちに新疆の回部平定の功績を認められ、皇帝直属の満洲正白旗（せいはくき）に変わった。父は大学士阿克敦（アクドゥン）。一七三八年の挙人で、一七五〇年代の対ジューン・ガル戦争で司令官として活躍した。その後は対ビルマ戦争、金川（きんせん）反乱、西北での反乱鎮圧などで軍を率いた。一七八〇年代に北京へ戻ってからは、乾隆帝の側近として筆頭軍機大臣を務めた。

*4　**厳如熤**　一七五九―一八二六。湖南省漵浦（じょほ）県出身。一八〇〇年、孝廉方正科（科挙とは別に行われる礼部主催の任用試験）の試験に際して提出した「平定川楚陝（せんそせん）三省方略策」が嘉慶帝とその周辺に高く評価され、請われて両広総督として赴任する那彦成の幕下で働くことになった。厳如熤は広東で『洋防輯要（しゅうよう）』など海防に関わる著作を執筆した。

の経費は団練を組織する村落に負担させた。広東当局からは使っていない砲台から大砲を貸し出すのが関の山で、火器の整備に関しても各村落の有力者にそのまま丸投げした。広東当局は、地元の村落に対し砦の建築と武装を奨励するのみで、財政的な補助はほとんどしなかったし、巡邏に際しても、広東当局の下級役人と協力させるというようなこともしなかった。

那彦成は、みずからも参加した白蓮教反乱の鎮圧が成功に終わったことから、中央からの財政支援があるものと考えており、財源については楽観的であった。しかし広東の場合、すでに一七九〇年代以前から商人に寄付を何度も要求しており、一八〇〇年代に入ったころには、見返りなしにあらたな寄付を求めるのは難しくなっていた。広東省では、海賊対策に年間一〇万両を必要としたが、官僚から養廉銀の一部を寄付として天引きしても、二、三万両程度にしかならなかった。結局、那彦成はどうしても必要な分については、官職と引き換えに寄付を募ることで工面するほかなかった。要するに、売官によらねば財源が確保できなかったのである。このほかに、各地の大砲の修繕に二万両余が必要で、一部は吉慶が数年かけて商人から集めた寄付金を利用したが、不足分は付加税を徴収して工面した。このように広東当局の財政は厳しかった。そのうえ、白蓮教反乱の鎮圧終了後も中央からの財政支援はなかった。その結果が、民間への自衛の丸投げであった。しかし、それでも海賊対策はそれなりの効果を上げた。

自衛組織の整備と並行して行われた海賊取り締まりが厳しくなると、広東の海賊集団は平和裏に物資を調達できなくなり、物資を求めて沿海集落を頻繁に襲撃するようになった。このときに沿海集落を守るために戦ったのが、各村落の団練であった。一八〇九年ごろのことである。那彦成本人は、一八〇五年、後述の李崇玉（りすうぎょく）投降について弾劾され、広東を去ることになる。そのため那彦成は、自分の施策の結果がどのようになるのかを直接知ることはなかった。

那彦成が組織した団練は、たびたび海賊を撃退した。もちろん、海賊との戦闘に敗北し村落が焼き尽くされる場合もあったが、多くの村落が自衛に成功した。この成功経験は広東の官民さまざまな層の人びとの脳裏に強く刻まれることになる。

④団練の解散とその後

海賊集団が消滅した一八一〇年夏、早くも団練の解散が命じられる。これは、団練という民間での武装に対して、清朝が警戒を解いていなかったことを示している。同時に、団練を維持する民間の財政負担も大きかった。広東当局や浙江当局では、武器を回収し、保管を行っている。このころは、防衛の手段としても、団練の利用は非常措置であると考えられていたのである。

一八三〇年代末、アヘンをめぐるイギリスとの軋轢（あつれき）が強まり、戦争が始まろうとしていたとき、広東当局者は、団練を組織して自衛体制を構築することを再び奨励し始めた。団練や郷勇などの民兵を組織し、防衛を強化するとともに、そこに沿海の流民や漁民、労務者などを編入することで、不逞の輩を管理下に入れよう、と考えたのである。イギリスとの戦争が始まっても、団練の活躍が期待された。一八四一年五月三十日、広州城郊外の三元里（さんげんり）で団練とイギリス軍が実際に衝突する。イギリス側の被害は死者五名、負傷者は二〇名強に過ぎなかったが、広東当局も周辺住民も、他地域の地方官もこれを大勝利と信じ、大いに喧伝した。その結果、清朝領域全体で団練神話が形成される。少ない経費で効果も期待できる団練こそが、あらたな時代の社会防衛手段である、と認識された。清朝各地で団練が形成され、民間での火器武装が一般的なものとなってゆく。

民間での火器の普及と、清朝中央権力の弱体化は並行して進んだ。一八五〇年代後半、各地で起こった太平天国との戦いのなかで、清朝の軍隊の弱体化が決定的に露呈すると、地方ではみずから火器を調達し、団練や郷勇などの民兵を組織することで、自衛を図ることが一般的になっていった。同時に、清朝緑営に代わって、湖南省や安徽省の郷勇を母体とする湘軍や淮軍などが、地方当局の主導のもと組織されていった。太平天国戦争の終結後も地方当局の軍隊は解散されなかったし、民間に分散した火器も回収されなかった。十九世紀初頭の海賊問題と当時の清朝の財政難は、それ以降の民間での武装の一般化を招くことになったのである。

3　投降と武力鎮圧

清朝の地方当局は、中央からの財政支援を受けることができなかった。そのため、海賊鎮圧のための経費は地方で集めるしかなかった。浙江では新型兵船を建造したが、間もなく海賊側にも同様の船が行き渡り、結局あまり意味をなさなかった。財政難のなかでも、地方当局は沿海住民の自衛への支援を行い、地域防衛のコストを民間へ転嫁しようとした。こちらはそれなりに成功したのだが、しかし、これだけでは海賊問題を根本的に解決することはできない。海賊集団の存在そのものを排除しなければならないのである。清朝の当局者は、二つの方法を通じて海賊集団を排除しようと試みた。招撫（しょうぶ）と鎮圧である。

(1) 投降を呼びかける

招撫とは、敵対する勢力や反乱軍、反社会勢力などに対して投降を呼びかけることである。もし清朝が圧倒的な軍事力を持っていれば、海賊を武力によって鎮圧できたはずである。一七九四年までは、海賊は強盗傷害事件の延長で、時間をかければ清朝の軍事力によって叩き潰せる、と考えられていた。しかし、一七九五年以降、安南海賊が侵入し、その後は組織化した海賊集団が横行するようになると、清朝の既存の（しかもマイルドインフレによる実質賃金の低下により弱体化していた）軍事力では、対応し切れなくなった。そこで取り入れられたのが、招撫という方策であった。

招撫という方策は、歴代王朝がしばしば利用してきた反乱鎮圧の常套（じょうとう）手段であった。反乱軍側も、王朝を完全に打倒することばかりを考えているわけではない。生活が保障されれば、招撫を受けて安逸に暮らしたほうがよい。王朝側でも、それほどコストをかけずに反乱軍を消滅させることができる。実際に反乱軍の名前が官軍に替わっただけで、反乱軍による地域支配が続く、ということすらあった。序章で登場した明朝福建の鄭芝龍（ていしりょう）などはその典型である。海賊問題対策の財源がない清朝地方当局が、この方策を取ったのは自然なことであった。

①林発枝の投降

一七九五年初頭、安南海賊の突然の侵入により、広東、福建、浙江沿海では突如として治安が悪化し、第二章で見たように商業流通は壊滅的な打撃を受けた。その被害は、清朝の公式の船舶や琉球の使節にも及んだ。しかし清朝当局者には、海賊を即座に鎮圧できるような軍事力はなかった。そこで清朝の当局者が行ったのが招撫だった。投降すれば罪は許す、というビラを撒いたのである。福建当局の首班（閩浙総督）であった魁倫によれば、捕えられた海賊たちは、投降してもどうせ死刑だ、と供述していたというので、では、罪を許してやれば投降するだろう、ということになったのだという。

効果はすぐに現れた。浙江での米穀輸送船襲撃にも参加した荘麟という海賊が、投降呼びかけに応じて一七九六年四月、泉州府晋江県蚶江に投降したのである。彼は、ビラを見て投降するつもりになったが、海賊集団の首領駱什が従わなかったので、殺してきた、と供述した。この件について魁倫は以下のようにコメントを付している。

> 荘麟はかつて洋上で官米を奪い何度も掠奪を行った、重刑に処すべき盗賊でありますが、改悛して首領を殺害し、仲間や船舶、武器を携え、自首してまいりました。許してやってもよいように思います。生を好み死を憎むのは誰しも同じです。海賊のなかにも、悔やみながらも投降を願

う、荘麟のような者がおります。ただ、官に投降すると罪に問われて処刑されるので、疑念や恐れを懐いているのです。もし、荘麟を許せば、噂を聞きつけ、踵を接して投降してくるでしょう。そうすれば、海賊集団は崩壊し、その勢力は日に日に小さくなり、官兵が取り締まるのも容易になります。また、海賊内部でも、荘麟らが首領を殺して投降し金品を得たと知れば、それぞれに猜疑の念を懐き、殺し合いを始めるでしょう。また、荘麟は洋上で活動することが長く、林発枝や獺窟舵など著名な海賊の首領をみな知っており、海上で取り締まりに当たる官兵に帯同させ、海賊が出没するところや食料を受け取るところなどを探らせることもできます。このため、臣等は取り調べの後、荘麟ら一五名に銀牌と酒食を与え、盗首を殺して投降しようと言い出した荘麟には、額外外委（最下級士官。従九品）の職位を与えることといたしました。

（『宮中檔嘉慶朝奏摺』第一輯、魁倫・姚棻、嘉慶元年四月初四日）

この荘麟の投降は、これ以降の海賊への投降呼びかけと、投降受け入れのモデルケースとなった。とくに荘麟のように、投降を肯じない盗首を殺害することがポイントとなっている。盗首を殺害すれば免罪となるばかりか、下級武官の職位が与えられたのである。

荘麟に続いて、著名な盗首の一人獺窟舵（本名張表）も投降してきた。配下二一六名、船隻一二隻を率いて泉州府に至った獺窟舵もまた、すぐに額外外委を授けられている。獺窟舵とほぼ同時期に投降してきた楊淡は当初、獺窟舵の部下とされ、何も支給されなかったが、再調査の末、七月に千総（正六品）に任命されている。紀培（きばい）という海賊も投降し、同様に千総の位を与えられた。北京の清朝中枢は、続々と海賊が投降してくることを喜び、獺窟舵には守備（正五品）の職を与えるのがよい（最終的には千総を授与）と大盤振る舞いをした。そして、寛容な態度をとっていれば当時、もっとも著名であるとされていた海賊集団の首領林発枝も投降してくるはずだ、と皮算用をした。実際に林発枝の仲間であるとされた紀培も、安南海賊を撃破したうえで投降してきたのである。このとき投降した海賊は、希望者は緑営に編入され、兵士となった。

しかし、この年（一七九六）の秋になると、海賊への投降呼びかけ政策はだんだんと問題視されるようになった。まず、緑営に編入された元海賊の質がきわめて悪く、兵士としてあまり役に立たなかったことが指摘された。獺窟舵は緑営での職務態度がきわめて悪く、また同僚からも受け入れられなかった。元海賊の兵士が、そのまま海賊に戻ってしまう事例もあった。その結果、同年十二月には、投降呼びかけは継続するものの、投降者に武官職を授け、配下を緑営に編入することはやめるよう指示がなされている。

林発枝は、このように投降呼びかけに対する清朝の情熱が失われつつあった一七九七年九月、福建省福州に投降した。本人の供述によれば、同年六月に安南から戻って海賊を働いていたが、官兵の追跡からは逃れられないと観念して投降したのだという。投降を受け入れた閩浙総督魁倫と北京の清朝中枢は、林発枝の扱いについて悩んだ。ちょうど投降受け入れに際しての官職授与を取りやめることが決まった直後であったからである。しかし官職授与を行わず、緑営にも組み込まないとなると、逃げ出して再び海賊となるかもしれない。林発枝はこれまでに投降した海賊同様、武官の役職を要求していた。このとき清朝中枢と魁倫は、最後には、林発枝には七品（把総レベルで、獺窩舵などが受けた千総〔正六品〕よりも低い職位）相当の北京の武官職を与え、林発枝集団の成員はみな内陸の緑営で兵士として使うことにした。林発枝がこの処置をどう思ったかはわからないが、とりあえず一七九五年以来の海賊のうちもっとも著名な人物が清朝に投降し、海上から排除されたのである。

林発枝の投降を受けて、清朝各層の当局者は、海賊問題がこれで収束に向かうと、事態を楽観視した。林発枝以降の海賊集団としては、弱体化した安南海賊と、蔡牽なる木端海賊が残るのみだと思われた。実際、清朝中枢は海賊問題に対する関心を弱め、名の知られた海賊が捕まることでもなければ詳しく報告する必要はない、とまで指示している。林発枝という海賊の首領の投降によって、海賊問題は解決すると思われ、もはや投降呼びかけの必要はない、とされた。第一章で見た陳添保を初めとする一八〇二年前後の安南海賊の投降は、中央からすれば、呼びかけてもいないのに勝手に投降してきたものとして受け止められた。

しかし、これ以降、海賊問題は収束の兆しを見せず、福建、浙江海域ではむしろ、木端海賊の一人とされた蔡牽が率いる集団が強大化してゆくことになる。広東海域に、ベトナムを追い出された旧西山阮氏の華人水軍が入り込むのも、蔡牽集団の強大化と同時期のことであった。

②李崇玉の投降

嘉慶六年八月十五日中秋（西暦：一八〇一年九月二十二日）の朝、広東省中部雷州半島の付け根の呉川県の海岸に、ボロボロになった海賊船が打ち上げられているのが発見され、一四名が逮捕された。尋問の結果、彼らは前日夜半、中秋の騒ぎに乗じて隣の電白県城を襲撃しようと準備していたところで嵐に遭った、と供述した。県城を直接攻撃するというのは、これまでにはない行動であった。時あたかも安南阮光纉政権が弱体化し（第一章参照）、阮光纉政権下の水軍の一部が広東へ逃れてきた時期であった。当時の両広総督吉慶は、ここ数カ月のあいだに海賊の活動が再び活発になり始めた、と報告している。

両広総督は、一八〇二年末に吉慶が自殺したのちは、倭什布が担当した。倭什布は、吉慶が処理し切れなかった広東東部での天地会反乱の鎮圧のために任命されたのであり、海賊問題は優先順位が低いものであった。加えて、前述のように倭什布の団練組織の提案は、清朝中枢によって却下された。倭什布による天地会反乱の鎮圧にめどが立つと、海賊問題の解決のため、一八〇四年末、あらたに両広総督に任命されたのが、先ほども登場した那彦成であった。

那彦成は、団練や郷勇の組織に着手する一方で、海賊の物資供給元に目を付けた。海賊は、沿海集落から市価の数割増しから数倍の価格で物資を購入していた。そして、海賊に物資を売り渡しているのが、広東東部の天地会反乱に関与していた者と重複していることに気づいたのである。

そこで那彦成は、天地会の活動が活発な広東省東部恵州、潮州の沿海部における調査に力を入れた。調査の結果、第三章で取り上げた樟林の林泮・林五と、さらに李崇玉なる天地会関係者の存在が浮かび上がった。天地会反乱に乗じて恵州府陸豊県甲子司で「土匪」として蟠踞していた李崇玉が、海賊朱濆や総兵宝に物資を供給していた、というのである。李崇玉は捜査がみずからの身に迫ったことに感づくと、それまでに集めた数万両を携えて海上へ逃げ出し、朱濆集団に身を投じた。一八〇五年三月十三日の朝、当地を管轄する碣石鎮総兵李漢升が李崇玉の邸宅に踏み込んだときには、李崇玉はすでに逃げ去っていた。この失敗の責任を問われた李漢升は解任され、遠く新疆のウルムチへ流された。

このとき那彦成は、海賊対策には投降呼びかけを行うのが効率的であると考え、林発枝投降以来行われなくなっていた投降呼びかけ再開の許可を、嘉慶帝に申請した。同時に、海賊集団内にスパイを送り込み流言を流して、組織を内側から崩壊させようとした。

李崇玉が朱濆集団に逃げ込んだことを突き止めた那彦成は、スパイを送り込み、朱濆が李崇玉を清朝当局に売ろうとしている、という流言を流した。烏石二集団などのほかの海賊集団とも離間するように仕向けた結果、李崇玉は孤立した。那彦成はタイミングを見計らい、李崇玉の親戚を通じて投降を呼びかけた。一八〇五年十二月三十日、李崇玉は五〇〇〇石（約三六トン）の米穀を積載できる大船を手土産に、配下一一四名を率いて投降した。那彦成はみずから李崇玉の投降に立ち会い、李崇玉に笑顔を見せながら話しかけたという。那彦成は得意満面であった。李崇玉投降を知らせる上奏文では、両広総督朱珪のとき以来、一二年に及ぶ海賊問題の解決も近い、と豪語してさえいた。嘉慶帝に学問の手ほどきをし、当時は北京で老齢に鞭打って嘉慶帝を支えていた重臣朱珪もできなかったことを、自分はやり遂げようとしている、というのである。

李崇玉投降の報告は一八〇六年一月十九日に北京へ届くのだが、しかしこのとき、北京の嘉慶帝はすでに那彦成の解任を決めていた。

一月十七日、得意満面の那彦成のもとに新任の両広総督呉熊光(ごゆうこう)が、軍機大臣托津(たくしん)(トジン)[*5]とともに嘉慶帝の上諭を携えてやってきた。和珅断罪の際にともに活躍した旧知の間柄である呉熊光が宣読する上諭の内容は、那彦成にとってにわかに信じがたいものであった。

> 本日(一八〇五年十二月十二日)辰刻、広東巡撫孫玉庭(そんぎょくてい)から、海賊の投降に関する処理に問題がある、として上奏文が届いた。上奏の内容は以下の通りである。那彦成は海賊招撫に当たり、官職を与えることや、投降者一人ひとりに銀一〇両を与えることを約束している。海賊は数万人を下らないのだから、すべて招撫しようにも財源はない。また、別の海賊を殺して投降したと自供しても、それは信用できるのか。本来ならば彼ら海賊はすべて凌遅処死(りょうちしょし)(生きながら体を切り刻み、長時間の苦痛を与えたうえで死に至らしめる刑)や斬刑に処して晒し者にすべき輩であるにもかかわらず、投降すればすべての罪を不問とし、官職を与え、さらに褒美を与えるのでは、民間で「民たるは盗たるに如(し)かず(ふつうに暮らすより盗賊になったほうがましだ)」などと噂されても仕方がない。このようなやり方はよろしくない、と那彦成とたびたび議論したが、合意はできなかった、と。那

彦成の海賊招撫政策が誤っていることは明白である。

（『那文毅公奏議』巻一四、第六四葉、嘉慶十年十月二十二日上諭）

ここから嘉慶帝の那彦成への叱責が続く。そもそも最近の那彦成は、同僚である孫玉庭を蔑ろにし、三一七五名に及ぶ海賊に対する下級武官職や賞銀の付与を勝手に決めたようだ。三一七五名がちゃんと心を入れ替えて投降してきたか、ほんとうに調べたのか。審理が粗雑ならば海賊は満足するまで略奪を行い、飽きたら投降するようになるに決まっている。そもそも投降した三一七五名をどうするつもりなのか。彼らは銀一〇両を与えてもすぐに使い切るだろう。その後の彼らの生活をどうするつもりなのか。広西に送り農業に従事させるといっても、犯罪者三〇〇〇人が突然現れて、それを現地の人びとが受け入れると思うのか。スパイを使って離間させるというが、そのスパイは最近投降してきたばかりの連中であって、信用が置けるのか。海賊がほかの海賊を殺してきたと供述したとして、そのときに提出する首級は、じつはまったく関係のない哀れな一般人のものではないのか。海賊が上陸したときに取り締まりを行えばすぐに捕えられる、などという提案には笑うしかない。海賊は海上で

＊5 **托津** 一七五五―一八三五。富察氏、鑲黄旗満洲出身。一八〇五年から吏部や刑部、戸部などの要職を務めるかたわら、軍機大臣（ただし、数年は学習行走という見習いとしての立場）に任命された。一八二五年に嘉慶帝の死に際し、弾劾を受け、任を解かれるまで二〇年間、ずっと軍機大臣として政策決定に与った嘉慶年間屈指の有力者であった。

商船を襲うのだ。それを陸上から取り締まることができるのか。名将として知られた那彦成の祖父阿桂でも無理だろう。ましてや李崇玉が陸上にいるときにとり逃した不肖の孫では、無理に決まっている。

那彦成とその補佐役の広東布政使広厚（グワンヘオ）は解任され、ともに呉熊光に拘束された。広厚は那彦成に追従し、孫玉庭などほかの広東当局者を蔑ろにするばかりか、那彦成とともに日々宴席を設け、仕事もせずに観劇にうつつを抜かしていた、とされた。結局、両者とも新疆へ送られた。李崇玉は官職も銀両も取り上げられ、北京へ送られた。一八〇六年九月には処刑されている。

李崇玉を前後して、海賊黄正嵩も一四〇〇名余りを率いて投降した。ほかにもこまごまと海賊の投降が報告されている。嘉慶帝は、彼ら五〇〇〇人近い元海賊に対して投降受け入れを取り消すことはしなかったが、与える銀両は減らし、内陸各地へ分散させた。言葉も通じない地域へ送られた彼らの運命はわからない。以後、海賊への投降勧告は再び行われなくなり、海賊の投降もなくなった。

③張保仔の投降

呉熊光が両広総督を務めていた時期は、海賊対策はあまり進展しなかった。投降呼びかけが那彦成の失敗によりできなくなったからである。一八〇八年、イギリス軍がマカオに上陸するという事件（第六章参照）が発生すると、その責任を取らされた呉熊光は解任された。呉熊光の後任に任命された永保（ヨンボー）が着任直前に病死したため、後任は山東巡撫百齢（ベリン）が任命された。

百齢は一八〇四年から翌年にかけて広東巡撫を務めたが、一八〇五年、湖広総督へ転任するのとほぼ同時に那彦成から弾劾を受けた。事の起こりは、百齢が広州各地にあった班館という軽微な犯罪の被疑者などを収監しておくための施設での不正を摘発したことにあった。当時の広東省の班館は、上司の許可を得ずに、勝手に下役人が民間の家屋を借り入れて設置していたのだが、そこに収容された女性に売春を行わせ、下役人などが収入を得ていたのである。百齢は、この下役人たちを逮捕し、班館での不正を根絶した功績から湖広総督へ栄転したのだが、そのときの捜査に行き過ぎがあり、拷問の途中に被疑者を殺してしまった。弾劾に際して、家族が権勢をかさに着て不正を働いていたことも発覚した。

百齢は、一七七二年の科挙の合格者で、エリートコースの入り口であった翰林院庶吉士からキャリアをスタートさせた。当時、翰林院を管理していた阿桂は、その才能を高く評価している。弾劾を受けた百齢は湖広総督の任を解かれ、北京で閑職についたが、一八〇六年に福建汀漳龍道に任命され、その後は湖南按察使、江蘇按察使を経て、一八〇八年には山東巡撫に任命された。数年で出世コースに復帰したのである（次頁図5－3）。

広東に戻ると百齢は、まずはマカオを訪れ、イギリス軍上陸事件の後始末に当たったが、その後は海賊問題の解決に尽力する。百齢は、着任前にすでに投降呼びかけを行うことの内諾を嘉慶帝から得ており、武力掃蕩と投降呼びかけをバランスよく行うことを旨とした。さらに百齢は、海賊対策の一環として、しばしば海賊に襲われていた塩の輸送を、海運から陸運に切り替えた。商船に対しても、

図 5–3 『靖海全図』――出陣する百齢（想像図）
香港海事博物館所蔵。この絵巻は、両広総督百齢の海賊鎮圧を描写したものである。作者は不明だが、清朝宮廷絵師が製作に関与したといわれている。『靖海全図』のなかでは、清朝軍は圧倒的であるが、実際には海賊集団相手にたびたび敗北を喫していた

不要不急の出港を控えるように要請している。沿岸での取り締まりだけではなく、海運も縮小することで、海賊への物資供給を絶とうとしたのである。海賊集団を直接武力鎮圧するだけの武力は、相変わらず広東当局にはなかった。この時期、海賊集団との戦闘でも、広東の緑営水師はたびたび敗北を喫している（図5－4）。

この方策と並行して、海賊に対する投降呼びかけが行われた（以下のプロセスについては、第六章でも違う視点から取り上げる）。このとき、おもに呼びかけの対象となったのは、広州付近で活動する張保仔集団と郭婆帯（かくばたい）集団であった。両者に対し、マカオの華人を通じて働きかけていた広東当局は、一八一〇年

図 5–4 『靖海全図』——緑営と海賊集団の戦闘（想像図）

初頭には郭婆帯集団の投降を実現する。百齢は、海賊に対して寛容に過ぎたと批判された那彦成の轍（てつ）を踏まないよう、郭婆帯集団との投降交渉が妥結した段階で初めて、海賊への投降呼びかけを行っていることを中央に正式に報告した。しかも百齢の投降呼びかけは、死罪を免ずるとするものの、もちろん投降後の官職付与などについては言及していない。失敗した際の言い訳まで用意された、周到なものであった。地方当局の独断で海賊集団との交渉を行い、中央には、招撫に成功したという結論だけを提示することで、海賊対策とみずからの保身の両方を達成しようとしたのである。

張保仔集団の投降は一八一〇年四月に実現した。張保仔側では代表者として張保仔の妻で実質的なリーダーでもあった鄭一嫂（ていいっそう）が広州を訪れ、百齢と直接交渉を行い、張保仔への官職付与とその後の広州城内での在住許可も引き出している。

郭婆帯集団は六〇〇〇人余り、張保仔集団は一万四〇〇〇人余りを率いていた。百齢は、投降者のなかから戦闘に参加できる壮年の男性のみを選び出し、それぞれ郭婆帯と張保仔に率いさせ、広東緑営水師とともに、雷州半島付近に投入した。雷州半島には最後の海賊集団烏石二(うせきじ)集団が蟠踞(ばんきょ)していたからである。

④張阿治(ちょうあち)の投降

張保仔の投降によって広東省では海賊問題の解決が近づいた。他の地域ではどうだったのだろうか。福建、浙江では、林発枝投降後、蔡牽と朱濆(しゅふん)、張阿治が率いる海賊集団が活動しており、彼らに対する投降呼びかけが行われていたが、広東ほど積極的ではなかった。

蔡牽の投降がまったく非現実的だったわけではない。一八〇三年二月、定海沖で浙江水師が蔡牽集団を撃破した際には、蔡牽は閩浙総督玉徳に対し投降交渉を持ちかけた、とされている。しかし、一八〇五年ごろ蔡牽と朱濆が相次いで王号を称すると、投降呼びかけは不可能となった。王号の自称は清朝に対する明確な反逆であり、どのように論理を弄しても免罪することができなかったからである。結局、蔡牽集団と朱濆集団は前述のように、浙江当局が武力で抑え込むしかなかった。

一方、王号を僭称することのなかった張阿治集団には、投降呼びかけが有効であった。一八〇八年、蔡牽集団や朱濆集団の弱体化が明らかになるなか、浙江当局は、おもに浙江中部で活動する張阿治集団の解体に着手した。それまでに収集した情報から判明した、張阿治の故郷の母と弟を利用しようとしたのである。

張阿治は、福建省泉州府恵安県出身であったが、浙江で海賊集団の首領として長く活動していた。福建や浙江では、海賊集団の首領の正体が判明すると、その故郷の調査が行われた。林発枝の故郷も調査が行われ、林発枝の養父李世彩が拘束され、林発枝への投降呼びかけに利用されたし、蔡牽の故郷、泉州府同安県でも調査が行われ、蔡氏一族の墳墓が破壊されたりした。林発枝のように故郷を出奔した者は、故郷に家族がそのまま暮らしていたし、蔡牽のように一族郎党みなで海賊に身を投じることもあった。張阿治は前者で、故郷には年老いた母と弟が暮らしていることが判明したため、浙江当局は福建当局に通知して両者を拘束した。そして、張阿治に対し、投降を迫ったのである。

一八〇八年十二月、張阿治は母と弟が拘束されている福州五虎門に姿を現し、配下三七八名、下働きに使っていた九八名とともに投降した。下働きに使われていた人びとと老人、病人は故郷へ帰され、残りの配下二〇八名は福建水師の各営に兵士として配属された。張阿治には武官の地位は与えられなかったが、免罪のうえ、海賊鎮圧に当たる兵士として採用された。母親と弟も釈放されている。

一八〇九年秋に蔡牽が死亡し、直後に朱濆も死亡すると、翌年までに旧蔡牽集団と旧朱濆集団は、それぞれ福建当局の下に投降した（第七章参照）。こうして、海賊問題の主因たる海賊集団は、最終的には海賊集団自体が清朝当局へ投降することによって排除された。海賊問題は海賊の投降によって解決をみたのである。では、投降呼びかけのみが有効であったのだろうか。弱体化しつつあった清朝の軍事力は、それほど意味がなかったのだろうか。本章の最後に、清朝による海賊鎮圧作戦を見てみることにしよう。

（2）武力で叩き潰す？

海賊を武力で鎮圧する捷径（しょうけい）は、根拠地を破壊することである。清朝も、海賊の根拠地に対する攻撃をしばしば行った。先に見たように封禁という方法をとる場合もあったが、もっと直接的に海賊が暮らす集落を焼き尽くすほうが容易であるだろう。しかし、根拠地を直接攻撃しても成功を収めることはあまりなかった。

海賊の根拠地として知られていたのは、一つは蔡牽の根拠地である福建省福寧（ふくねい）府霞浦（かほ）県の水澳（すいおう）である。一八〇六年、台湾で浙江水師に打ち破られた蔡牽集団は、ボロボロになって水澳にたどり着くと装備を一新し、再び海賊活動に勤（いそ）しんだという。嘉慶帝はこの報告を聞き、激怒して水澳を管轄する文武官をすべて解任してしまう。しかし、水澳を攻略することはしなかった。先述の通り、浙江や福建では李長庚を中心とした水師を組織して海賊鎮圧に当たっていたが、彼らは海賊集団そのものをターゲットとした作戦を行っており、それ以外に根拠地を攻略するような部隊を編成する余裕はなかったからである。

張保仔の根拠地として知られていた広東省広州府新安（しんあん）県赤立角（せきりつかく）（現在の香港特別行政区ランタオ島）には、

図 5–5　『靖海全図』——海賊の根拠地破壊（想像図）

一八〇九年夏に清朝広東水師が攻撃を加えたが、撃退された。そもそも軍事力が優越していなかった以上、攻撃して根拠地を破壊することが難しいことは明白であった。

一八〇五年九月には、雷州半島の付け根、高州府呉川県の広州湾（湾のなかに「広州湾」という村があったところからその名がある。珠江河口付近、広東省の省都が置かれた広州とは関係ない）の海賊鄭一、東海覇の根拠地に対して攻撃が行われた（図5―5）。ちょうど鄭一集団の主力部隊が不在であったため、戦闘は清朝側の優勢のうちに進んだ。九月五日、左翼鎮総兵林国良率いる広東雷州水師が広州湾に現れると、湾内から海賊船が出現し、砲撃戦が始まった。海賊船を撃破した雷州水師は上陸して、沿岸の建物や船舶をすべて焼き払い、戦闘に際しては、鄭一の弟鄭三を殺害し、鄭氏一族の海賊鄭能発の母親を捕えた。しかし、鄭能発の母親は、直後に海賊によって奪還されている。清朝緑営水師は、海賊に対して優位を確保することはできなかった。

これに対して、最後の大規模海賊集団であった烏石二集団との戦闘においては、清朝側は一方的に彼らの根拠地を攻撃することができた。というのも、烏石二集団の攻撃を開始する直前に、広州付近の海賊集団を水師に編入しており、あらたな海軍力を手に入れていたからである。

一八一〇年五月、先に投降した海賊張保仔、郭婆帯を含む広東緑営水師が両広総督百齢に率いられ、雷州半島の根元高州府の沖に現れた。じつは以前から烏石二とは投降交渉が行われていたが、妥結をみなかったため、清朝側は広州付近の海賊の投降受け入れを契機に軍事作戦に踏み切ったのである。

高州府沖で広東水師に敗れた烏石二は、南下して海南島方面へ逃げたが、海南島の儋州沖で広東水師に捕捉された。六月十四日の昼過ぎまでに、三〇隻いた烏石二の船団は十余隻にまで減っていたが、そのなかに一隻、船体下部を白く塗った奮闘する船がいた。それを烏石二の居船であると知っていた張保仔は、その船に乗り移り、烏石二を取り押さえた。実際に広東水師に付き添っていた恵潮嘉道温承志の記録によれば、張保仔は、烏石二と切り結びながら、「何度も投降するよう勧めたのに、なぜ話を聞かなかったのだ」とどなりつけた。それを聞いた烏石二は、観念し刀を捨てたという。烏石二はそのまま捕縛された。烏石二を捕えた広東水師は雷州府に入り、雷州半島付近で活動していた東海覇の投降を受け入れた。烏石二集団の中核を担っていたとされた一二六名が、雷州府の港湾において処刑された。東海覇こと呉知青は故郷へ送り返された。このとき、安南阮光纉政権崩壊後、一〇年にわたって広東沿海を横行していた海賊集団はついに消滅した。このようにして清朝地方当局は、苦しい財政事情を乗り越え、投降した海賊を使って海賊問題を何とか解決したのである。

十九世紀初頭、清朝の官僚たちは、財政難に直面しながら、何とか管轄内の問題を解決していった。ここまで見てきたように海賊問題に対しても、あれもできない、これも無理と、手足を縛られたような状態のまま、何とか対処してゆくしかなかった。清朝は、乾隆帝の死と前後して斜陽の時代を迎える、としばしば言われる。腐敗と無気力のなかで清朝は滅亡への道を歩んでゆくように描かれる場合もあった。だが、実際に清朝の当局者たちは、それなりに真摯(しんし)に社会問題に対処し、身銭を切って成果を上げていたことは指摘しておきたい。ある問題が発生したときに、根本的な解決などできない、いかんともしがたい条件下で、何とか対処してゆくさまを、目に見える成果が出ていないと切り捨てるような態度は、フェアではないだろう。

ところで、前述のように、張保仔や郭婆帯が投降したときに交渉を仲介したのは、マカオの華人であった。両者の投降によって、海賊問題の解決が大きく近づいた。では、なぜ交渉仲介に乗り出したのが、マカオの華人であったのか。じつは、この交渉仲介には、珠江河口の小さな半島であるマカオの住人たちが、深く関わっていた。第六章では、海賊問題の最終局面に、ポルトガル王国マカオ政庁を含むヨーロッパ人が、どのように関わっていたのかを紹介しよう。

第六章　海賊を利用するヨーロッパ人

——イギリス人とマカオ政庁の思惑

図 6–1　ターナー氏、拘束中に海賊の処刑を目撃する
（想像図）

The dangers of the deep: or, interesting narratives of shipwrecks and disasters at sea. Account of the captivity of Mr. J. L. Turner, amongst the Ladrones, in 1807, London, ca. 1825.（東洋文庫所蔵）

> 今回の事件において、ことに不運であるのは、前述の（身代金支払いの）要求に基づく（海賊の）ターナー氏への丁重な扱いは、同時に、将来中国を訪れるすべてのヨーロッパ人の生命と財産に、さらなる深刻なリスクを発生させ得るということです。その（身代金を支払うという）方法をとると、海賊どもは、航行する船は高価な略奪品であり、奪い取るのはしごく簡単だと考えるようになり、その（身代金支払いの）システムがそのまま続けば、この国で取引を行うすべての商船に破滅的な結果がもたらされることとなるでしょう。
>
> (IOR/F/4/216/4750 Roberts to Barlow, 29 April 1807.)

いささかもって回った言い回しだが、手紙の主はこう言いたいようである。海賊に拉致されたターナー氏はそれなりに丁重な扱いを受けているらしいが、それは彼が身代金を引き出す格好の人質であるからだ、言うがままに身代金を支払うと、海賊どもはつけ上がり、中国沿海はさらに危険な海域となるのだ、と（図6－1）。

イギリス東インド会社[*1]カントン[*2]管貨人委員会筆頭管貨人[*3]ジョン・ウィリアム・ロバーツは、インドのベンガル総督[*4]ジョージ・バーロウ[*5]に向けて送った一八〇七年四月二十九日付け手紙のなかで、右の

＊1　**イギリス東インド会社**　一六〇〇年設立の民間貿易会社。当初は、インドや東南アジアでの香辛料貿易を目的に設立されたが、すぐに日中貿易などにも参入する。オランダ東インド会社との競争に敗れ、いったん東アジア海域から姿を消すが、一六九九年、広州に貿易船を派遣し、茶葉の買い付けを始めた。

＊2　**カントン**　十八、十九世紀の英語では、広州の街、あるいは珠江デルタ一帯をカントン Canton と呼んだ。これは漢文表記の広東（現地の広東語では、Gwongdong ゴンドンと発音する）をもとにしている。なお、漢文の広東は広東省全体を指すもっと広い意味を持つ語であるのに対し、英語のカントンは珠江流域の狭い空間を指している。

＊3　**カントン商館**　イギリス東インド会社は、中国との取引をスムーズに行うため、マカオに商館を置き、カントン商館と呼んでいた。管貨人は持ち込まれた会社の貨物を管理しつつ商館を運営する役職で、三、四名が指名された。そのうち筆頭者が、筆頭管貨人としてカントン商館の代表を務め、管貨人委員会を招集して、外部との折衝や、インドや本国への報告を行った。

＊4　**ベンガル総督**　イギリス東インド会社は、一七三六年以来、貿易のほかベンガル地域の統治を行った。その会社による統治を監督するために本国から派遣されたのがベンガル総督であり、当時のインドにおけるイギリス勢力の最高責任者であった。

＊5　**バーロウ**　一七六二—一八四七。George Hilaro Barlow, 1st Baronet。ベンガルでインド高等文官として長く勤務していたが、ベンガル総督ウェルズリが本国に召還され、その後任のコーンウォリスが着任後すぐに病死するに及び、臨時総督に任命された。

図6–2　ターナー氏、海賊に拉致される（想像図）
Sufferings of the John Turner, Chief mate of the country ship Tay, including His captivity and danger amongst the Ladrones, London: Thomas Tegg, ca.1809.（澳門歴史檔案館所蔵）

ように海賊対策の必要性を強く主張した。ロバーツはさらに続ける。本来、海賊を鎮圧すべき清朝の水軍は弱く、ついには司令官も戦死した。官僚は腐敗し、まったく役に立たない。一方、海賊はきわめて強大で、商船ばかりでなく、しばしば沿海集落を襲撃し、イギリス臣民を誘拐することすらあるのだ。会社の中国との取引に多大な損害が出るのも時間の問題だ。いや、中国を訪れるすべてのヨーロッパ人が被害を受ける。今こそインドよりロイヤルネイヴィ（イギリス海軍）とボンベイマリン[*6]（イギリス東インド会社海軍）からなる艦隊を派遣し、海賊どもを叩き潰さねばならないのだ、と。

一八〇六年十二月七日朝、イギリス系地方貿易商人[*7]の船舶タイ号の一級航海士ジョン・ターナーは、数人の船員とともに小舟に乗り換え、マカオ入港のための水先案内人[*8]を探しに出かけた。帰路、ターナーは仲間の船員とともに海賊集団に拉致されてしまう（図6－2）。ターナーの手紙とともに海賊集団から身代金支払いの請求書が届いたのは、それからしばらく経ってからのことであった。

＊6　**ボンベイマリン**　Bombay Marine。イギリス東インド会社が所有する海軍組織。おもな任務は、インド沿海でのイギリス東インド会社の商船の護衛や港湾の警備であった。極東へ向かう商船の警備も行っている。本来はイギリス海軍とは別系統の軍事組織だが、インド洋以東では、しばしば協力して行動した。

＊7　**地方貿易商人**　カントリートレーダーとも。東インド会社とは別に企業を設立し、中国とインド、東南アジアなどを結んで貿易を行った商人を指す。多くの場合、本社はロンドンにあった。中国とイギリス、あるいはインドとイギリスの交易は、イギリス東インド会社が一六九八年以来、独占することを認める特許状をイギリス国王から得ており、そこに一般の商人は参入できなかった。しかし、中国、インド、東南アジアのあいだの交易（地方貿易）は、会社以外の貿易商人にも開放されていた。アジア内での取引に従事するこのようなイギリス系の人びとを、地方貿易商人と呼ぶ。なお、イギリス東インド会社は一八二六年に対インド貿易から撤退し、一八三三年に対中国貿易独占権を消失したため、地方貿易商人のイギリス－インド間貿易、イギリス－中国間貿易への参入制限はなくなった。

＊8　**マカオの水先案内人**　十八世紀以来、マカオに入港する船は、マカオに近づくために現地の水先案内人を雇い入れた。マカオから広州までの珠江デルタ付近の海は水深が浅く、現地人の案内なしでは危険であった。また、清朝は貿易管理の一環として、西洋からの船に水先案内人を雇い入れることを義務づけていた。

年が明けた一八〇七年二月、その年の一月一日にあらたに筆頭管貨人に就任したロバーツは、さっそくベンガル総督バーロウに書簡を送った。ターナー氏誘拐事件で、海賊どもから身代金二万五〇〇〇ドルの要求が来たが、支払うことはできない。インドの海軍の助けが必要である、と。インドから返事が来るまでに、少なくとも三カ月はかかった。返事が届く前に、ロバーツはもうすこし強く主張すべきであると考えたのであろう。一八〇七年四月二十九日付けの書簡において、強い口調で本章冒頭の派兵要請を行ったのである。

じつは、このとき、すでに身代金支払い額に関する交渉が動き出していた。五月中旬にはイギリス東インド会社カントン管貨人委員会は、六〇〇〇ドルを支払うことで海賊集団と合意し、五月二十九日、ターナーは無事マカオへ戻ってきた。

ターナーの帰還とほぼ同じころ、ベンガル総督バーロウからの返事が、マカオのロバーツのもとに到着した。バーロウは言う。会社の取引に、現時点ではまったく損害は出ていないし、そもそも治安維持活動は現地の「中国政府とマカオのポルトガル政府」が行うべきことであり、清朝政府からの救援要請がない限り、派兵は行わない。そもそも、清朝政府の許可なく派兵を行うと清朝政府が機嫌を損ねて対中貿易に支障が出る、と一八〇二年に主張したのは、当時のカントン管貨人委員会だったではないか、と。それでもロバーツは、まだあきらめなかった。

一八〇七年八月、ロバーツは会社の取引に損害が出ていないことを認めつつも、重ねて清朝政府、マカオのポルトガル政府の無力と、沿海集落への海賊の襲撃がもたらす不利益を主張した。ロバーツはさらに、先に拉致されたターナーの報告書の抜粋を添付し、海賊集団がいかに強大であるかを主張し、それを抑え込むのはイギリス海軍をおいてほかにない、と強調した。

しかし、バーロウの考えは変わらなかった。マカオ停泊中のイギリス海軍艦艇HMS[*9]ディスカバリー号船長ダニエル・ロスも、喫水の深い船舶で構成されるイギリス海軍やボンベイマリンを、水深の浅い珠江(しゅこう)河口付近に派遣してもあまり有効ではない、という意見を提出した。結局、ロバーツの派兵要請は失敗に終わったのである。

ところが、翌一八〇八年九月、イギリス艦隊がマカオ沖に姿を現し、そのままマカオを占領してしまう。彼らは、マカオをナポレオン戦争[*10]における敵対国であるフランスの脅威から守ることを、目的として掲げていた。

ロバーツの言っていた「きわめて強大な」「海賊」はどこへ行ってしまったのだろうか。「ヨーロッ

＊9　**HMS**　His (Her) Majesty's ship。国王（女王）陛下の船の略。イギリス海軍に所属する船舶であることを示す。なお、ボンベイマリンに所属する船は、CS = Company's Ship 会社船という表記で示される。

＊10　**ナポレオン戦争**　ナポレオンの皇帝即位（一八〇四）から退位（一八一五）までのあいだに英仏間で行われた戦争。実際には、十七世紀末以来の、スペイン継承戦争（一七〇一―一三）やフランス革命戦争（一七九二―一八〇二）や、インド、北米植民地での戦闘を含む、一〇〇年以上にわたるイギリスとフランスの軍事的な対立の最終局面であった。

パ人」にとって「海賊」は、どのような存在だったのだろうか。イギリス艦隊のマカオ占領のほんとうの目的は何だったのか。本章では、当時、貿易のために清朝東南沿海を訪れていた「ヨーロッパ人」と「海賊」の関係を見てゆこう。

1 「ヨーロッパ人」とは誰か?

そもそも「ヨーロッパ人」とは誰のことを指すのだろうか。当時、清朝東南沿海を訪れていたヨーロッパ系の人びとは、まずイギリス、次いでフランス、オランダ、スウェーデン、デンマーク、オーストリア、スペインなどの商人で、西洋人という意味では、一七八三年に独立が承認されたアメリカ合衆国の商人もいた。さらに、マカオに住み着いていたポルトガル系住民もいた。マカオで生まれ育ったポルトガル系住民以外は、みな貿易のために清朝を訪れた人びとであった。

清朝は、同時代の日本と異なり、いわゆる「鎖国」のような政策を取ってはいない。誰であれ規定の関税を支払えば貿易することを認めていた。一七五七年、たしかに乾隆帝は、「西洋人の取引は広州に限る」という趣旨の上諭を下している。しかし、このことは、対外貿易全般を広州に限定することを意味していない。十八世紀中ごろまで、イギリス人を含む西洋人商人は、福建省の厦門や浙江省の寧波、さらに、北の天津にまで現れ、交易をしようとした。しかし、当地の商人や官憲は西洋人との交易に慣れていなかったため、スムーズに取引ができなかった。その結果、西洋人商人は、取引に

図6–3　広州城外十三行商館群

The European factories at Canton in China. drawn, engraved & published by William Daniell. 1805.（英国国立海事博物館所蔵）

清朝はヨーロッパ系商人の商館を、広州城外西南の十三行と呼ばれる地域に設置することを許可していた。「十三行」とは行商が 13 あったという意味だが、それは明朝期の最初だけで、実際には 13 揃っていたことはほとんどない

馴れた広州でのみ交易を行うようになったのである（図6―3）。つまり、一七五七年の乾隆帝の上諭は、すでにヨーロッパ船が、取引がやりやすい広州に集中していたその当時の現状を、追認したに過ぎない。そもそも華人商人の取引は、この制限の対象に含まれていなかった。実際、日本との交易は浙江の港を、マニラとの交易は福建の港を利用していた。

清朝を訪れた外国人は、港湾で活動していた行商と呼ばれる商人が受け入れて、生活の世話をしていた。行商とは、牙行の一種である。清朝領域内では都市ごとに牙行と呼ばれる政府指定取次商人がいた。牙行はほかの土地から来た商人を受け入れて、現地の商人との取引を仲介した。この仲介を行うに際して、牙行は手数料を受け取ったのだが、ついでに、清朝当局が設置した各地の税関への取引税や通行税の納入も代行した（第二章

図6–4　行商
伍秉鑒(別名浩官 Howqua):19世紀初頭、もっとも成功した行商の一人である
George Chinnery, *Howqua*, 1830s.

で取り上げた海関収入は、これである)。じつは清朝当局は、牙行を政府指定取次商人と認める代わりに、牙行に取引税と通行税の徴収を請け負わせていたのである。

このような取次商人の広東バージョンが行商であった(台湾バージョンが郊商である。第四章参照)(図6−4)。行商は、海外から来た商船を受け入れ、貨物を引き受けたほか、日用品などを準備した。さらに、取引額に応じて清朝広東当局に納税を行った。機能としては他地域の牙行とまったく同様である。ただし、広東での取引額は他地域に比べても莫大なものであったし、イギリスを初めとする外国商人は、商取引に関わる文化的な背景が違うこともあり、行商を通じて広東当局に対しさまざまな要求を行っている。その要求の取次をしなければならなかったことを考えると、行商は、ほかの地域の牙行に比べてハイリスク、ハイリターンな立場に置かれていた、といえるかもしれない。

海賊問題が発生しつつあった一七九〇年代、このような行商と取引をする広東のヨーロッパ人のうち、イギリス東インド会社およびイギリス系地方貿易商人が圧倒的なシェアを占め、そこにアメリカ合衆国からの商人が食い込もうとしていた。大陸ヨーロッパからの商人たちも、一七八〇年代以前はそれなりのシェアを占めていたが、一七八三年をピークに急激に後退している。これには、一七八四年にイギリスで行われた茶の関税引き下げが関わっている。一七八四年以前、イギリスでは茶に一一九パーセントというきわめて高い関税がかけられて、カントンで茶を買い付けても、イギリスへ持ってくると、関税の分だけ市場価格が高くなった。そのため、イギリスの税関を経由しない大陸ヨーロッパ商人と密輸業者が、盛んに茶を取り扱った。一七八四年に茶の関税率が一二・五パーセントにまで引き下げられると、イギリス商人が広州で買い付けイギリスの税関を通過した正式な茶の値段も、大幅に引き下げられたのである。密輸のうまみはなくなり、大陸ヨーロッパの商人たちは競争に敗北した。

海賊の存在が問題になったころ、清朝沿海の「ヨーロッパ人」とは、イギリス人と、後述するマカオのポルトガル系住人がほとんどになっていた。彼らは同じヨーロッパに起源を持つ人びとなのだが、その利害は一致していたのだろうか。おのおのが海賊とどのような関係を持ったのかを、それぞれ見てゆくことにしよう。

2　イギリス東インド会社と海賊問題

イギリス東インド会社が、カントン珠江河口付近の海賊について注目し始めるのは、一八〇四年以降のことである。一八〇四年ごろというのは、ちょうど安南から海賊集団が続々と故郷の広東へ戻ってきたころであった。もちろん、それ以前にも清朝領域沿岸に海賊がいることは知られていたが、会社関係者への注意喚起が行われるに留まっていた。

実際に、イギリスに関係する船が被害を受けた事件が、一八〇五年に起こった。イギリス海軍の船が、マニラから広州へ向かっていたスペイン籍の貨物船を拿捕し、曳航していたとき、この貨物船が広東省東部で座礁、漂流して、恵東県の海岸に漂着した。これを見た地元住民が貨物船に群がり、積み荷を持ち去ったのである。会社はこれを海賊事件であるとして、清朝広東当局に犯人の逮捕と損害賠償を要求した。結局、犯人の一部が逮捕されたが、清朝広東当局は損害賠償には応じなかった。このときには、被害はたしかに発生したが、それほど大きなものではなかった。このほかにも、貨物を小舟に載せ替えた際に発生した小規模な海賊事件が報告された。

一八〇六年末のジョン・ターナー誘拐事件は、このようななかで起こった。ターナー誘拐の報を聞きつけ、会社のカントン商館代表であるロバーツは、翌年、すぐさまインドへ派兵を要請した。その要請が失敗したことは、冒頭で述べた通りである。ところが、これも冒頭で述べた通り、その翌年（一八〇八）、フランス軍の侵攻への予防措置を名目として、イギリス海軍がマカオ沖に現れた。

ここで一つ疑念が浮かぶ。ロバーツはほんとうに海賊を鎮圧することを目的に、海軍派遣をインドへ要請したのだろうか。イギリス東インド会社にとって、海賊問題はじつはそれほど重要ではなかったのではないか。この疑問に答えるために、次は一八〇八年のイギリス海軍派遣の顚末を見てみよう。

（1）一八〇八年イギリス海軍マカオ占領計画

一八〇八年春、前年の派兵要請失敗にもめげず、ロバーツは再びインドのベンガル総督に派兵要請を行った。ちょうどベンガル総督もバーロウからミントー[*11]に交代したので、意見が変わることを期待したのかもしれない。

ロバーツは、海軍派遣要請の理由として、フランスの極東地域における潜在的脅威を挙げた。イギリスは十七世紀末以来、断続的にフランスと戦争を続けていた。その後、英仏間の戦争は、ヨーロッパのみならず、海外においても植民地争奪戦として展開された。アメリカやアフリカ、インド洋などで、イギリス艦隊とフランス艦隊は激戦を繰り返した。極東でも戦闘は行われた。一七九九年には、フランス、スペイン連合艦隊とイギリス艦隊が珠江河口で交戦した。インドやアメリカなど植民地における英仏衝突は、おおむねイギリス側が勝利していたのと同様に、極東での衝突もイギリス側に有利に進んだ。一八〇四年にマレー半島の東に浮かぶオール島周辺でイギリス海軍がフランス海軍を破ると、これ以降、フランス海軍がマレー半島より東側に現れることは、ほぼなくなった。モーリシャ

＊11　**ミントー**　一七五八―一八一四。Gilbert Elliot-Murray-Kynynmound, 1st Earl of Minto。スコットランド、エディンバラ生まれ。コルシカ王国副王などを経て、一八〇六年からベンガル総督に任命され、翌年着任。任期中はアフガニスタンとの協定締結やシク王国との条約締結の外、インド洋上のフランス植民地レユニオン島を奪取し、さらに、オランダ領ジャワ島を占領するなどした。

スのフランス艦隊を除けば、アジア海域にはフランスの脅威など存在しないように見えた。

それにもかかわらず、ロバーツがフランスの脅威を主張できたのは、ヨーロッパでの戦局が、マカオの危機を醸(かも)し出していたからである。一八〇六年、ナポレオンはイギリスに対抗するため、大陸封鎖令を発令し、大陸ヨーロッパ諸国にイギリスとの通商を禁止させようとした。当時、中立を宣言していたポルトガルは、このナポレオンの対英通商禁止要請を拒否した。そもそもポルトガルは、一三八六年にイギリスと「永年同盟」を結んで以来、イギリスと友好関係を維持していたし、一七〇三年のメシュエン条約によって、イギリス産毛織物とポルトガル産ワインの交易を中心とする経済的な結びつき（あるいはポルトガルの経済的従属）も強化されていた。ポルトガル本国がイギリスに敵対的な態度をとることはあり得なかった。

ナポレオンは、一八〇七年十一月、ポルトガルへの侵攻を決定し、十二月一日にはリスボンを攻略した。ポルトガル王室は、その直前の十一月二十九日にリスボンを脱出し、植民地ブラジルの首府であるリオ・デ・ジャネイロへ向かった。このポルトガル本国の失陥は、ポルトガルの植民地が、それまでのイギリスとの友好関係を反故にするきっかけになる可能性があった。インドのゴアのポルトガル植民地にはすでにイギリス軍が駐留していたし、そもそもインドにおいては、ポルトガル人とイギリス人の関係は良好であったので懸念はなかったが、極東のマカオにはイギリス軍は駐留していなかった。このため、本国の危機は、マカオがフランスの支配下に入る可能性を生み出していたのである。しかも、極東にはフランスの同盟国スペインの植民地マニラと、ナポレオン・ボナパルトの弟ルイが国王となったオランダの植民地ジャワがあった。

このような状況を前提にして、ロバーツはミントーへの書簡のなかで、「信頼できる情報筋によれば」フランスはポルトガルの傀儡(かいらい)政府を通じて、マカオ占領を行うことを計画している、と主張した。「信頼できる情報筋」がほんとうに存在したかどうかはわからないが、ベンガル総督としても、これを看過するわけにはゆかなかった。ミントーはこのロバーツの要請を受け入れ、一八〇八年五月九日、東インド艦隊司令長官エドワード・ペリューと海軍少将ドゥルリに、極東への出兵を指示した。このように一八〇八年の派兵は、カントン商館の筆頭管貨人ロバーツの積極的な働きかけで行われたものであった。

(2) 一八〇二年のイギリス艦隊派遣

ところで、イギリス艦隊がマカオに派遣されるのは初めてではなかった。一八〇七年の派兵要請に対するベンガル総督バーロウの反論にあったように、一八〇二年にも派遣されたことがあった。このときの派遣は、当時のベンガル総督ウェルズリ[*12]が積極的に動いたもので、ナポレオンのエジプト遠征

*12 **ウェルズリ**　一七六〇―一八四二。Richard Colley Wellesley, 1st Marquis Wellesley。アイルランド、ミース生まれ。インド庁のコミッショナーを経て、一七九七年、インド総督に任命された。在任中は積極的に軍事作戦を進め、フランスと同盟を組んでいたマイソールや、インド中央部などをイギリスの勢力下に収めた。ワーテルローの戦いでナポレオンを撃破したイギリス陸軍元帥、アーサー・ウェルズリ(初代ウェリントン公爵)は弟。

（一七九八―一八〇一年）に伴う、インド防衛の予備措置として行われた、ゴアやディウ、ダマンなどのポルトガル植民地保護の一環であった。一八〇二年一月の艦隊出発に当たり、ウェルズリは、清朝沿岸到着後は、現地責任者であるカントン商館の管貨人委員会と筆頭管貨人の指示に従うよう命じた。

一八〇二年三月十八日、HMSアロガント号を旗艦とするイギリス艦隊が、マカオ沖に現れた。カントン管貨人委員会と筆頭管貨人ジェームズ・ドルモンドは、到着したイギリス艦隊の司令官オズボーンに、上陸せずに沖合で停泊するよう求めた。そもそも、前年にウェルズリが派兵を計画して以来、管貨人委員会は、イギリス艦隊の派遣はマカオ当局と清朝政府の警戒心を呼び起こすもので、貿易に著しい損害がもたらされる、として一貫して反対していたのである。

事態は管貨人委員会の懸念通りに展開した。イギリス艦隊到着を知ったマカオ市議会と行政官ジョゼ・ピントは、すぐさま清朝広東当局にイギリス軍によるマカオ占領の懸念を伝え、保護を要請した。同時に、北京にいたポルトガル人宣教師ゴベア[13]とアルメイダ[14]に、マカオの現状維持とイギリス艦隊の撃退を清朝皇帝に直接要請するように伝えている。実際、アルメイダは総管内務府大臣[15]蘇楞額（セレンゲ）を通じて、嘉慶帝にイギリスの横暴を訴え出た。

当時の両広総督吉慶は一八〇二年四月、行商を通じて管貨人委員会に対し、イギリス艦隊の即刻撤退を求めた。管貨人委員会のほうでは、イギリス艦隊には上陸の意図はないと説明して、貿易シーズンが終わり次第、帰国させる旨、返答した。五月十六日にアロガント号が郵便受け渡しのためにマカオに近づくと、清朝広東当局は強い抗議を行っている。このように、吉慶は上陸不許可の態度をはっきりと打ち出していた。

しかし、吉慶はイギリスに敵対的な態度をとっていたわけではない。イギリス艦隊は、一八〇二年五月十七日にマニラ経由で英仏講和（アミアン和約[*16]）予備条約締結の情報を得て、撤退準備を始め、七月二日には会社の商船とともにインドへ向けて出港した。その後、九月に入ると、嘉慶帝からイギリス艦隊についての調査が求められた。これは、前述のアルメイダの働きかけによるものであった。吉慶は、この嘉慶帝の下問に対し、イギリス艦隊はいつも通り商船の護衛のためにマカオ沖に現れたに

＊13　**ゴベア**　一七五一―一八〇八。Alexandre de Gouvea T.O.R. 漢文名湯士選。ポルトガル、エボラ生まれ。フランシスコ会士。一七八二年から北京の欽天監監副（天文台副台長）に任ぜられる。一八〇八年、北京で死去。

＊14　**アルメイダ**　一七二八―一八〇五。José Bernardo de Almeida S.J. 漢文名索徳超。ポルトガル、コインブラ生まれ。イエズス会士。一七五九年、北京に入り、欽天監監副となった。一七八五年から欽天監監正（天文台長）。一八〇五年、北京で死去。

＊15　**総管内務府大臣**　皇帝の家政機関で、宮廷の事務を掌る内務府を統括する官職。正二品。宮中および盛京・熱河・錦州などの設備・人員管理を総攬した。ゴベアやアルメイダが所属する欽天監は、内務府管轄の部局であった。

＊16　**アミアン和約**　一八〇二年三月、フランス北部アミアンで結ばれた英仏間の条約。フランス革命に対する一七九三年の対仏大同盟結成以来、一貫して戦争状態にあった英仏間の講和を定めた。予備条約は一八〇一年九月三十日に合意に至り、翌日公表された。一八〇三年五月のイギリス側の宣戦布告により破棄された。

過ぎない、と報告している。吉慶は、イギリス艦隊がマカオに上陸するなど現状を変えるような行動を起こさなければ、それでよいと考えた。当時の広東当局は、イギリス人との交易で暮らす人びとの利害を重視しており（もちろん、そこから賄賂（わいろ）などが入るからでもある）、中央に実際に起こったことをありのままに報告して事態を紛糾させ、貿易停止などの措置が行われることのないように注意していたのである。吉慶のこのような態度は、カントン商館側でも歓迎された。当事者たちは、ベンガル総督が余計なことをした、という認識を共有していた。

(3) 一八〇八年のイギリス軍上陸

先述のように一八〇八年のイギリス艦隊派遣は、一八〇二年とは異なり、カントン商館の筆頭管貨人ロバーツの要請で行われたものである。

一八〇八年九月十一日、ドゥルリ率いるイギリス艦隊がマカオ沖に現れた。マカオ当局は、イギリス艦隊の上陸を許さないことを表明し、清朝広東当局にイギリス艦隊の出現を報告した。十五日、ロバーツとドゥルリは上陸を強行することを決定し、マカオ当局に譲歩を迫った。ドゥルリがポルトガル領ゴア総督ロレナの上陸許可書を携帯していなかったことから、マカオ市民は強烈に反発し、みずから武装していくつかの砲台に立てこもり、徹底抗戦の構えを見せるが、結局、マカオ当局はイギリス艦隊に屈して、二十一日に上陸許可を出した。インドではイギリス人とポルトガル系住民の関係は概して良好であったが、マカオではきわめて険悪であった。

一方、両広総督呉熊光を中心とする清朝広東当局は、一貫して上陸を認めなかったが、イギリス軍上陸強行の報を受けて十月二十一日、イギリス商船との貿易を全面的に停止する。さらに、買弁[*17]のマカオ出入りも禁止し、その後、マカオを封鎖して食糧の持ち込みも禁止した。イギリスの不埒な行動に対する、貿易の停止、買弁のマカオ出入禁止、マカオ封鎖による食糧持ち込み禁止などという清朝広東当局の方策は、一八〇二年にも議論されたものであり、下っては一八三九年、アヘン取り締まりのために広東を訪れた欽差大臣林則徐のやり方と、ほとんど同じものであった。

十一月十日、ロバーツとドゥルリは事態を打開するために、あらたに合流したHMSフェートン号[*18]に乗って黄埔に入った。翌日、小舟に乗り換えて広州を訪れ、呉熊光との直接会見を求めたが、呉熊

＊17 **買弁**　マカオあるいは欧米商人が荷卸しをする黄埔などで、日用品などを外国人向けに確保、販売した人びと。買弁は、一八四〇年代以降は、開港場で活動する外国資本商社の中国人従業員や現地協力者を指すようになり、その後は外国人の手先を意味する罵倒語にもなった。

＊18 **フェートン号**　一八〇四年から一二年までインド洋以東で利用されたフリゲート艦。一八〇七年までは東インド艦隊司令長官エドワード・ペリューが乗船していたが、一八〇八年夏以降はエドワードの息子フリートウッドが指揮し、単独で行動した。一八〇八年八月上旬にマカオ沖に現れたのち、十月四日に長崎港に侵入した。いわゆるフェートン号事件である。フェートン号は、オランダ商館と長崎奉行所から食料などを供出させたのち、翌々日、長崎を出港し、十月二十二日にはマカオに到着、ドゥルリ率いる艦隊に合流した。フェートン号の長崎侵入は、敵国オランダが持つもっとも東の長崎商館の状況を、確認することを目的としたものであった。

光はこれを拒否した。イギリス側の史料では、ロバーツらが会見を求めたものの拒否された、とする。しかし、呉熊光の説明によれば、会見には応じるが、叩頭が必要であると条件を付けたところ、指定の時間にドゥルリらは現れなかったという。どちらがほんとうかはわからない。じつは、当時、カントン商館の通訳として、清朝広東当局との折衝に当たっていたストーントン[*19]は、休暇でイギリスに帰っていた。そのため、ロバーツとドゥルリは、マカオ市議会の通訳を務めていたポルトガル人宣教師ロドリゴを、自分たちの通訳として、英語と中国語の翻訳をさせたのである。この事件のさなかは、清朝広東当局とイギリス側で、円滑な意思疎通ができていなかった可能性もある。

十一月下旬に入るとロバーツとドゥルリは、清朝当局に対する武力行使を計画し始め、イギリス籍の船に黄埔から撤退するように求めた。しかし、会社商船と地方貿易船の船主はロバーツらの要請を拒否し、むしろ、このまま貿易停止が続くと一八〇八年度の貿易全体が行われなくなり、多大な損害が発生する、としてロバーツに対しイギリス艦隊撤退を要請するようになった。イギリス艦隊内部でも食料が腐敗し、兵士が病死するなど、すでに限界に近づいていた。

十二月三日、呉熊光はロバーツに対し、速やかに撤退しなければ嘉慶帝の上諭に従い、広東省の兵八万人を動員してマカオおよびイギリス船に対する攻撃を行う、という最後通牒を突き付けた。同時に清朝広東当局は、すぐにでもイギリス商船とイギリス人を攻撃する、という情報を流し始めた。ロバーツは、本国の指示があれば攻撃も辞さない、と息巻いていたが、すでにイギリス側の不利は明らかであった。十二月十日、ロバーツとドゥルリは、マカオ当局に仲介を依頼した。清朝の広東当局は、七日以内に撤退すれば貿易を再開する、と回答した。マカオに駐留していたイギリス軍は、十二月十五日から順次乗船を開始し、二十三日にすべての船がマカオを離れた。広東当局は、二十四日には地方貿易商人と、二十六日には、イギリス東インド会社との取引を再開することを許可した。一八〇八年のイギリス艦隊派遣は大失敗に終わった。ロバーツは一八一〇年十月に解任され、インドへと召還された。なお、呉熊光も事件発生の責任を問われ、両広総督を解任された。当事者のほとんどが損をした事件であった。

（4）派兵要請、表向きの理由――海賊とフランスの脅威？

ところで、海賊問題はどうなったのだろうか。一八〇七年は海賊問題が懸念されていたが、翌年はとくに問題にならなかったのだろうか。否、海賊の存在は相変わらず問題であった。一八〇七年七月

＊19　**ストーントン**　一七八一―一八五九。George Thomas Staunton。イングランド、サリスバリ生まれ。東洋学者。一七九三年、父親ジョージ・レオナルド・ストーントンとともに、マカートニー使節団に帯同して、乾隆（けんりゅう）帝に謁見。その流暢な中国語に感心した乾隆帝は、さまざまな下賜品を与えている。一八〇〇年からイギリス東インド会社広東管貨人委員会のメンバーとなり、清朝当局との折衝を担当した。一八一六年には筆頭管貨人に就任し、同年、清朝を訪れたアマースト使節団にも同行した。帰国後は、中国事情の専門家として活躍し、一八四〇年にはイギリス議会で、対中戦争は不可避である、という意見陳述を行っている。

および一八〇八年八月には、広東当局からロバーツに対し、非公式に海賊鎮圧協力について打診があったし、張保仔（ちょうほし）初め海賊集団の活動は、まったく収まってはいなかった。しかしロバーツは、艦隊派遣要請において「そもそも清朝当局は、マカオにも海賊にもあまり関心を持っていないが、海賊鎮圧に協力すれば、清朝の態度もさらに軟化するだろう」と言及するだけで、海賊問題を重視していない。

そもそも、バーロウが指摘したように、海賊問題は会社の貿易の障害とはなっていなかった。一八〇〇―一〇年代は、茶関税引き下げが行われた一七八〇年代後半に比べれば伸び幅は縮小しているものの、取引量はいまだ拡大傾向にあった（図6－5）。海賊問題は、会社の対中取引にほとんど影響を与えていなかった。会社とは別に、比較的小規模な船舶を利用する地方貿易商人、アメリカ商人の取引額にも大きな減退は見られず、また、広東を訪れる商船数も減少していない。海賊の被害も報告されてはいるが、多くが小舟に乗り換えての移動の際のもので、商船が襲撃対象となったことはない。たとえば、一八〇九年九月、会社船マルキスオブイリ号から小舟に乗り換えてマカオに物資を買い付けに行ったリチャード・グラスプール一等航海士が、帰路、海賊に拘束され、身代金一万ドルの要求が届く、という事件があったが、二カ月という短期間で解放されたこともあり、彼の取り扱いは会社内部でもそれほど議論にならなかった。このように海賊問題は、わざわざインドから派兵して解決しなければならないような深刻な問題ではなかったのである。では、フランスの脅威というのがほんとうの理由なのだろうか。

一八〇八年初頭、ロバーツは、フランスの脅威がマカオに及ぶ可能性がある、としてベンガル総督

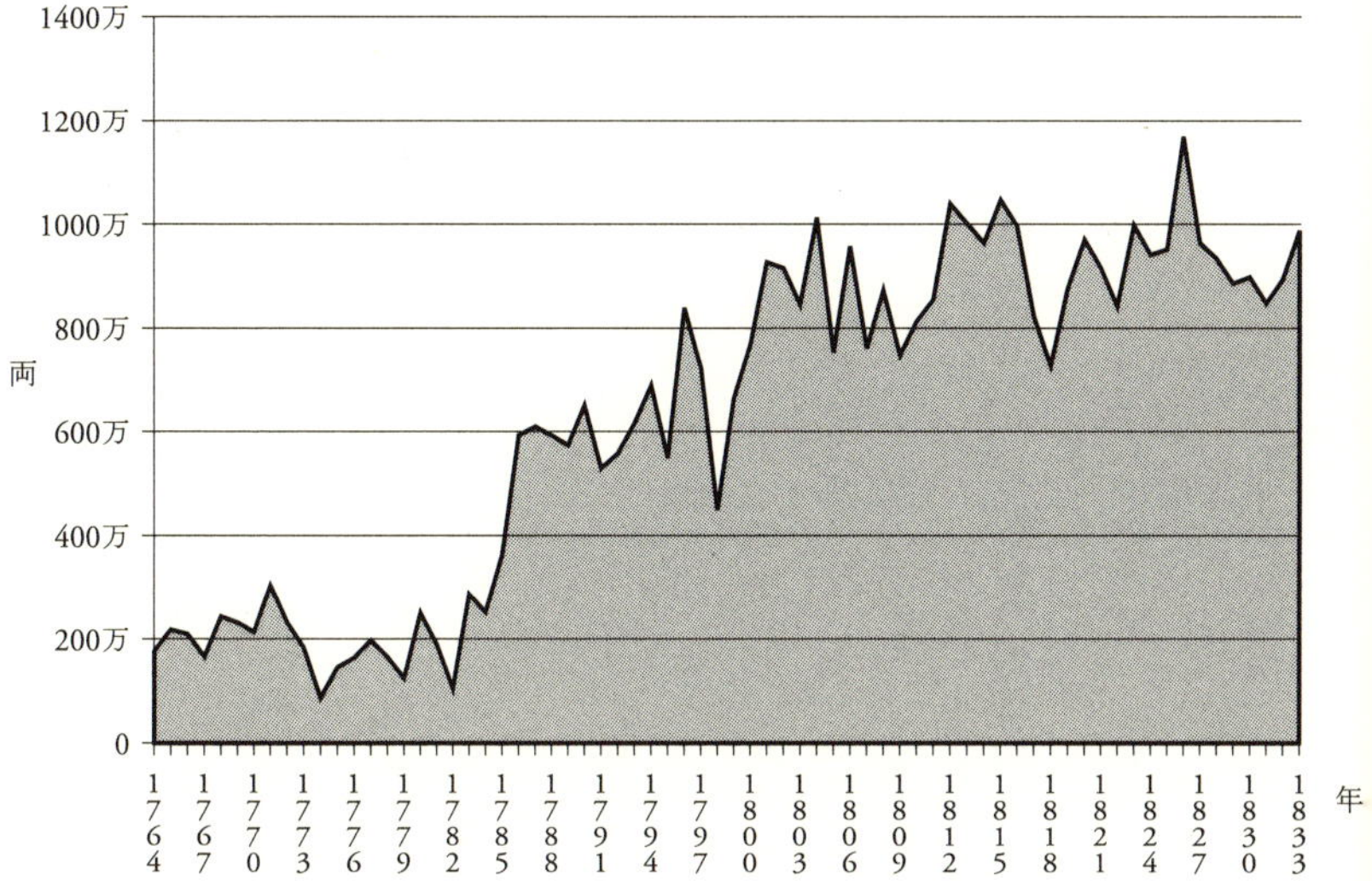

図 6–5　イギリス東インド会社の対中取引総額（1764–1833）

に派兵を要請した。その根拠は、ナポレオン統治下のフランスの大陸封鎖令により、ポルトガルへの侵攻が現実的なものとなっていたことであった。ナポレオンのポルトガル侵攻の目的は、対英戦争における基軸である大陸封鎖令の貫徹と同時に、ブラジル、アフリカ東海岸からゴア、マカオ、東チモールに至る、ポルトガル海上帝国の航海ルートの奪取にある、と考えられていた。一八〇七年十一月、実際にフランス軍がポルトガルに侵攻し、リスボンを占領、その際、ポルトガル王室がリオ・デ・ジャネイロに避難したことは前述の通りである。

その本国の失陥とポルトガル王室の避難に関する情報をマカオ当局が入手したのは、一八〇八年七月のことで、ロバーツがポルトガルの危機に関する情報を、それよりも数カ月早く入手しているとは考えにくい。しかも、ロバーツは

「信頼できる情報筋」と言うだけで、その情報源を明らかにはしていない。フランスがポルトガルを占領できたのも一八〇八年八月までで、加えて、ポルトガル王室はフランス軍リスボン占領直前にブラジルに脱出しており、フランスが極東のマカオに対して、すぐにアクションを起こすことができたとは思えない。じつは本国がフランスの影響下にあった極東のスペイン植民地マニラや、オランダ東インド会社の拠点ジャワにしても、現地当局者たちはフランスに積極的に協力してはいない。そもそもインド洋においてさえ、イギリス海軍の優位は明らかであり、すでにフランスの脅威は後退していた。

結局のところ、フランスのマカオ占領の懸念は根拠に欠けるものであった。しかし、ベンガル側でも、一八〇八年初頭の段階では、まだフランス軍をポルトガルから駆逐できるかどうか明らかではなかったし、予防措置として派兵を検討する必要はあった。ロバーツは、とくに根拠がなくとも、フランスのポルトガル植民地奪取の可能性を主張することで派兵要請が正当化できる、と考えていたに過ぎないだろう。では、管貨人委員会はなぜ派兵を要請し、派遣軍はマカオを占領したのか。

（5）派兵要請、ほんとうの理由——アヘンをめぐるマカオとの対立

イギリス東インド会社内部では、一七八一年にもマカオ占領が議論されたことがあったし、一七九三年のマカートニー使節団[*20]も、イギリス商人専用の居留地の獲得を目的の一つとしていた。ロバーツ本人が、一八〇四年にみずから越南（えつなん）国王阮福暎（げんふくえい）のもとを訪れ、取引拡大を目的とした交渉を行った際

にも、華南沿海のどこかに居留地を獲得するべきである、と指摘していた。このように、マカオを含むどこかに居留地を獲得することは、十八世紀後半から意識されていた。

しかし、一八〇八年のマカオ占領は、たんなる居留地獲得だけが目的ではなかった。アヘンという重要な新商品の取り扱いにおいて、マカオのポルトガル系住民（マカエンセ[*21]）の存在が、カントン商館にとって目障りだったのである。

イギリス東インド会社カントン商館が担っていた役割は、清朝領域から茶や生糸（あるいは絹）など買い付けることであった。これらの中国産品はヨーロッパで高く売れた。とくに茶は、前述のとおり関税が引き下げられ、価格が安くなったおかげで、需要が爆発的に増大した。しかし、その需要に応えて商品を買い付けるには代価がいる。代価は銀であった。しかし、銀を渡して茶や生糸を買うのでは片貿易であり、長くは続かない。当時、イギリスは重商主義華やかなりしころで、銀塊を海外へ持ち出すことへの強い忌避感があり、株主の手前、会社としても自社の利益だけを優先するわけにもゆ

*20 **マカートニー使節団**　一七九三年、英国政府から清朝に、貿易条件の改善を目的として派遣された使節。団長はジョージ・マカートニー。避暑先の熱河（ねっか）で乾隆帝に謁見した。イギリス側は、広東での貿易条件の改善とともに、常駐使節の交換など、北京での直接的な外交折衝ができるような環境を求めた。しかし、清朝は直接交渉がもたらすさまざまな問題に鑑（かんが）み、英国の要求を認めなかった。

*21 **マカエンセ**　Macaence。マカオの人を意味するポルトガル語。ポルトガル系の名前を持つマカオで生まれた人びとを指す。現地の華人などとの混淆が進んでいた。

かなかった。また、いちいち現銀をインドから広東へ海路で運ぶのには、沈没などのリスクが伴った。そのため、現地で銀を調達できるようなメカニズムを考案する必要があった。

現地で銀を調達するには、清朝へ持ち込む商品がなければならない。折良く、イギリス東インド会社以外の商人、つまり地方貿易商人が、インドや東南アジア産品を広東へ持ち込んでいた。彼らは、清朝側の商人から銀を代価として受け取っていたのだが、同時に自分で銀をロンドンへ持ち帰るリスクを嫌っていたのである。イギリス東インド会社と地方貿易商人の利害が合致した。地方貿易商人が持ち込んだ東南アジア商品を広東で銀に換え、その銀をイギリス東インド会社カントン商館が受け取り、ロンドンへの為替手形に換えた。地方貿易商人はその手形さえ持ってゆけばロンドンで現銀に交換できた。一方、カントン商館は手に入れた現銀で茶や生糸を購入し、ヨーロッパへ持ち帰った。一七八〇年代後半には、このような、イギリス東インド会社と地方貿易商人の相互依存の構造が出来上がっていた。

しかし、地方貿易商人の持ち込む商品だけでは、茶や生糸の代銀には足らず、イギリス東インド会社は銀を追加で持ち込まなければならなかった。銀の支払いを減らしたい会社は代替商品の開発に取り組み、インドで生産されるアヘン（ベンガルアヘン）に目をつけた。会社はすでに一七七三年からムガル帝国のアヘン専売制を受け継いで、そこから利益を上げていたのだが、そのアヘンを清朝へ持ち込もうとしたのである。すでにポルトガル人商人が取り扱っていたこともあり、アヘンが薬や嗜好品として清朝で売れることはわかっていた。当初、アヘン生産は、生産効率も品質も悪かったが、一七

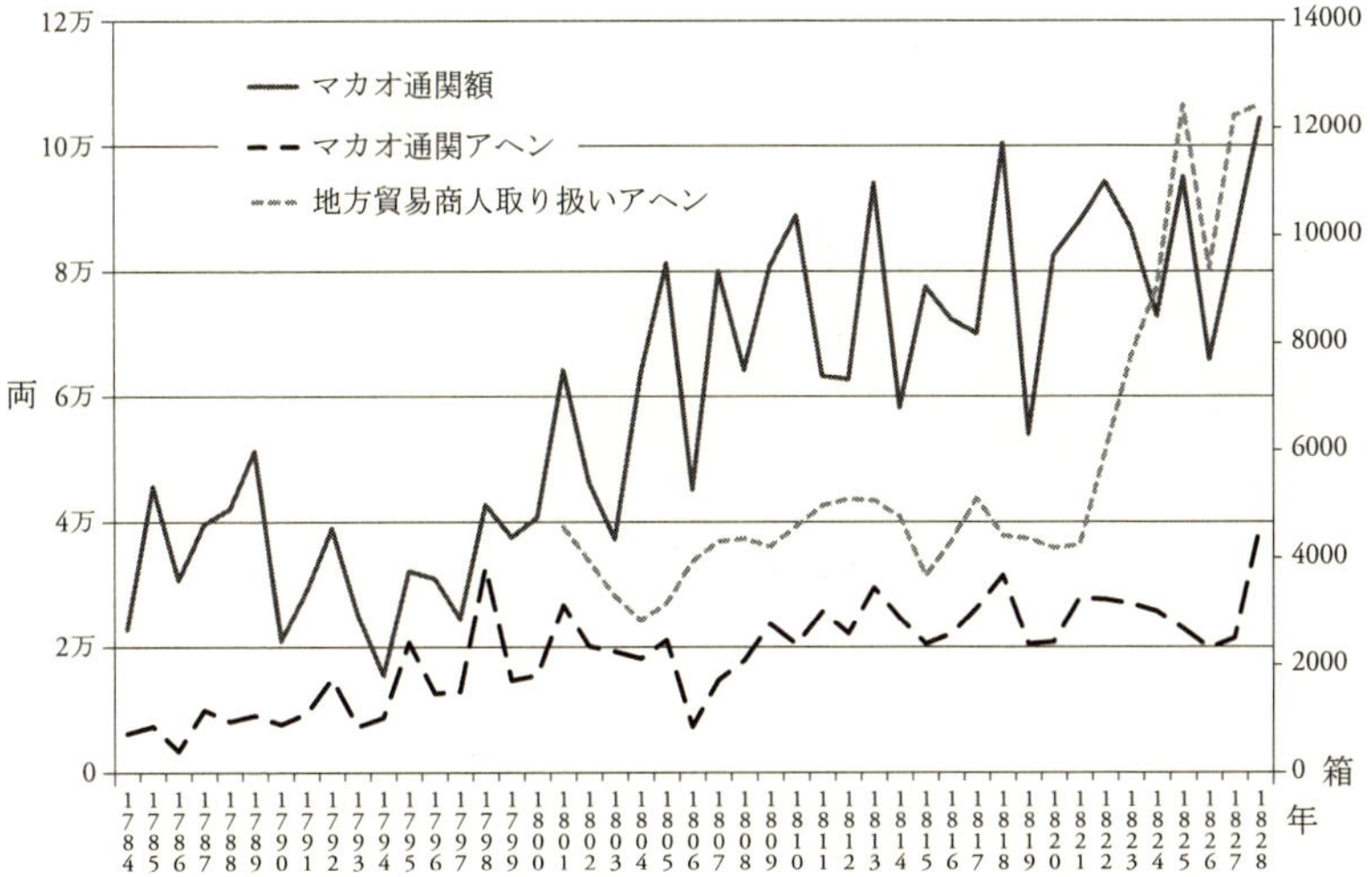

図 6–6　清朝に輸入されたアヘン（単位：箱）**とマカオ税関の収入**（単位：両）（1784–1828）

九七年に生産方式を請け負い制から直接契約制に変更したことから品質、生産量ともに向上し、さらに会社による生産量調整が可能となった。その結果、アヘンは、価格をコントロールできる非常に便利な輸出品として利用可能になったのである。一八〇一年には値崩れを防ぐため、イギリス東インド会社がベンガルにおけるアヘン生産を独占し、毎年四八〇〇箱を上限としてオークションで販売した。地方貿易商人は、このアヘンを購入して広東へ持ち込み、銀を得て、カントン商館にロンドンへの送金を託すようになったのである（図6－6）。

　これに対し、アヘン取引の先行者であるゴアのポルトガル系商人とマカエンセは、一七六〇年代から、ベンガル以外の中央インドの藩王国が生産するアヘン（マルワアヘン）を仕入れ、東南アジア各地やマカオに持ち込み、販売していた。マカオへ持ち込まれた量は年平均一〇〇〇箱程度であった。マカオに暮らすポルトガル系住民は、イギリス東インド会社のアヘン取引の競合相手でもあった。競合相手がいれば、会社がベンガルで専売制をとっていても値段は下がってしまう。地方貿易商人がアヘン取引で手に入る利潤は、事前の予想よりも伸びなかった。

これに加えマカオ政庁は、マカオを通過するアヘンに関税を課していた。しかもマカオでは、イギリス商人は自由にアヘンを売買することもできなかった。というのも、一八〇二年四月にポルトガル本国が、マカオにおけるアヘン取引をマカオ市民（ポルトガル国籍所有者）に独占させることを決定していたからである。これは、一八〇一年にイギリス東インド会社がアヘン販売総量を四八〇〇箱に制限したことに対する対抗措置でもあった。一八〇二年のポルトガル本国の決定では、ポルトガル以外の国籍を有する商人もマカオに倉庫を置くことはできたが、マカオに持ち込んだアヘンはすべて、マカオのポルトガル籍商人を通じての販売を義務づけられ、商人は販路や販売額を決めると同時に、手数料も徴収した。

ならばマカオを経由せずにアヘン取引を行えばよい、と思われるだろう。しかし、折悪しく清朝広東当局は、一七九九年にアヘン取引を正式に禁止した。清朝はたびたびアヘンの輸入禁止令を出しているが、ほとんどの場合、皇帝の名義で北京から出されており、アヘン取引から利益を得ている広東当局者は、それほど真面目に取り組んでいない。一七九九年の場合も、嘉慶帝は、広東での貿易により銀塊が流出していることを問題視し、調査を命じたのみであった。しかし、当時の両広総督吉慶を初め広東当局は、アヘンが銀塊を代価として流入していることに目をつけ、この指示を読み替えて、行商を通じてアヘン取引の禁止を西洋商人へ通知した。中央から出された禁令に比べ、広東当局が主体的に出したこの禁令の実効性は高かった。禁止されたからといって持ち込めなくなったわけではないが、貿易管理に携わる清朝官憲に支払う黙許料は高騰し、取引量を増やすと取り締まりに遭う可能性が高くなった。そのため、マカオを避けたアヘン取引も、コストが膨らんでいたのである。

つまり、地方貿易商人が取り扱うアヘンの価格は、マカエンセ取り扱い分と競合することで押し下げられ、同時に、マカオ政庁への関税やマカエンセ商人への手数料などによって、取引コストが上乗せされていたのである。販売価格が下がり、取引コストが増えれば、利潤はもちろん減る。しかも、一八〇五年から翌年にかけてアヘン価格が急落した際には、マカオ側が一方的にアヘン取引を停止してしまったため、地方貿易商人のアヘン取引は重大な損害を受けてしまった。マカオの存在により、地方貿易商人がアヘン取引から得られるはずの利潤は、大きく損なわれていたのである。

そうすると、イギリス東インド会社が地方貿易商人から受け取るはずの現銀も減少し、茶の買い付け量を増やすことができず、会社も利益が伸びない。マカオのポルトガル系住民とマカオ政庁の存在は、カントン商館にとって大きな障害となっていた。可能ならば、英軍をマカオに常駐させ、ポルトガル系住民の影響力を排除しようと願うことは不自然ではなかった。

しかし、当時のヨーロッパでは、マカオはポルトガル王国の正式な植民地である、とされていた。しかも、イギリスにとってポルトガルは、ともにナポレオンと戦う同盟国であった。つまり、マカオの武力占領は、同盟国の植民地を奪い取る行為にほかならない。そのようなことをイギリス東インド会社の責任ある立場の人間が主張することは難しかった。

それゆえ、一八〇七年一月に筆頭管貨人に就任したロバーツは、前年十二月のターナー誘拐事件をきっかけとして、とくには取引の障害となっていない海賊問題を名目に、派兵を要請したのである。海賊問題は、ロバーツにとって名目でしかなかったので、それで派兵要請がうまくゆかないならば、他の理由を考えればよい。折よくその年の秋にはポルトガルがフランスに侵攻されようとしていた。ロバーツはこれを利用して、フランスのポルトガル極東植民地への野心という曖昧な理由を掲げて、派兵を要請することとなったのである。

では、カントン商館のメンバーならばみな、アヘン取引に関心を持ち、マカオに敵意を抱いていたのだろうか。じつは、十八、十九世紀のカントン管貨人委員会は、ほとんどの場合、貿易の安定を志向し、清朝広東当局やマカオ政庁との関係維持に腐心している。一方、海賊問題における清朝の弱腰をことさら主張したり、派兵要請を行ったりするのは、ロバーツが筆頭管貨人を務め、管貨人委員会のメンバーにウィリアム・バリンという人物がいた一八〇七―〇九年の三年間に集中していた。

ウィリアム・バリンが管貨人委員会のメンバーに昇格するのとほぼ同時期、その弟で東インド会社社員であったジョージ・バリンは、カントンを訪れた地方貿易商人のアヘン、綿製品の取引仲介に関わるバリン商会（のちのデント商会）を立ち上げていた。会社は一七九九年の清朝によるアヘン持ち込み禁止令に従って、アヘンを取り扱うことをやめていたが、社員が私的に仲介などを行うことまでは制限していなかった。結局、一八〇八年二月にイギリス東インド会社本部は、清朝のアヘン禁令を尊重して社員によるアヘン取引仲介も禁止することになるが、このとき、バリン兄弟とともにロバーツも、「現地の中国人やパルーシー[*22]、ムーア人[*23]」あるいは「(マカオの) ポルトガル人」に仲介させるよりも社員が仲介したほうが、地方貿易商人の利益となり、ひいては会社に利益をもたらす、と抗弁している。これはロバーツ自身が、私的にアヘン取引仲介を行っていたからにほかならない。

つまりロバーツを初め、一八〇七年から一八〇九年にかけての時期の管貨人委員会は、ほかの時期に比べとくにアヘン取引に深く関わり、マカエンセと鋭く利害が対立していたのである。海賊やフランスの脅威などを名目とした派兵要請が行われた理由は、ここにあった。

(6) その後の海賊問題

広東の海賊集団は、イギリス軍のマカオ占領事件とは関係なく活発に活動し、治安はさらに悪化していた。一八〇九年九月初旬には、清朝広東当局は、イギリス東インド会社カントン管貨人委員会に、HMSデディニュズ号の利用の可能性について打診した。このとき、管貨人委員会は、あまり積極的

＊22 **パルーシー** Parsi／Parsee。八世紀ごろ、ボンベイへ移り住んだペルシャ出身のゾロアスター教徒の子孫。パルーシーのなかには、インドにおけるアヘン取引に関わる者が多くいた。

＊23 **ムーア人** 本来は、地中海沿い西北アフリカのイスラーム教徒を指す。ただし、アジア交易に携わるイギリス人は、インド亜大陸のイスラーム教徒を総称して、ムーア人と呼んでいる。

ではなく、正式な文書を通じて要請するよう返答している。この返答を受けて、このときは、清朝広東当局は会社との協力を断念した。広東当局は、一八〇五年の段階で、海賊対策においてマカオを初めとする外国勢力と協力して事に当たらぬよう、北京の清朝中枢から指示されていた。清朝中枢は、外国の助力を受けることは〝世界に冠たる武力を有する比類なき天朝〟としての体面に関わる、と考えていた。つまり、中央には協力の打診をしていること自体が知られてはならないのである。もし正式に文書を作成して協力を要請すると、この中央からの指示に反した証拠になり、発覚した際には、広東当局は厳しく責任を追及されてしまう。正式な文書作成は、広東当局としては受け入れがたいものであった。

その後、広東当局は、地方貿易商船の利用を模索し、黄埔に停泊していた地方貿易船マーキュリー号が利用できないか調査を行っている。このときの調査に、一部の行商が積極的に協力した。行商としては、前年（一八〇八）のイギリス軍マカオ上陸事件後の清朝のイギリス商人に対する不信感を拭い去るべく、海賊対策での協調を準備しようとしていたのである。しかし、カントン管貨人委員会の反応は鈍く、人員供出に否定的であった。結局、マーキュリー号は行商にチャーターされ、一八〇九年九月中旬からアメリカ人義勇兵を載せて海賊鎮圧作戦を行ったが、その活動は九月末には終了した。十一月には行商の仲介により、HMSセントアルバンス号の艦長オースティンと広州府知府との会談が行われ、オースティンはその後、両広総督百齢（ひゃくれい）と会見することとなった。しかし、会見直前、会社と清朝広東当局の交渉は打ち切られた。清朝広東当局がマカオとの協力を選んだからである。

カントン管貨人委員会は、マカオ政庁が交渉を妨害した、とベンガル総督へ報告しているが、そもそも清朝広東当局は、珠江河口の虎門(こもん)内への外国の軍艦の進入を禁じており、清朝広東当局がどの程度真剣にイギリス船を利用する気でいたのかはよくわからない。行商が、何とかイギリス東インド会社と清朝広東当局の関係を改善するべく会見をセッティングしたが、広東当局は会社を信用しなかったのであろう。また、前年の上陸事件の際に明らかになったように、両広総督とイギリス側の代表の会見が実現する可能性は低かった。

一八〇八年十二月にイギリス軍がマカオから撤退した直後、取引は再開され、翌年夏には北京の清朝中枢から貿易再開の正式な許可が出た。しかし、清朝は「民夷貿易章程」を制定してマカオ周辺の外国人に対する規制を強化しており、さらに、清朝全体でイギリスに対する警戒が強まっていた。行商の希望したような関係の改善は望めなかった。

一八〇九年十一月に交渉が打ち切られて以降、カントン商館は海賊問題に積極的に関与することはなくなった。そもそも貿易に影響が出ていない以上、積極的に関与する必要はなかった。むしろ、一八一〇年三月には張保仔集団と交渉を行い、相互不可侵の取り決めを結ぶに至る。イギリス東インド会社は、海賊集団が当分活動を続ける、と考えていたようである。しかし、じつは後述の通り、張保仔はすでにマカオを通じて、清朝広東当局とのあいだで投降交渉を行っていた。イギリス東インド会社は、海賊問題の展開を把握していなかったのだろう。冒頭引用部分でロバーツが主張したヨーロッパ人全体への脅威なども、存在しない幻想に過ぎなかった。

（7）「海賊の脅威」のその後

ロバーツが自分のアヘン取引の利益を確保するために主張した「海賊の脅威」は、思わぬ副産物を生み出した。ロバーツは、ターナーの報告書を最初に利用した人物である。むしろ報告書を書かせた立場にあった。報告書の基調は、ロバーツの意図に沿って、海賊集団がいかに強大かを主張することにあった。その後、海軍雑誌『ネイヴァル・クロニクル』に掲載され、多くの人びとの目に触れた。

ターナーの報告書は、その後の中国海賊に関する英語圏の言説の根源となった。報告書が好評を博すと、一八〇九年にはグラスプールの報告書が作成され、それが公表されると、二つの報告書をもとに、英語圏では「強大な中国海賊」というイメージが作り上げられてゆくこととなった。その後、東洋学者ノイマンや、海賊史家ゴスの著作によって、そのイメージは定着、増幅され、結果的に、二十一世紀初頭のポップカルチャーにも影響を与えた。ゴスは、中国の海賊はミストレス・チン（鄭一嫂（ていいっそう））の英訳）なる「美しく残酷な」女性が率いている、中国の皇帝すら恐れる、などの脚色を加え、みずからの著作『海賊の世界史』（一九三二年）に登場させた。このおかげで英語圏では、中国海賊＝ミストレス・チンが定番となり、ディズニー映画「パイレーツ・オブ・カリビアン」シリーズにも登場するに至る。ロバーツの野望により形作られた「中国海賊」イメージは、現代にまで影響していたのである。

3 マカオと海賊問題

イギリス東インド会社にとって海賊問題は、その当時の筆頭管貨人の利害によって生み出されたもので、会社の貿易活動を阻害するほどのものではなかった。では、もう一方の広東の「ヨーロッパ人」であるマカオの人びとにとって、海賊の存在はどのような問題であったのだろうか。

(1) 一八〇六年以前——交渉材料としての海賊問題

一八〇九年十一月、イギリス東インド会社の「交渉を妨害」して清朝広東当局のパートナーとなったマカオは、それまでどのような形で海賊問題に関わっていたのだろうか。突然現れて会社と清朝のあいだに割って入ったのだろうか。

マカオ政庁内で、ポルトガル語でラドロネス Ladrones と呼ばれる海賊の存在が議論されるようになるのは、イギリス東インド会社より古く、一七九一年のことである。このとき、清朝広東当局の香山県知県からマカオに、香山県内における海賊掃討作戦への協力が要請され、マカオ側は家屋建築の自由、マカオ内部における華人裁判権、広東全域におけるマカエンセの貿易の自由化などを求めたが、破談に終わった。また、一七九三年には、マカオ側から海賊対策への協力が申し出られた。このときは香山県から、マカオ艦隊の作戦行動には清朝水師の船がかならず同行することが求められたが、マカオ側が勝手に行動を起こして、関係のない福建商船を海賊と目して襲撃したりしたため、結局、共同作戦は行われなかった。一八〇一年にもマカオ側から香山県に、マカオでの清朝海関の業務停止やマカオ内部での建築物改装の制限撤廃を条件に、海賊鎮圧作戦への協力が申し出られたが、やはり香山県がこれを拒絶している。

このようにマカオ政庁は、イギリス東インド会社よりもかなり早い時期から、広東当局と海賊問題について折衝を行っていた。ただし両者のあいだでは、海賊対策への協力は交渉の材料に過ぎず、海賊問題の解決が最優先課題だったわけではなかった。一八〇一年以前（すなわち安南滅亡による海賊流入以前）においては、マカオにとっても広東当局にとっても、海賊問題はたいして深刻な問題ではなかったのである。ところが、海賊活動が活発化する一八〇二年以降は、そのような余裕はなくなった。海賊問題はマカオの安全保障そのものを揺るがすものになっていったのである。

マカオ沖のタイパ島、コロアネ島（現在は中華人民共和国澳門（マカオ）特別行政区に含まれ、マカオ国際空港がある）は、十八世紀以来の海賊の根拠地の一つであった。そして海賊は、マカオで盗品の売却や物資の購入、あるいは通行税徴収を行っていた。一八〇二年から海賊活動が活発化すると、マカオ周辺の海賊問題はさらに深刻なものとなった。マカオを出入りする小規模船舶がしばしば襲撃の対象となったため、入港船舶数が減少し、マカオでは食糧難が発生した。さらに、マカオ政庁を悩ませたのが、マカオに続々と流入する華人労働者であった。貧しい華人労働者は、海岸沿いやマカオの街の端にあばら家を建てて住み着き、犯罪の温床となった。マカオ政庁は、この貧しい華人労働者は海賊たちと同じ社会階層に属するので、海賊と結びついて暴動を起こすのではないか、と懸念した。
マカオ政庁は香山県知県に対して、海賊が夜間マカオに侵入して富裕層の邸宅を襲撃していることと、その手引きを行ったあばら家に住む華人労働者の存在について通知し、善処を求めている。本来ならば、マカオ当局がみずから取り締まるべきであるのだが、マカオは清朝から城壁の管理や砲台、武器携帯などについて厳しく制限されていた。加えて、とくに華人に関わることにおいては、捕まえた華人の裁判権をめぐってしばしば紛糾したことから、マカオ側は積極的に行動に出ることを自重していたのである。

一八〇四年、食糧危機をもたらす海賊に対して行動を起こすべく、マカオ政庁は香山県知県との交渉をまとめて艦隊の組織に踏み切った。まず、イギリス東インド会社から会社船ナンシー号を一万五〇〇〇ドルで買い取り、旗艦とした。財源は、政庁が保有するアヘンの放出、マカエンセ商人の寄付、宝くじ販売などで確保した。

このとき、当時の両広総督倭什布（わじゅうふ）は北京の清朝中枢に、マカオからの協力要請を謝絶した、と報告している。マカオ政庁と広東当局の協調体制について、清朝中枢はあずかり知らぬことになっていた。一方、マカオ政庁と広東当局は、海賊集団の存在が問題になる以前から、犯罪者引き渡しやマカオ内部における華人同士のトラブルなどの刑事、民事裁判に関わる事務や、貿易管理、治安維持、キリスト教徒の管理、宣教師の北京との往復、海外情報の提供など多岐にわたる事項について、香山県を窓口に折衝を繰り返していた。マカオにポルトガル人が住み着いた十六世紀以来、中央の知らない

図6–7　ミゲル・デ・アリアガ
Miguel de Arriaga Brum da Silveira：1776年3月22日、アソーレス生まれ。コインブラ大学法学部を卒業し、リスボンやリオ・デ・ジャネイロで判事を歴任した後、1802年からマカオの判事官に就任。以降、たびたびマカオ行政官や理事官なども兼任し、「マカオの父」と呼ばれ、マカオ内で強い影響力を有した。1824年12月13日死去

ところで、協力経験が豊富に蓄積されていたのである。

この間、マカオ側の担当者として広東当局と折衝に当たったのは、一八〇二年六月に判事官として着任した、アリアガ（図6-7）という人物であった。判事官はゴア総督が任命する、マカオの裁判を統括する役職であるが、同時に対外折衝や王室財政の管理なども行った。一七八三年の「王室制誥（せいこう）」で定められたその権限は、ポルトガル本国王室が任命する行政官、マカオ市民によって構成される市議会、市議会の代表者である理事官、マカオ教区司教と並ぶもので、むしろ実務レベルでは最大の権限を持つ立場であった。アリアガは、対外折衝に加え、艦隊の組織や海賊集団との交渉にも携わった。一八〇四年以降のマカオの意思決定は、ほとんどアリアガによるものである。

一八〇四年のマカオ政庁と清朝広東当局の協調行動は、広い範囲で行われた。西は雷州（らいしゅう）半島付近、東は福建省泉州（せんしゅう）府沖でも、マカオ艦隊が活動している。いくつかの戦闘では、マカオ艦隊が海賊集団を打ち破った。しかし、全体として海賊集団の活動が収まる気配はなかった。一八〇四年に始まる協調行動は、一八〇六年ごろまで行われたが、効果はあまりなかったのである。むしろ海賊活動はさ

らに激しいものとなっていった。

（2）一八〇九年の海賊鎮圧協約

一八〇七年ごろまでにマカオ周辺で活動する海賊集団は、おもに張保仔集団と郭婆帯（かくばたい）集団の傘下に組み入れられていた。このうち張保仔集団は、ランタオ島（現在、香港国際空港がある）に根拠地を置きつつ、マカオにも通行税徴収の拠点を置き、マカオ沖にもたびたび現れた。これに対してマカオ政庁は、あらたにプリンセスカルロタ、ウリセス、レアオンの三隻からなる艦隊を組織して海賊集団と戦ったが、成果はなかった。マカオはこれらの船舶購入資金を工面するため、古い船舶を売却せざるを得なかった。一八〇八年の秋から冬にかけてはイギリス軍にマカオを占領され、清朝広東当局からは封鎖されて、食糧が不足する事態にも発展した。さらに、一八〇九年二月にはマカオ艦隊は、マカオ沖での海賊集団との戦闘に敗れている。この段階では、マカオの海賊対策は困難を極めていた。

事態は三月に入ると好転する。三月中ごろ、前年のイギリス軍マカオ占領事件の最終処理の予備交渉のため、新任の広東巡撫韓崶（かんふう）[*24]（次頁図6－8）がみずからマカオを訪れ、判事官アリアガ、理事官ジョ

＊24　**韓崶**　?―一八三四。江蘇省蘇州府元和（げんわ）県出身。広東や湖南で道員、按察使を歴任し、一八〇三年から福建按察使として蔡牽（さいけん）対策に尽力した。一八〇八年、広東布政使任命直後、両広総督呉熊光（ごゆうこう）と広東巡撫孫玉庭（そんぎょくてい）が解任、広東巡撫（両広総督兼任）の本来の後任の永保が病死したため、巡撫へ格上げされた。一八〇九年以降の広東での海賊対策が高く評価され、その後、刑部尚書に任命された。

図 6–8　韓崶
『清史図典　第八冊　嘉慶朝』より

ゼ・バロシュらと会見を行った。このとき韓崶は、イギリス軍に対するマカオの抵抗を高く評価し、マカオ側が要求する砲台や城壁の改修を一部認めた。五月には新任の両広総督百齢もマカオを訪れ、マカオの当局者と懇談した。この韓崶と百齢のマカオ訪問以降、清朝広東当局とマカオ政庁のあいだには信頼関係が醸成されたようで、以降の両者の交渉はスムーズに行われるようになった。

　このころ、清朝水師はたびたび張保仔集団や郭婆帯集団と戦闘を繰り返していたが、護理左翼鎮総兵（総兵代理）の許廷桂（きょていけい）が戦死するなど、敗北が続いていた。清朝は本腰を入れて海賊鎮圧協調行動のパートナーを探していたのである。

　一八〇九年六月、香山県知県はマカオから大砲を買い取り、香山県内で使用している。また九月には、マカオ当局から香山県に対し、武装ポルトガル船と清朝水師のジャンク二〇〇隻からなる海賊鎮圧艦隊の組織が提案された。マカオ側は、武装ポルトガル船の整備のために、広東当局に三〇万両の貸し付けを要求した。この交渉は、清朝がマカオに経費として八万両を渡すことで妥結した。海賊鎮圧協約が結ばれたのは十一月上旬、前述の両広総督百齢とイギリスの艦長オースティンの会見が予定されていた数日前のことであった。しかし、実際にはこの貸し付け金額をめぐる交渉の裏では、すでにマカオ政庁による船団整備、香山県知県と協力しての艦隊組織、さらに、共同作戦が開始されていた。イギリス東インド会社カントン管貨人委員会はこれを、みずからと清朝の交渉をマカオが嫉妬のために邪魔をした、とベンガルへ報告しているが、実際には、イギリス東インド会社との交渉以前から、マカオと清朝広東当局の交渉が行われていたのである。

マカオと広東当局のあいだで正式に協約が締結されたのは、十一月二十三日のことであった。このときに成立した協約は、マカオ側は六隻の軍艦を用意し、清朝水師とともに艦隊を構成する、清朝広東当局は八万両をマカオ側へ支払い経費を賄う、というものであった。協約に従い、アリアガはマカオの商人から一万二〇〇〇ドルを借り受け、艦船六隻兵士六三〇人からなる部隊を編成し、清朝水師六〇隻一八〇〇名からなる部隊とともに、正式に作戦行動を開始した。

(3) 海賊投降交渉の仲介

一八〇九年十二月十一日、マカオ、清朝連合艦隊は、マカオ沖で張保仔集団を撃破した。さらに、張保仔集団との関係が悪化していた郭婆帯集団は、十五日に張保仔集団と戦い、これに勝利した。郭婆帯は、この張保仔集団に対する勝利を手土産に清朝広東当局への投降を模索し、アリアガに投降交渉仲介を依頼した。アリアガはこれを認めて清朝広東当局に取り次ぎ、翌一八一〇年一月十三日、郭婆帯は肇慶府帰善県で両広総督百齢に投降した。郭婆帯には把総（正七品の武官）の位が授けられた。

前述のように、マカオには海賊集団がしばしば入り込み、略奪を行うほか、通行料徴収機関も置かれていた。海賊集団はしばしば盗品をマカオで売却し、日用品や武器などを買い求めた。海賊集団はマカオの脅威であったが、同時にマカオ経済とも結びついた存在であり、華人を介して、マカオ当局にもチャネルを持っていたのである。マカオ当局は、このチャネルを利用して、海賊の投降交渉を仲介した。

郭婆帯集団の投降を受けて、張保仔集団内でも投降が模索された。張保仔集団とマカオ、清朝艦隊の戦闘は、一八一〇年一月も続いていた。しかし、一月中旬にはすでに張保仔からアリアガのもとに、投降条件についての問い合わせが来ていた。また、マカオ船団の司令官ジョゼ・アルコフォラドも、張保仔集団に直接投降を呼びかけている。清朝側でも、投降交渉が模索された。清朝広東当局が利用したチャネルは、マカオのアヘン商周飛態であった。

投降交渉は、アルコフォラドと張保仔の会見により、二月二十一日に行われることが決まった。当日、両広総督百齢初め広東当局要人とアリアガは、虎門に待機して張保仔を待ったが、張保仔集団はいったん虎門に近づくも、警戒して逃げ去ってしまった。張保仔はその後も沿海集落での略奪を続けつつ、投降交渉を再開した。二十四日には、張保仔が再びアリアガに接触している。その後の交渉は順調に進み、二十八日には香山県知県がアリアガに、投降受け入れ時の警備体制について問い合わせしている。三月二十三日に、アリアガから張保仔へ、投降受け入れ準備完了が通知され、三十日にマカオ半島南端の媽閣（まかく）で投降受け入れの儀式が行われることになった。しかし、清朝広東当局とマカオ行政官ファリアの意向で投降受け入れの儀式は延期され、場所も香山県芙蓉沙（ふようさ）に変更された。この変更に対してアリアガは、交渉仲介の責任を負えないとして仲介から手を引こうとしたが、張保仔集団、広東当局両者から慰留され、その後の投降の儀式にも参加している。

一八一〇年四月八日、両広総督百齢が、張保仔投降受け入れについて嘉慶帝の裁可を得たことをアリアガに伝え、同日、張保仔側からもアリアガのもとに投降条件の受け入れが伝えられた。投降条件交渉は妥結し、翌日、投降受け入れの儀式が香山県芙蓉沙で行われた。張保仔集団は武装解除されず、それ以前に投降していた郭婆帯集団とともに、そのまま清朝緑営水師に伴われて西へ向かった。彼らはその年の六月までに、烏石二（うせきじ）率いる広東西部雷州半島付近の海賊集団を壊滅させた。烏石二集団は、中国沿海に残る最後の大規模海賊集団であった。十八世紀末以来の広東における海賊問題がこのとき、ようやく解決をみたことは、前章で触れた通りである。

（4）一八一〇年代のマカオの立場

烏石二集団を壊滅させた張保仔はその後、福建の武官に任命され、広州を離れた。海賊問題はとりあえず解決をみたが、マカオにはまだいくつか問題が残っていた。

まずは、清朝が十一月二十三日協約でマカオ政庁に支払うとしていた八万両についてである。一八一〇年夏、海賊問題がほぼ解決をみた時点でも、清朝から八万両の一部が支払われていなかった。これに対し、マカオ政庁内では意見が分かれたが、結局、アリアガの見解に従い、残額の請求は行わないことになった。

もう一つ、マカオ側が海賊対策協力の見返りに求めていたのが「特権の回復」である。この「特権の回復」は、一七九〇年代から、海賊鎮圧への協調行動に際してしばしば言及されていたもので、その内容は、広州との往来の自由化やマカオでの清朝当局による関税徴収の停止、マカオ内部の華人を対象とした裁判権を認めること、などであった。おそらくその特権とは、第一章でも触れた、明朝が崩壊した際に華南で成立した南明(なんみん)政権が認めたものをもとにしているのであろうが、実際には「回復」というより、むしろ現状に合った形に規定を改訂することを求めたものであった。

マカオ側の要求はほとんど却下されたが、マカオ内部の華人労働者の管理については、善処が約束された。これによって、マカオは十八世紀後半以来、内部に抱えていた華人労働者という治安攪乱(かくらん)要素を抑制できるようになった。

さらに、マカオにとっては、イギリス軍マカオ占領事件の事後処理とその後の海賊鎮圧を通じて、清朝広東当局とのあいだの信頼関係が構築されたことが大きい。清朝広東当局側においても、イギリス人を初めとする西洋人との交易を管理するうえでも、治安維持においても、マカオと協力してゆくことが重要である、と認識されるようになった。

この清朝広東当局との関係強化の裏側には、もう一つ別の事情があった。マカオ内部における華人の発言権の増大である。華人商人は、イギリス軍上陸事件や海賊問題解決以降、しばしば共同で発言を行っている。イギリス軍上陸事件から間もない一八〇九年一月には、親英的であるとされたマカオ行政官アルバレンガの更迭を働きかけるよう香山県知県に請願書を提出しているし、同年二月には、ポルトガル国王に向けて、マカオをイギリスに引き渡すことのないよう嘆願書を送っている。さらに十一月には、判事官の任期が切れるアリアガの留任を求めて、香山県、マカオ市議会、ポルトガル国王に嘆願書を提出している。

彼ら華人商人は、マカオ政庁やマカエンセ商人と結びつき、国際貿易なかんずくアヘン取引によって成長した勢力であった。海外から持ち込まれたアヘンを清朝領域各地へ出荷するのが、彼らの役目であった。広東当局と海賊との交渉を仲介した周飛熊などは、その典型である。当地を管轄する清朝広東当局とマカオ当局のあいだで良好な関係が維持されることは、彼らが取引を続けてゆくうえできわめて重要であった。そして、彼ら華人商人の存在なくして、マカオ当局はアヘン取り扱いから利益を得ることもできなかったのである。

すなわち、マカオ経済の重要な一部分となりつつあった華人商人を取り込むためにも、マカオ当局は清朝広東当局との関係を保つ必要があった。マカオと清朝の関係が険悪なものとなり、まかり間違って清朝広東当局が、マカオのアヘン取引も厳禁、などと言ってきては困るのである。その結果、アリアガは清朝広東当局に融和的な態度をとるようになっていた。海賊鎮圧の経費八万両全額支払いの要求取り下げは、このような背景のもとに決定されたのである。

ともあれ、マカオ政庁は清朝当局との関係を良好なものとすることで、大きな利益を得た。イギリス東インド会社カントン管貨人にアヘン取引の利益を奪われることなく、海賊問題も解決できた。さらに、マカオの華人も取り込むことができた。一八一〇年代はマカオ経済がもっともうまくいった時期でもあった。マカオにとって海賊問題は、自身の安全保障を脅かす深刻な問題であったが、その解決を通じて、安定したアヘン取引という果実を得たのである。

4　アヘン戦争への道

海賊の存在はイギリス東インド会社の取引において、それほど重要な障礙（しょうがい）ではなかったが、当時の中国貿易現地責任者であるカントン商館筆頭管貨人ロバーツは、アヘン取引の競争者マカエンセ排除のための派兵の名目として、海賊問題を利用した。一方、マカオ政庁にとって、海賊問題はきわめて深刻な安全保障上の問題であり、同時にそれを清朝との関係改善によって乗り越えることで、安定したアヘン取引を実現できた。

マカオでは、この一連の事件は、マカオに暮らすポルトガル人が雄々しく闘い、勝利を収めたものであるかのように描かれた。一八一二年にリスボンで初版が発行された『マカエンセは中国海賊とイギリスの侵入とに対しいかに戦いしか』なる書籍には、アルコフォラド初めマカオの戦士たちが中国海賊を叩き潰し、イギリス軍を撃退するさまが描かれている。ナポレオン戦争の荒波にもまれる本国王室にも忠誠を尽くした、というマカオの自尊心は、最高潮に達した。アヘン取引による利益を獲得したマカオの経済は好調であり、その好調さはさらに〝英雄的な勝利〟によって飾られていたのである。

一方で、海賊問題とそれに続くイギリス軍マカオ占領事件によって、イギリスは清朝から不信感を持って遇されることになった。一八一二年、ロバーツは再びカントン商館の管貨人としてマカオを訪れた。その後、ロバーツが取引のために黄埔へ向かおうとしたとき、清朝広東当局はそれを認めなかった。ロバーツは、イギリス軍マカオ占領事件の首謀者である、と清朝から目されていたからである。ロバーツは翌一八一三年、マカオで病死した。ロバーツ後の管貨人たちは、清朝広東当局に気を遣いながら、貿易を進めることになった。

イギリス側は、この一連の事件をたいへんな屈辱であると考えていた。彼らは口ぐちに、一八〇九年に建てられた清朝側のイギリスに対する勝利をたたえる石碑の存在を、苦々しく語っている。そして、その怒りの矛先はマカオにも向いていた。一八二〇―三〇年代の英語文献には、しばしば「マカオは、十六世紀に海賊退治の報奨として中国政府から割譲されたポルトガルの植民地である、とされてきたが、実態は違う。彼らは主権を中国政府に握られている。マカオは海賊も退治できない中華帝国の一部に過ぎない」と吐き捨てるように記されている。マカオに暮らしたスウェーデン人リュンスタッドの『マカオ史素描』にもあるように、このような見方は、英語を話す当時の人びとのあいだでは一般的な認識であった。

図 6–9　アヘン戦争——粉砕される清朝の戦船
「ネメシス」(アヘン戦争図) E・ダンカン画　1843 年 (英国国立海事博物館所蔵)

「マカオは海賊退治の報奨」というのは、十七世紀中ごろにはマカオ内部で語られ、ヨーロッパで一般的になった伝説である。しかし、これは伝説に過ぎない。十六世紀中ごろ、ポルトガル人がマカオで交易を行ううちに、現地の商人と結びついて当時広東を治める官憲に賄賂を送り、居留を既成事実化した、というのが実態である。むしろ当時のポルトガル人は、取引をしながら他国の船や沿海集落に対して略奪を行う、まごうことなき海賊であった。一方、清朝側では、マカオにポルトガル人がいるのは明代からのことなので、排除は困難だし、西洋人管理にも利用できるという理由で、マカオにおけるポルトガル人居住を認めていたのであって、海賊退治の報償云々、という話は遠い昔のあずかり知らないことがらであったし、清朝側の史料にはまったく登場しない話題であった。また、清朝も明朝も、マカオの統治に口を挾むのは、内地と関係する華人の行動に関連するものだけであって、ヨーロッパ人の認識をもとに「主権が云々」と言われても、困惑するだけであっただろう。

要するに、アヘンというドル箱になるはずの商品を独占できなかったイギリスの恨みはたいへんに深かったのである。イギリスの雪辱の機会は一八三九年、アヘン戦争直前に、ようやく訪れた。欽差大臣林則徐[*25]は、イギリスとの貿易停止というおよそ三〇年前とほとんど同じ行動をとったのである。イギリスからすれば、これ以上ない復讐の舞台が整った。以前と同じ行動に出た相手を、今度はイギリス本国議会の承認を取り付け、正式に宣戦を布告したうえで、存分に叩き潰すことができるのである(図6—9)。

イギリスが清朝に戦争を仕掛け、練りに練った作戦と蒸気船という新兵器の投入により大勝利を収めて得意満面であったころ、すでにマカオのアヘン取引の利益は失われていた。じつは、マカオのアヘン取引における独占的な立場は、一八二〇年代にすでに崩壊していたのである。

一八二〇年代初頭、インドで生産されるアヘンの質と生産効率は、飛躍的に改善した。その結果、アヘンは大量に安く手に入るようになった。イギリス東インド会社は当初、販売量の上限を四八〇〇

*25 **林則徐**　一七八五—一八五〇。福建省閩侯(びんこう)県出身。一八三八年、欽差大臣として広東に赴任。アヘン密輸を厳しく取り締まり、同時に対英戦争の準備をした。アヘン戦争敗北ののち、その責を負ってイリに流された。一八四七年から官界に復帰し、その後、太平天国の鎮圧のため再び欽差大臣に任命されたが、任地へ向かう途中で病死した。

箱に設定していたが、その量をはるかに超えるアヘンが取り引きされるようになり、会社の統制は有名無実になった。インドで増産された安価なアヘンは清朝領域へ流れ込んだが、そのアヘンはマカオを通過しなかった。マカオを通過して関税や手数料を取られるようでは、販売価格が上がってしまい、売れるものも売れなくなる。しかも、そもそも手狭なマカオでは、数万箱に及ぶ大量のアヘンを取り扱うことは物理的に不可能であった。アヘンは清朝領域内の商人たちに直接販売されるようになり、その結果、マカオはアヘンから利益を上げられなくなる。マカオの繁栄はすでに翳(かげ)りを見せていた。

アヘン戦争後の南京条約によって、香港、上海が開港場に指定されると、商人たちは手狭なマカオを捨てて、香港や上海へ移り住んだ。マカエンセ商人も例外ではなかった。マカオはポルトガル本国のテコ入れもむなしく、急速にさびれてゆく。一八五〇年代、マカオはあらたな生きる道を模索することになる。たどり着いた先は海賊稼業と人身売買、そして賭博場の経営であった。

第七章　海賊とは誰だったのか

——出自・組織・活動

清朝中枢は、安南での政権交代に伴う混乱に介入しない口実として海賊問題を利用した。

清朝東南沿海経済にとって、海賊問題は海運に打撃を与え、経済状態を悪化させるものであった。

沿海に暮らす人びとにとって、海賊問題は自身の生命財産を脅かすものであり、商人にとって海賊は、通行料を無制限に要求される厄介な相手であった。

台湾では、海賊問題は開発の終わりの始まりを告げる行政機関設置のきっかけとなった。

清朝の地方官にとっては、海賊問題とは治安問題そのものであった。しかし、清朝に海賊問題を解決する財政的余裕はなかった。中央からの援助は期待できないので、地方官たちは自力で解決せざるを得なかった。

　清朝の対外貿易において最大のシェアを占めたイギリス東インド会社の現地責任者であるカントン管貨人にとっては、海賊は、アヘン取引に従事するマカオのポルトガル系住民の影響力を殺ぐための派兵を要請する口実であり、マカオ政庁にとっては、ほかの沿海に暮らす人びとと同様、みずからの安全保障を脅かす存在であった。結果的に、マカオ政庁は海賊問題とイギリス軍占領事件を乗り越え、一八二〇年代までの安定的な立場を手に入れた。

　海賊問題に直面した人びとは、ある者は直接的な被害を受け、ある者は海賊問題を理由にして自分の主張を通そうとした。彼らすべてにとって、海賊はどこかから来襲する敵であった。海賊は迷惑な他者であった。

　では、その「海賊」たちは、実際にはどのような人びとだったのだろうか。ここではまず、その首領たちの履歴を見てゆくことにしよう。ここには、これまで触れなかった海賊も登場する。周囲からはとくに問題とされなかった、だが、海賊たちの実態に迫るには重要な人びとである。

1　海賊たちの履歴

（1）海賊処刑のモデルケース——王馬成

王馬成は、福建省泉州府同安県に生まれた。もともとは漁業に携わっていたらしい。海賊活動を始めたのは一七八七年の夏のことであった。貧困から抜け出すために、仲間一三人を集めて出港し、福建沿海を北上、浙江南部の温州、台州付近で略奪を繰り返し、仲間を増やした。巡邏を行っていた官船を襲撃したのち福建に戻り、故郷へ帰った。その場で略奪品を分配し、いったん解散したが、一部は再び海賊を働くべく出港し、広東省海豊県亀齢洋面に停泊していたところを逮捕された。活動期間は二カ月程度であった。

王馬成ら計二四名は総督、巡撫の判断で即刻処刑され、処刑後に乾隆帝に報告された。地方官がこのように独断で死刑を執行するのは、当時にあってはまだ異例のことであった。一七八七年は、海賊による略奪の増加が清朝当局者によってちょうど問題とされ始めたところで、厳罰化が主張されていた時期であった。たまたまそのときに捕まった海賊集団の首領王馬成らの扱いは、その後の海賊行為に対する量刑のモデルとなった。

なお、このとき、集団内部における男色行為「鶏姦（けいかん）」も処罰の対象となっている。清朝の律例においては、男性が男性に対して行う性的暴行を「鶏姦」と呼び、その罪に男性の女性に対する性的暴行とほぼ同様の刑を充てていた。ただし、「鶏姦」は、その被害者にも責任があるとされ、たとえば、海賊集団に誘拐されて「鶏姦」されたのち、逃げ出さないでいると罪に問われ、杖刑が科される場合があった。

（2）最初の大規模海賊集団の首領――林明灼（りんめいしゃく）

林明灼は福建北部の福州（ふくしゅう）の出身である。もともと福建北部福寧（ふくねい）府霞（か）浦（ほ）県の沿海各地で労務者として働いていたが、貯金して小舟を購入した。海賊稼業を始めたのは一七八五年のことで、貧困を愚痴る人びとを集めて略奪をしては、略奪品を分配して解散するという行為を繰り返した。一七八七年ころからは、毎回解散をすることをやめ、長期間、海賊集団を組織して活動を続けるようになった。活動範囲は福建南部から浙江南部で、百数十回にわたって商船などを襲撃した。一七八九年七月には、浙江温州鎮署参将張殿魁（ちょうでんかい）を戦闘の末、殺害した。この事件の後、取り締まりが厳しくなったため、集団を解散して故郷へ戻ったが、翌年初頭、逮捕され、処刑された。林明灼とその義子陳礼礼（ちんれいれい）は、一七八七年ごろから清朝の指名手配を受けていたが、たびたび溺死したという情報が流れた。結局、両者とも逮捕されたので、溺死の情報は、浙江当局がサボタージュのために故意に流したのではないか、と乾隆帝は疑い、たびたび浙江当局を詰責した。

（3）安南海賊とともに——林発枝

一七六四年に浙江省温州府平陽県の陳家に生まれた阿徳という男児は、数え六歳で福建福寧府福鼎県の李世彩に銭三二〇〇文で売り渡された。李世彩は、跡継ぎとして、そして自分の老後の世話をさせるために阿徳を購入し、李姓を名乗らせ、発枝と名づけたのである。しかし、李発枝は養父に反抗し、一三歳のときに出奔した。その後は、林発枝と名乗り福建省北部の霞浦県などで漁民として暮らしていたらしい。義理の息子に逃げられた李世彩は憤懣やるかたなく、病を得て失明してしまった。

一七九三年ごろから海賊に加わった林発枝は、浙江南部から福建北部沿海でたびたび商船を襲撃する海賊集団の首領となった。一七九五年には、北上して来た安南海賊と行動をともにするようになり、琉球からの朝貢貨物船や官米輸送船、福建北部の東沖、定海などの営汛などを襲撃し、取り締まりが厳しくなると、安南海賊とともに安南へ逃亡してしまった。同様に、福建、広東出身の海賊で安南とのあいだを行き来していた者に、黄勝長や王流蓋がいる。彼ら安南海賊とともに行動する海賊は、清朝から「艇匪」、「艇盗」などと呼ばれた。

清朝当局者は、一七九六年ごろから海賊集団の著名な首領の出身地を聞き出し、その親族を捕えるようになった。首領の出身地の割り出しと親族の拘束は、これ以降もしばしば行われる。林発枝の養父、李世彩もそうして捕えられ、養子への投降勧告状の執筆を強要された。このような親族捜索は、ちょうどこのころ行われていた海賊への投降勧告政策の一環であった。

林発枝が養父の手紙に何を思ったかはわからない。一七九七年、福建福州府に配下を率いて投降し、下級武官の官職が授けられ、北京へ送られた。

(4) ベトナムへの移民——陳阿澄(ちんあちょう)

陳阿澄は広東省広州府の出身であったが、安南北部沿岸に移り住み、漁業で生活していた。ベトナムの各地、なかんずくメコンデルタの開墾には、広東からの移民が多く参加したが、沿海部にも多くの漁民がおり、陳阿澄はその一人であった。

彼は現地で妻をめとり、辮髪(べんぱつ)をやめて髪を伸ばした。清朝では成人男性は、辮髪をしていないとそれだけで拘束された。辮髪をやめるというのは、要するに、清朝領に帰る気がないことを示している。その後、ベトナムで阮文恵(げんぶんけい)と阮福暎(げんふくえい)の抗争が始まると、彼は妻の黎(れい)氏とともに阮文恵政権の水軍に組み入れられ、范光喜(はんこうき)率いる船団の幹部となった。

一七九六年九月一日朝、前夜からの暴風雨で居船が座礁し、浙江温州沿岸に漂着した范光喜および陳阿澄以下十数名は、数日のうちに閩浙(びんせつ)総督魁倫(かいりん)の審問を受け、最終的に凌遅処死(りょうちしょし)となった。

(5) 安南を見限った海賊——陳添保(ちんてんほ)

一八〇一年九月、広東省西部の欽州(きんしゅう)府に一族郎党とともに投降した陳添保は、もともとは広東省広州府出身の漁民であった。彼の供述によれば一七八三年、漁の途中で嵐に遭い、ベトナム北部に漂着し、阮文恵の手下に攫(さら)われ、水師(すいし)に編入された。その後、陳添保は昇進を重ね「安南総兵」、「都督」に任じられたという。陳添保の供述書は、第一章で見た、清朝の対安南政策が転換するきっかけとなったものであり、阮文恵およびその子阮光纘(げんこうさん)を糾弾することを目的として作成された。このことを勘案するならば、清朝中央が判断しやすいような方向に、陳添保の供述書が書き変えられていたとしても不思議ではない。ただ、安南に暮らした華人漁民が、自発的か否かはともかく、阮文恵政権の水師に組み込まれていたことは間違いないだろう。

陳添保は、一七九九年夏、阮光纘政権の敗色が濃厚になったころには、すでに配下を欽州府に投降させ、清朝側の動向を探っていた。清朝側では、安南総兵をみずから名乗る人物の投降は、阮光纘政権とのあいだに紛争を引き起こす可能性があると考え、当初は陳添保の受け入れに消極的であった。第五章、第六章で見た張保仔(ちょうほし)の投降始末同様、長期にわたる投降交渉があり、最終的に受け入れても問題ないと広東当局が判断したのち、陳添保が投降したのである。第一章で見た通り、中央にはもちろん、突然、陳添保が投降してきたかのように報告されているが、その投降のタイミングは偶然ではなかったはずである。

欽州へ投降した陳添保は、安南国王から受け取っていた総兵印章や勅書などを提出し、広東省内陸の南雄府へ移された。その後は不明である。

（6）海賊の協力者、海賊になる――李崇玉

李崇玉は、広東省恵州府の出身で、一八〇二年から地元で天地会あるいは共和議会などを自称した結社を組織して、土匪として活動していた。もともと地元の有力者の親族であった李崇玉は、一八〇二年夏に恵州府の沖、七娘澳で座礁したルソン商船から銀一万両余と武器などを得たことをきっかけに、前述のような秘密結社を組織し、地域の顔役になったらしい。じつはこの年、恵州府一帯で陳爛屐四が天地会なる秘密結社を組織して反乱を起こしていた。最大一万人を糾合したこの反乱は、広東東部に混乱をもたらしたのだが、李崇玉の活動も、この反乱に呼応したものでもあった。

李崇玉は、寄付によって監生（国子監の学生）の称号を得ようとする一方、朱濆や総兵保（梁保）などの海賊集団と連絡を取り合い、代理人として保護費の徴収も行った。一八〇四年には地元の甲子港を海賊鄭烏猪とともに占領しようとして失敗している。その後、天地会反乱が鎮圧されると、李崇玉は清朝広東当局の取り締まりを逃れ、一族郎党を引き連れて、当時、恵州沖で活動していた海賊林阿発集団に身を投じた。

一八〇四年末に両広総督に着任した那彦成は、李崇玉の身柄確保のため、それまでにも行っていた海賊に対する投降呼びかけを、さらに活発なものとした。那彦成は、李崇玉側と一年間に及ぶ交渉を

行い、一八〇五年十二月三十日、ついに投降させることに成功した。ところが那彦成は、第五章で見たように、海賊対策が不備であると弾劾され、両広総督を解任されてしまう。李崇玉は北京へ送られることとなった。

北京で軍機大臣、刑部諸官の取り調べを受けた李崇玉は、那彦成から「免死」と刻印された銀牌を受け、正五品の官位を与えたうえで地元潮州で署守備に任じると約束された、と供述した。この報告を受けた嘉慶帝は激怒し、広東で待機していた那彦成の官職をすべて剝奪して北京へ召喚、最終的には新疆に左遷した。一八〇六年九月、李崇玉は北京で処刑された。

(7) 逆賊――蔡牽

蔡牽は、一七六一年、福建省泉州府同安県西浦郷に生まれた。もともと労務者として、棉花打ちや網の補修などで暮らしていたが、一七九四年に福建南部で発生した水害により職を失い、福建北部霞浦県周辺で漁民となり、その後、海賊に身を投じた。

蔡牽は一七九六年ころから、安南海賊と行動をともにした。その後、一八〇〇年の「神風蕩寇」により、浙江に侵入した安南海賊が壊滅的な打撃を受けると、それまで安南海賊につき従っていた、おもに福建北部を根拠地とする水澳幇（「幇」は反社会的グループを意味する語）と呼ばれる海賊集団を糾合していった。同時期、浙江南部では侯斉添が、鳳尾幇と呼ばれる浙江南部沿海の海賊集団を糾合し、蔡牽集団と衝突することになる。蔡牽は、一八〇一年夏に侯斉添を殺害し、浙江随一の海賊集団を形成する。そして福建北部から浙江南部までを荒らし回り、たびたび浙江当局や福建当局の水師と戦闘を繰り返した。一八〇四年から数年のあいだ、台湾にも何度も現れ、械闘に介入している。

蔡牽の妻（「蔡牽媽」と呼ばれた）も積極的に蔡牽の活動に協力し、女性だけで組織された部隊「娘子軍」をみずから率いていたという記録もあるが、実態はよくわからない。ただ、どの海賊集団にしても、女性が一定程度は参加していたようである。当時の清朝沿海には、女性だから船に乗れない、などといった習慣がなかったことは、指摘しておく必要があるだろう。

蔡牽集団は、浙江、福建当局の執拗な攻撃を受け、一八〇八年初頭にベトナム海域へ逃亡した。この年、蔡牽集団は浙江沿海に再び姿を現したが往年の勢いはなく、一八〇九年九月二十三日、浙江省台州漁山沖で清朝水師に包囲されるに及び、みずから居船の火薬庫に火を放ち、自爆した。

蔡牽の行動のうち、もっとも重要であったのは、台湾上陸に際して「鎮海威武王」を自称したことであった。王号の自称は清朝に対する反逆を意味しており、たとい蔡牽が自発的に投降したとしても、清朝側ではこれを受け入れることはできなくなったのである。ほかの海賊集団は、清朝に敵対的な態度をはっきりとはとっていなかったが、蔡牽は、みずから退路を断ったことになる。

蔡牽の王号自称直後の一八〇四年、蔡牽の古里、同安県において清朝官憲の捜査が行われた。調査に当たった同安県知県孫樹南は、とくに何も得るところがなかったためか、蔡氏一族の墳墓を破壊している。親族はすでに逃げ去ったあとであった。

嘉慶帝も、奏摺や上諭に蔡牽の名があると、朱筆で×印を入れ、とくに敵愾心をあらわにしたが、これは王号の自称という行為による。蔡牽は当時の海賊のなかの代表格であり、その追跡劇がそのまま当時の海賊鎮圧物語とされたのだが、蔡牽がとくに注目されたのも、王号を自称したからであろう。蔡牽は、当時の海賊たちのなかでもじつは数少ない、まごうことなき反逆者であった。第五章で登場した朱濆もまた「海南王」を自称したため、やはり最後は福建沿海で清朝水師の攻撃を受け、殺害されている。

蔡牽自爆の翌年、蔡牽集団の残党は、蔡牽の義子小仁(しょうじん)と文幅(ぶんふく)という二人の少年をリーダーとして、浙江当局に投降した。小仁は、蔡牽自爆直後、補佐役であった陳贊(ちんさん)から、実の両親が蔡牽に殺害されていたことを知らされていた。また、文幅の父親はもともと蔡牽の居船の舵工(だこう)(舵を操る乗組員)であったが、文幅がまだ襁褓(むつき)のなかにいたころに死んでおり、憐れんだ蔡牽がこれを義子としていた者であった。嘉慶帝は、彼ら二人の少年が蔡牽の実子ではないことから、罪に問わず、解放した。彼らのその後の行方は不明である。

(8) 浙江最後の海賊——張阿治(ちょうあち)

張阿治は一七六六年、福建省泉州府に生まれ、一七九〇年代前半には浙江台州大陳山(だいちんさん)で漁業に携わっていたという。おそらく、当時浙江南部で活動していた海賊集団に、早い段階から関わっていたと思われるが、本人の供述では、一七九九年に浙江南部で活動していた鳳尾幇の首領、侯斉添に誘われて、海賊に身を投じたのだという。その後、侯斉添が蔡牽に殺害されると、その残党を集め、浙江中南部で海賊稼業を続けた。集団の規模は蔡牽ほど大きくはなく、官兵に対して目立った抵抗をしていたわけではない。また、先代の首領侯斉添を殺害されたことから、一貫して蔡牽集団と敵対していた。長く大陳山付近を根拠地として商船を襲撃するなどしていたが、一八〇八年十一月、故郷の福建省恵安県で、母親と弟が清朝当局に拘束されたため、福建当局に投降した。清朝当局は、張阿治の母親を通じて投降を呼びかけたのだが、これは浙江で活動する張阿治に関する情報を、浙江当局が福建当局に通知したことがきっかけとなっていた。

張阿治とほぼ同時期に駱仔盧集団も浙江当局に投降した。この二つの集団の投降により、浙江海域では、海賊問題はほぼ解決された。

(9) 広東海賊の象徴——張保仔

張保仔は、広東省広州府出身の漁民であった。一七八六年の生まれで、ほかの海賊集団の首領に比べて格段に若い。一八〇〇年、父親とともに漁に出たところ、鄭一集団に拘束され、海賊に加わることになった。美少年のゆえに鄭一の男色の相手であったとされる。一八〇七年、鄭一が死亡すると、その未亡人鄭一嫂と結婚し、海賊集団を率いることになった。

鄭一集団はもともと、安南阮文恵政権の水師の一翼を担なっていた、鄭七が率いる広東新安県赤立角鄭氏一族の海賊集団である。赤立角は広東中部の珠江デルタ東部のランタオ島にあり、鄭氏一族は、鄭芝龍の傍系を自称していた。鄭七は阮文恵政権から大司馬に任じられ、一八〇二年、阮福暎政権との戦闘中に死亡している。

張保仔、鄭一嫂が率いた集団は、厳しい規律を敷いていたとされるが、実際、その規律がどの程度浸透していたのかはよくわからない。彼らはランタオ島に本拠地を置き、しばしばマカオ沖にも出現して、通行料の徴収や略奪品の売却などを行ったが、一八〇九年ごろから、取り締まりの強化とともに集団内での日用品確保に苦しむようになり、沿海集落をしばしば襲撃するようになった。その結果、沿海住民との関係が悪化し、さらに日用品の確保が困難となり、結局、マカオ政庁を通じて投降を模索することとなる。

張保仔は一八一〇年四月、広東当局に投降すると、清朝から武官に採用され、武装解除されないまま、西部の烏石二(うせきじ)集団掃滅に投入された。烏石二集団壊滅後、広州城に住まわされたが、以前の所業により広州城内で怨嗟(えんさ)の的となったため、妻鄭一嫂と生まれたばかりの息子を広州に残し、福建に武官として赴任した。福建ではアヘンの密売に携わり、利益を上げたともいわれる。のちに勤務態度を問題視され、林則徐によって弾劾を受けた。一八二二年、福建の任地で病死した。

(10) インテリ海賊？——郭婆帯(かくばたい)

一七七〇年に生まれた郭婆帯は広東省広州府番禺(ばんぐう)県の出身で、珠江デルタで漁業を営んでいた。一七八五年、漁に出たところ、父母兄弟とともに鄭一集団に拉致され、集団への参加を余儀なくされた。一八〇七年に鄭一が死に、張保仔が跡を継ぐと、郭婆帯は小さな集団を任され、商船を襲ったり、人を誘拐して身代金を要求したりするようになったという。

一八〇九年に入ると、清朝当局の取り締まりが厳しくなり、日用品の確保に支障が出てきた。同時に、清朝広東当局は郭婆帯に直接接触を図り、投降を勧告した。ちょうど張保仔との関係が悪化していた郭婆帯は、これに応じて清朝広東当局に投降した。投降時、配下五五七八人を率い、そのほか婦女や子供八〇〇人余りを引き連れていたという。

郭婆帯は、投降後、両広総督百齢から、把総（正七品）の職とともに学顕という名を与えられた。この名前のためか、郭婆帯についての後世の記述では、彼が学を好み、居船に多くの書籍を積み込んでいたとされるが、ほんとうのところはよくわからない。

(11) 雷州の英雄——麦有金

烏石二、本名は麦有金。広東省雷州府海陽県烏石郷出身で、兄の麦有貴、従弟の麦芝吉などとともに、一七九五年ごろから故郷烏石郷で反乱を主導し、土豪として半ば独立していた。阮光纘政権から「寧海副将軍」に任じられ、雷州半島付近で海賊稼業を続け、一八〇五年以降は、しばしば広東中部にも現れ、鄭一集団と協力して清朝水師を攻撃したりもした。後述の海賊集団間での共通の規約の制定にも関わっている。

清朝広東当局は、長らくその鎮圧作戦を行えずにいたが、珠江デルタ付近の張保仔集団、郭婆帯集団が投降すると、それらをそのまま、西部の烏石二集団鎮圧に利用した。

一八一〇年夏、烏石二は雷州双渓口で清朝水師および張保仔、郭婆帯集団を迎え撃ったが、敗北して拘束され、その後、処刑された。同時に、烏石郷も清朝水師に破壊された。烏石二集団の壊滅をもって、清朝東南沿海からは、数千人規模の海賊集団は姿を消すことになった。

一九四九年の人民共和国成立以来、烏石二ら兄弟は「反清英雄」、すなわち〝封建的な清王朝に反抗した英雄〟とされ、地元で顕彰の対象となっている。しかし、おそらくは烏石二は烏石郷に根拠地を置き、海賊稼業によって得た財を地元経済にもたらす存在であったため、長く地元の尊崇を集めていたのであろう。「反清英雄」は、一九四九年以降の建前に合致した肩書きなのであって、地域の利害をむき出しにしないために利用できる、非常に便利なものであった。

2 海賊集団の構成

これらの首領が率いていた海賊集団は、どのような人びとによって構成されていたのだろうか。海賊集団の一般の成員たちについて見てみることにしよう。

(1) 海賊たちの出身地域

首領たちの履歴からもわかるが、海賊集団の成員の出身地域は、次の四カ所が大部分を占めていた(次頁図7－1)。まずは人口密集地である、福建省南部の閩南と呼ばれる地域と、広東省中部の珠江デ

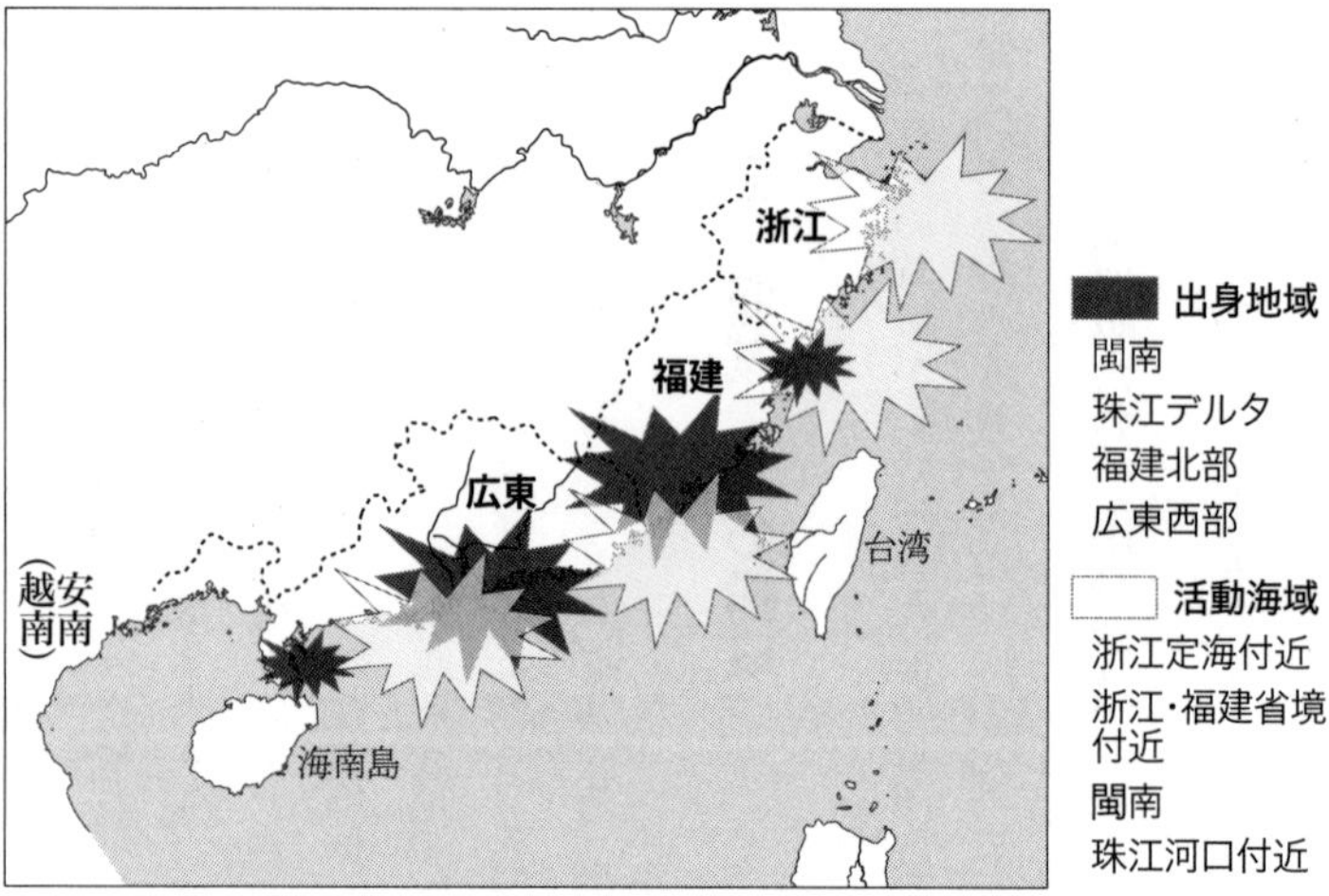

図 7–1　海賊集団成員の出身地と海賊集団の活動海域

ルタである。この両者は、港湾も多く、都市も発達しており、人口が多かった。沿海部では漁業に従事する人びともいたが、同時に港湾で労務者として働く人も多く、海賊集団の成員になり得る人びとが多く存在していた。次いで、漁業が盛んな福建省北部と広東省西部である。この両者は漁業が盛んな一方、後背地に都市がなく、労務者はいなかった。むしろ、この地域は海賊集団の根拠地となる場合が多かった。たとえば、蔡牽集団は福建北部霞浦県水澳を根拠地とし、烏石二や呉知青（ごちせい）（東海覇）などは雷州半島を根拠地とした。その根拠地周辺から海賊集団が成員をリクルートしていたのであろう。

（2）海賊集団の活動海域

海賊集団がおもに活動するのは、根拠地からすこし離れた、商船や漁船が行き交う海域である。交通量が多かった、福建北部から浙江南部にかけての海域がこれに当たる。さらに、浙江中部寧波沖には漁場があり、そこを訪れる漁船も格好の標的となった。また、港湾が密集している福建省南部や、広東省中部珠江デルタ付近でも、海賊集団の活動が目立った。商船を襲撃するのみならず、港湾に張り付いて通行料を徴収した。

このように海賊集団の活動は、ふつうは地元や近隣の航路上など、近しい海域に限られていた。海賊たちは安南を除き、海外へ雄飛することはほとんどなかった。これは後述のように、海外貿易とほとんど関係のない人びとが海賊となっていたからである。この時期の海賊問題は、十七世紀の倭寇のような国際貿易に起因するものとは異なり、むしろ地域に根差した治安問題であった。

ただし、地域に根差したといっても、日本中世の瀬戸内の海賊衆のように、先祖代々どこかの海域を支配している集団など存在しない。長期間にわたって存続する、地縁と血縁によって結びつけられた組織は生まれなかった。たまたま出来上がった集団が数年くらい続き、半径数十キロから一〇〇キロ程度の空間のなかで離合集散を繰り返し、移動しながら活動していたのである。

（3）安南との関係

これまで見てきたように、海賊たちはしばしば、安南と関係がある、安南国王の手先である、とされたが、実際のところは少々複雑であった。

まず、前提として、安南沿海に暮らす華人漁民の存在があった。南シナ海における清朝領域と東南アジアの交易は、華人商人が行っており、東南アジアの商人が清朝を訪れることは少なかった。さらに、十八世紀を通じて人口が増加し続けていた清朝沿海部からは、東南アジアへ移住する者もいた。その一部は、メコンデルタの農地開発に参加した。人の流れは、清朝から東南アジアに向かっていたのである。安南沿海部で漁民として暮らす者もそのなかにいた。ただしその多くは、陳阿澄、陳添保、「神風蕩寇（じんぷうとうこう）」に際して処刑された倫貴利（りんきり）など広東の漁民であり、福建や浙江から安南へ渡った事例は、前述の一八〇八年に蔡牽が越南海域へ逃げ込んだものを除くと、非常に少ない。

一七七一年の西山（タイソン）党反乱に始まる安南の混乱のなかで、北部の西山阮氏（阮文恵、阮光纘）と南部の広南阮氏（阮福暎）は、ともに華人を利用しようとした。その際、華人漁民に目をつけたのが北部の阮文恵政権であった。阮文恵政権は、華人漁民を水軍へ編入する一方で、広東の海賊や盗賊も水軍へ積極的に編入している。対する阮福暎政権は、シャムと広東の航路の中間に当たる、サイゴン付近の華人商人と関係を結ぶことに腐心した。もちろん、阮福暎政権においても、白蓮教（びゃくれんきょう）反乱に加わった経験があると自称する何喜文（かきぶん）などが水軍に参加し、海賊を働いていたが、西山阮氏政権に比べると、水軍に占める華人の割合は小さかった。

西山阮氏政権の水軍は一二個の艦隊からなり、指令官は「都督」、「総兵」などと呼ばれた。都督は、安南や越南でもしばしば見られる武官の職位だが、総兵と呼ばれる地位は、じつは安南の正式な官職体系のなかには存在しないものである。このことは、華人水軍が、実際には安南国の正規軍として扱われていなかったことを意味している。おそらく都督と呼ばれた陳阿宝（ちんあほう）（宝玉侯）や陳添保、大司馬と称された鄭七らがリクルートし、その私的な配下として置かれたのが総兵だったのであろう（范光喜や倫貴利らが総兵を自称した）。清朝では総兵といえば師団長クラスの高級武官であるから、そう呼ばれるほうは悪い気分がしなかったのかもしれない。

西山阮氏政権の華人水軍は、清朝領内の飛び地である江坪（こうひょう）や白龍尾（はくりゅうび）などに基地を置き、ここで乗組員をリクルートしたり、船舶や必要物資を確保したりした。物資は、西山阮氏政権から支給される場合もあったようである。清朝海域まで出かけていって略奪を行った船は、帰ってくると、江坪などで略奪品を売却し利益を得た。そのなかの一部は、上納金として都督や大司馬などの阮文恵政権のエージェントに支払われていたようである。つまり、阮文恵政権のエージェントが船舶や必要物資を用意して、それを利用した華人水軍が上納金を支払う、というシステムが存在していたことになる。このシステムでは、阮文恵政権の中枢は、直接海賊行為を指揮しているわけではない。その意味では、第一章で見たように、安南水軍の一部が広東で略奪を行っていることを知らなかった、という安南国王阮光纉の言い訳は、かならずしも根拠のないものではなかった。

華人水軍の本職は、清朝領域での略奪ではなく、阮福暎政権との戦闘であった。すなわち、阮福暎との戦争が続く限り、おもな活動場所はベトナム海域であった。当時の、阮福暎政権と西山阮氏政権の海上での戦闘は、季節風を利用して行われていた。南シナ海の季節風は、初夏から初秋にかけて西南から、秋冬に東北から吹く。ベトナムでの戦闘は春から初夏にかけて行われた。初夏から初秋にかけて吹く西南の季節風は、台風などとも重なり、作戦行動を行うには適していないため、この時期は、ベトナムでは海上での戦闘が行われなかった。清朝側では安南海賊は、初夏に現れ、秋冬にかけて帰ってゆく、とされたが、これは華人水軍が、ベトナムでの戦闘が行われない時期に、清朝海域へ略奪に出かけていたことを示している。

一八〇二年、阮光纘が破れ、安南全土が阮福暎の支配下に入ると、西山阮氏政権の華人水軍は、安南沿海から排除されることになる。安南にとって代わった阮福暎の越南は、清朝領域出身の海賊たちに対し強硬な態度を取った。清朝領域内の海賊の一部が阮光纘政権と関係があったことは周知の事実であり、阮福暎政権が、清朝との関係成立のためにその事実を利用していたことは、第一章で見た通りである。加えて、阮光纘政権の残滓を徹底的に拭い去ろうとしていた越南阮福暎政権からすれば、阮光纘政権との関係が想起される海賊の存在は、けっして容れられるものではなかった。一八〇二年以降、広東で海賊活動が増加するのは、華人水軍が安南から故郷広東へ帰らざるを得なかったことに起因する（第二章参照）。この段階で、ベトナムの王権と、清朝領域の海賊の関係は途切れた。

しかし、旧安南華人水軍の海賊集団は、広東へ戻ったあとも、権威づけのために阮光纘から受けた称号を利用していた。たとえば総兵保（総兵宝と記録される場合もある）という海賊は、どうやら阮光纘政権から総兵に任じられた（つもりの）者であったようである。ただし、その権威づけは、正確な情勢認識に裏づけられたものではなかった。一八〇五年の両広総督那彦成の調査によると、海賊集団の一部は「安南黎氏の復興」を旗印にしていた。第一章で見たように、安南黎氏は、阮文恵によって安南を追われ清朝へ亡命した一族であり、阮福暎はむしろ安南黎氏を旧主として、その復仇を旗印に阮光纘政権と戦ったのである。海賊のほうでも、自分たちに称号を与えた政権がどのような位置づけのものかなど、どうでもよかったのであろう。
このように見てくると、海賊たちと、安南の西山阮氏政権の関係は、利用し合うだけの非常に脆弱なものであったことがわかるだろう。

（4）海賊集団の系譜と組織

主要な海賊集団の系譜を図7－2（次頁）に示した。この図の縦軸からもわかるように、海賊集団は地域別に棲み分けていた。横軸は時間の経過を示しているが、一八〇〇年ごろ（安南国滅亡のすこし前）を境に、多くの集団の首領が入れ替わっていることがわかる。

図右上の六色の旗で分けられたものは、広東省沿海で活動していた海賊集団である。もともとは鄭一集団に参加していたもので、六色の旗を用いて相手を識別した。ただし、かならずこの六集団が現れるわけでもない。時期によっては四つだけが記録されたり、後述の取り決めのように七つになったりもした。この集団内部においても離合集散が激しく、命令系統のしっかりした強固な海賊集団が存在していたわけではなかったからである。

海賊集団の首領を、清朝側は「首逆」「総盗首」「盗首」「盗酋」「賊酋」などと呼んだ。内部ではそれぞれの綽名のほか、「大出海」「鎮海威武王」「海南王」「老大哥」、あるいは安南から受けた称号と思しい「総兵」「将軍」などの呼称を用いていた。このうち「大出海」は福建の海運用語で、出資者（「財東」）から船を預かり、実際に船に乗って取引などを差配する「出海」に由来する。大きな集

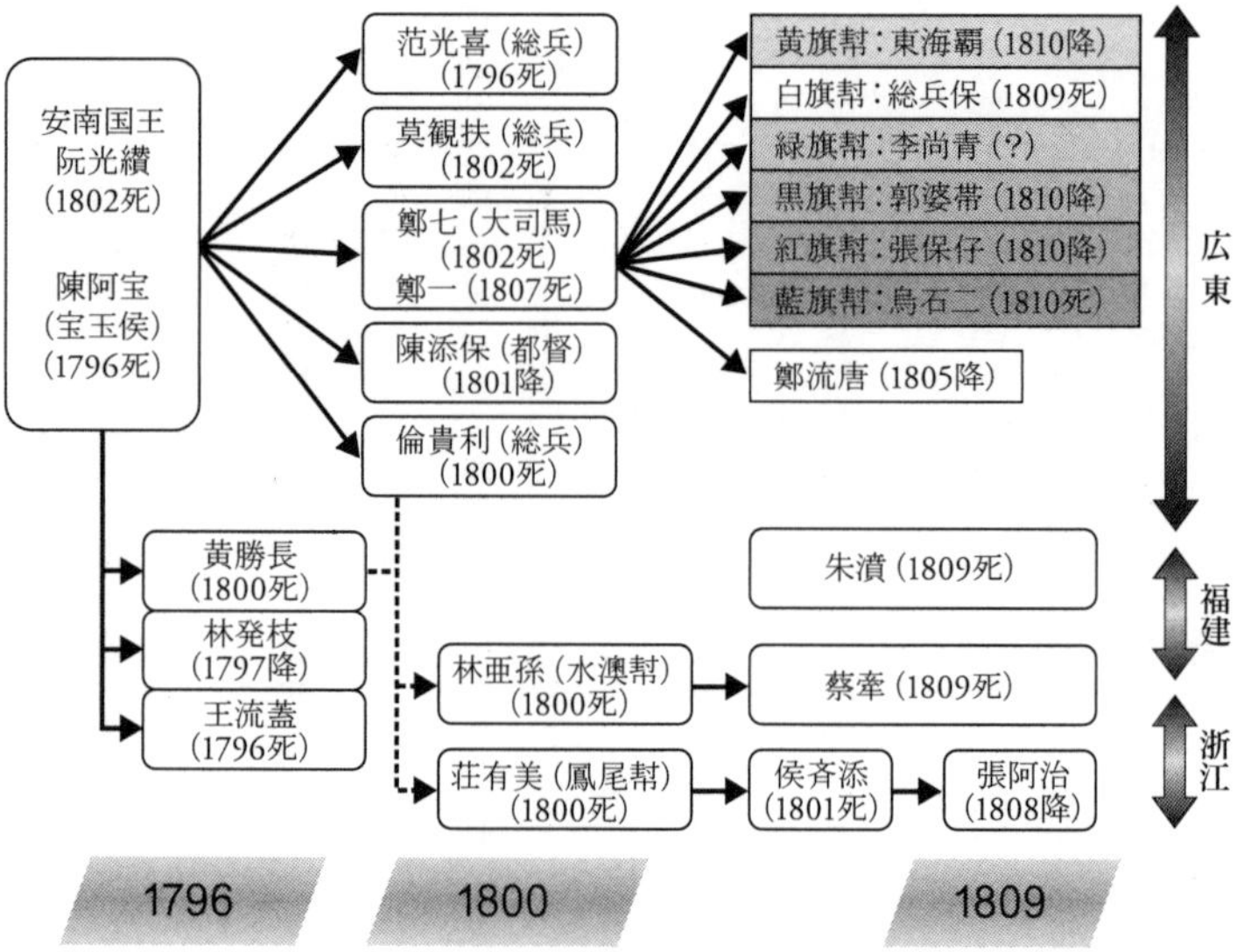

図 7–2　海賊集団の系譜

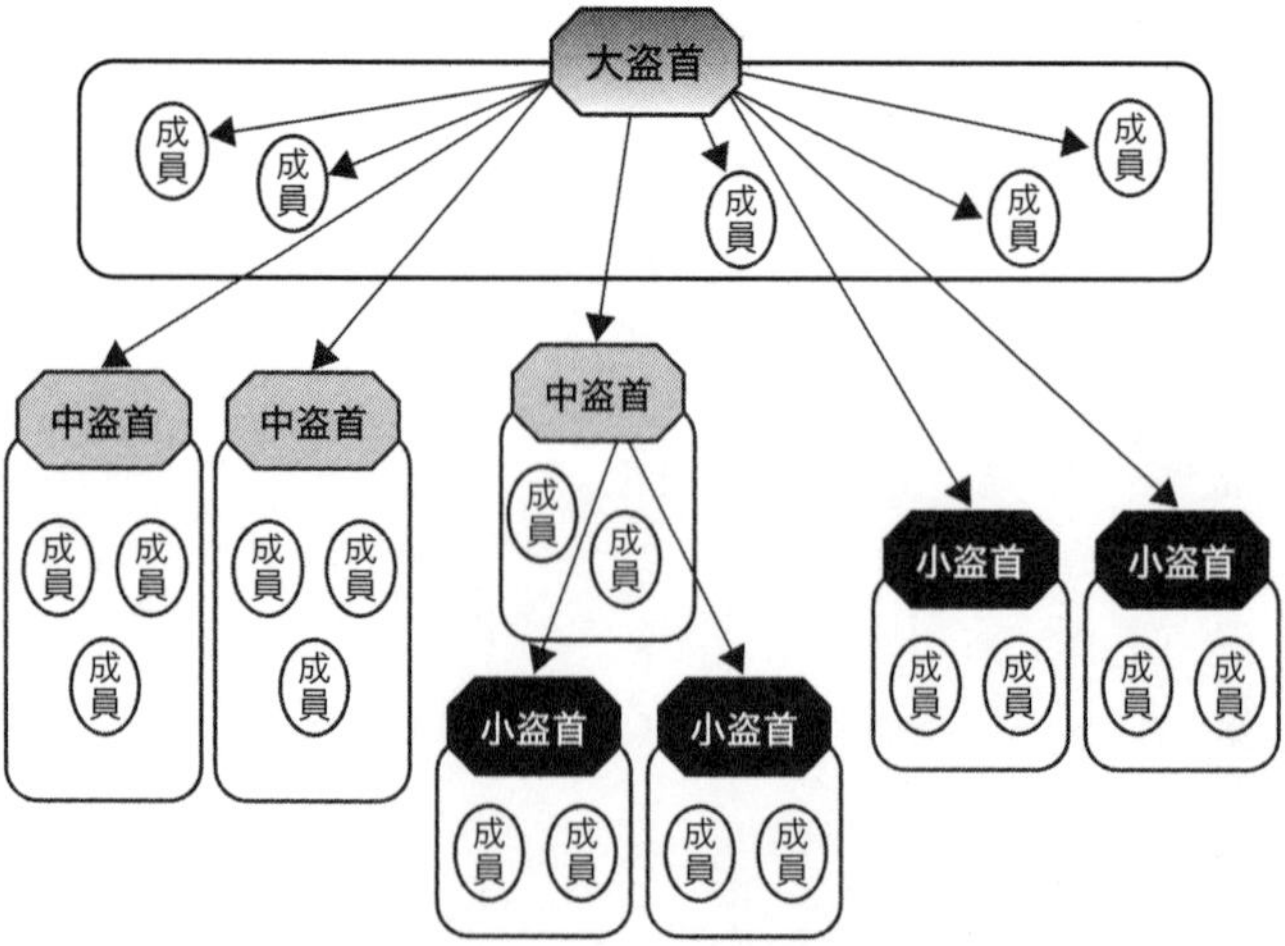

図 7–3　海賊集団の組織構造

団内においても、内部は一二艘以下の小集団ごとに独立しており、海賊船一艘当たり三〇〜六〇人が乗り込んでいた。ただし、蔡牽が搭乗していた船などは二六〇人を乗せていたという。それぞれの船長や小集団の首領は、清朝側の記録では、「頭目」「盗首」「賊目」「本船盗首」「老板」「頭人」と呼ばれた。海賊の多くは読み書きができなかったため、捕えた文人などを経理や財務に当たらせた。また、それ以外の労役には、拉致した人びとを用いた。彼らのなかには「鶏姦」の相手をさせられる者も多くいた。

海賊の組織は、個人的な人間関係に依存しており、全体として一つの組織になっていたわけではない。たとえば、名の知られた大盗首がいたとしよう。彼はいくつかの船舶を率いる中盗首、あるいは、一隻だけを率いる小盗首と個人的に面識があり、行動をともにしている。しかし、この大盗首は、中盗首が率いる船舶一隻一隻を管理している小盗首とは面識はない。また、もちろん各船舶の末端の成員とも直接面識はないし、命令系統も直接つながっているわけではない。個人的に中盗首と大盗首の関係がおかしくなれば、中盗首は自分の部下の小盗首を引き連れて、大盗首の集団から離脱した。とくに関係が悪化していなくても、別行動することはあり得たし、別の集団に合流するのも容易であった。海賊集団内部では、フラクタル（部分と全体が自己相似になっている図形）な人的関係が数珠つなぎになっており、離合集散は激しくならざるを得なかった（図7－3）。

じつは、このような人集めの請け負い構造ともいうべき人間関係のあり方は、当時の清朝領域内においてはまったく珍しいものではなかった。このような請け負い構造は、近代中国史研究においては

「包（ほう）」と呼ばれる。誰か一人が何かの業務や人間関係などを請け負って束ねてゆく行動様式は、人集めのみならず、商取引や徴税、治安維持にも見ることができた。よくわからない有象無象がいる世の中で、ある程度信用がおける、あるいは利害をともにする人を捜し、その人に一括して頼むことで、人や資金を集めてゆこうとするこの構造は、きわめて流動性の高いこの時期の清朝社会経済に適合的なものであったといえる。その意味では、海賊集団も陸の秩序の延長上に存在していたといえるだろう。

海賊集団内部では規律が定められてもいた。たとえば張保仔、鄭一嫂集団には、①勝手な上陸を禁止する、②略奪品の八割を共有とする、③婦女を拉致した場合、（身代金要求のために）住所などを記録し、暴行する者があれば死刑に処す、といった規律があった。このほか、軍令に背いた者は斬刑に処す、などの規定もしばしば見られる。実際に海賊集団に拘束されていたイギリス人グラスプール（第六章参照）は、戦闘時の規律の厳しさや法の平等な執行などを指摘しているが、しかし、前記のような離合集散の激しい構造を持つ海賊集団全体において、この規律がどの程度順守されたかは疑わしい。

興味深いのは、このような規律はともかく、海賊集団の内部では上下関係が厳しくない、という観察がなされていることである。たとえば、一八〇四年に総兵胡振声（こしんせい）が蔡牽集団に殺害された際、彼らに拘束された清朝兵士が原隊帰還後に行った報告によれば、蔡牽初め幹部は、車座で相談し、尊卑上下関係が希薄であったという。このような、船内における上下関係の希薄さは、大西洋の海賊集団（「カリブの海賊」のモデルになったような西洋の海賊）内部でもしばしば見られたものだった。おそらく、陸上に雇い主がいて給料を支払ってくれる、などという上下関係を外から規定するメカニズムがなく、人間関係が船の上の狭いものに限定されると、船の運航などで利害をともにする以上、その関係は平等なものになりやすいのだろう。

海賊集団間では、棲み分けをスムーズに行うための取り決めがなされていた。一例として、両広総督那彦成が発見したものを見てみよう。日付けは、天命乙丑六月（嘉慶十年六月＝一八〇四年七月）とある。

1　海賊船はすべて天、地、玄、黄、宇、宙、洪の七つの支に分類する。

2　ほかの支の旗を立てた船を攻撃してはならない。

3　貨物船を略奪したときは、奪った者が所有することとし、これを個人的な力関係によって横取りしてはならない。

4　「単（たん）」を所有する船を攻撃してはならない。

5　「単」を所有する船を攻撃することを止めた者には賞与を、黙って見ていた者は同罪とする。

6　勝手に港湾や商船の劫略（ごうりやく）を行ってはならない。

7　取引にきた商船を攻撃してはならない。

8　各集団による統一会議を開き、その号令に従うこと。

これは、広東の六色の海賊集団と鄭流唐（ていりゅうとう）集団、合わせて七つの集団のあいだで取り決められたもので、相互の活動を尊重し、また「単」すなわち通行料支払証明書を共通にしようとするものであった。しかし、第三章でも見たように、海賊から直接購入した「単」を所持していても、その当の海賊からさらなる金銭の要求があったように、このような取り決めに意味があったとは考えにくい。広域化を図って通行料ビジネスの規模の経済性を追求しようとするものであったが、一貫した組織や規律もない諸海賊集団が、このような取り決めを積極的に遵守することなど望むべくもなかった。

ただ、実効性はともかく、このような一定の取り決めが成立する背景には、広東沿岸部の広い地域で、広州話（いわゆる広東語）が広く利用されていたことがある。広東東部の潮州付近と海南島を除き、広州話が広く通用していた。

これに対し、福建や浙江では、狭い方言域が錯綜していた。たとえば、福建の海賊であった王馬成は、尋問のなかで、「海賊船内の掟では、互いに姓名を詳しく聞くことを忌避しております。だからほんとうに（名前は）知らないのです。ただ、（漁船に乗っていた彼らが）同安方言を話していたことと、そのなかに三〇過ぎの者がいて郭の兄貴と呼ばれていたことはわかりましたが、名前はほんとうに知りません」などと供述している。このほかにも、福建や浙江では、逮捕された海賊集団の成員は、しばしばほかの成員について「名前もよく知らないが、どうも泉州方言を話していた。しかし、自分は莆田（ほでん）出身なので、相手の話した内容はよくわからない」などと答えている。このような方言という障壁のため、福建や浙江では海賊集団間の取り決めすら成立し得なかった。

(5) 一般の人びととの関係

西洋では海賊は、しばしば義賊やヒーローのような扱いを受けた。しかし、清朝の海賊はそのようなことはほとんどなかった。むしろ海賊たちは、恐怖をもたらす残酷な存在でしかなかった。

第三章で取り上げた「吏科題本」の「糾参処分類」には、海賊に拉致された人びとの悲惨な運命が記録されているが、そのなかでももっとも過酷な最期を遂げた者の一人に、郭初貴(かくしょき)という海賊に殺害された、氏名不詳の海南島出身の旅客がいる。郭初貴は一七九五年に広東当局に捕えられ処刑されているが、彼はその逮捕の二年前、海南島沿海で旅客を乗せた船を襲撃し、数名の旅客を拉致した。その後、郭初貴は広東当局の水師との戦闘に敗れ負傷した。その際、けがの治りを早くするという噂を信じ、拘束していた旅客一人の腹を割き、その内臓を食したという。このような、人間の内臓を食するという行動は、一八〇六年に海賊に拘束されたイギリス人ターナー(第六章参照)によっても記録されている。ターナーはそれを実見したわけではないが、少なくとも、海賊はそのような行為に手を染める輩(やから)である、という恐怖のイメージは存在していた。

第五章でも言及したように、海賊は、市価の数倍の値段で物資を買い付け、市価よりも安く盗品を売るなど、取引相手に有利に値段を設定し、利益を振りまいた。また、前述の麦有金(烏石二)らの根拠地になった地域の人びとは、海賊から多くの利益を引き出すことができただろう。しかし、利益を得て海賊の存在を好ましく思っていた人、というのはやはり例外的な存在であろう。第二章、第三章で見た通り、海賊は清朝東南沿海経済を混乱に陥れ、多くの人びとの生命財産を脅かした。直接、間接的に被害を受けていなくても、海賊集団に対しシンパシーを抱く人びとはきわめて少なかったと思われる。

（6）逮捕された海賊の運命

一部の海賊は、清朝当局に投降して生き延びた。清朝の取り締まりを逃れて故郷に戻った者もいただろう。しかし多くの場合、海賊たちは、清朝当局によって捕えられ、その稼業をやめることになった。そして逮捕されるとほとんどの場合、彼らには死が待っていた。

しかし、死にも等級がある。清朝当局者は、ほかの犯罪者を処刑する場合と同じく、海賊の罪と、それに見合った処刑方法を定めた。重い罪を犯した者には無残な死を、比較的軽い罪の者には苦痛が少ない死に方を用意し、それによって罪の重さを知らしめようとしたのである（図7－4）。

一七八七年に王馬成が捕えられたころ、ふつうの死刑では海賊事件を処断するには足りない、海賊行為の主犯には、もっとも重い刑を科す必要がある、とされた。『大清律例』で定められたもっとも重い死刑執行方法は、「凌遅処死」という、生きながら全身をバラバラに切り刻み、長時間（場合によっては数日間）かけて苦痛を与えたうえで死に至らしめるものであった。この刑罰を科せられた者のうち、海賊行為の主犯など、より悪質であると考えられた者には、地方官の責任で速やかに執行するパターン（これを恭請王命（きょうせいおうめい）[*1]と呼ぶ）がとられた。審理終了後、即刻、凌遅処死が執行されたのである。次に、

集団内の立場	量　刑
幹部クラス	凌遅処死
積極的参加分子	斬立決
非積極的参加分子 （贓品買い取り等を含む）	絞立決・斬監候 ・絞監候
使役されていた人びと	杖刑・流刑・徒刑

図7–4　海賊行為の量刑

従犯のなかで主導的な立場にいた者は「斬立決」（皇帝の裁可を得てから斬首刑を執行）とされ、こちらも悪質な場合には、恭請王命の対象となり、地方官の判断で速やかに執行された。従犯でも立場に合わせて、「絞立決（皇帝の裁可を得てから絞首刑を執行）」、「斬監候（毎年秋に行われる死刑囚再審〔「秋審」〕の結果次第で、斬刑を執行）」、「絞監候（秋審後、絞首刑を執行）」などが適用された。このほか、海賊行為に直接関わらなくても、物品の管理等で協力した場合には、「杖刑」（規定回数、木製の杖で背中をたたく刑）や流刑、徒刑（強制労働刑）などが適用されたが、その数は、死刑になった者よりも少なかった。

このような罪のこまかい等級にこだわったのは、清朝の法務官僚であった。法務官僚にとっては、罪状に対して適切な量刑を行うことは、一貫性のある

＊1　**恭請王命**　「王命」とは、総督や巡撫が任命時に皇帝から渡された王命旗あるいは王命牌という皇帝の権威を示す用具であり、もともとは軍事上必要なときに権宜的処置により死刑を執行する際に用いられた。本来、死刑執行には皇帝の裁可が必要であったが、この軍事上の措置が拡大され、凶悪犯罪の犯人にも適用されるようになったものであった。そこから、犯罪者の即時処刑のプロセスを「恭請王命（王命旗、牌を刑場に掲げる）」と呼び、同じ方法の死刑（たとえば斬首）でも、ほかのプロセス（立決：皇帝の裁可を得てから処刑）よりも厳しい罰であるとされた。これは、当時の、罪の重い者の処刑はできるだけ早くし、生き延びる時間、チャンスを減らすべきだという観念による。

法の執行のうえで何よりも重要であった。しかし、処刑される海賊からすれば、どのような方法であれ、死ぬことには変わりなかった。逮捕されたり、投降したりした海賊の多くが、死刑になることを恐れていた、と供述する。むろん処刑されるほうにも、バラバラにされたり斬首刑にされるよりは、絞首刑のほうがましだ、というような感覚がなかったわけではない。当時は、死体が損壊されると来世に悪影響がある、という考え方もあった。だが、彼らの供述からは凌遅処死と絞監候を区別している様子はうかがえない。彼らの多くが、絞監候から恭請王命による凌遅処死までの等級をしっかりと理解していた、とはとうてい思えないのである。罪のランク付けは、清朝内部における法律執行上の問題であり、海賊行為の実質的な内容とは別に、官僚組織内部の事務処理上の必要によって、逮捕された海賊の死に方が決められていたのである。

3　海賊行為の実際

(1)　船を襲う

海賊が海に出るときには、みなが大船に乗っているわけではありません。小船一、二艘に乗り込み、洋上で商船に出会ったらこれを掠奪して占拠します。そして商船の舵工や水手を船倉に押し込み、蓋をして釘を打ち、毎日すこしずつ食料を与えます。一方で、その占拠した船を使ってさらに略奪を続け、掠奪に満足すると、辺鄙なところに上陸し、奪ったものを持って逃げ去ります。このあと、船戸（せんこ）が船倉から脱出して官に報告しても、そのときには海賊は逃げ去っています。

これは、一七八七年十一月六日付けの閩浙（びんせつ）総督李侍堯（りじぎょう）の上奏文の一節である。一七八〇年代末、すなわち安南海賊登場以前は、清朝沿海の海賊は、このような形で一隻ずつ獲物を狙っていた。このような形の海賊行為は、職業的なものではなく、多くは漁民などの副業であった。漁民の副業といっても、休漁期（陰暦三月、四月）に海賊を働く場合もあったし、漁の途中や魚を売りにゆく途中で商船やほかの漁船を襲撃する場合もあった。単発の海賊行為もあったし、徒党を組んで遠くの海域まで出かけていって、海賊を働く場合もあった。

このような漁民の副業としての海賊は、ある程度略奪品などが蓄積されると、集団内部で配分して解散することが多かった。解散のきっかけは、官憲の取り締まりが厳しくなったときや、あるいは正月を故郷で迎えるためなどという場合もあった。そのため、しばしば海賊たちは、年末年始に故郷に帰ったところで逮捕された。

一七九〇年代に入ると、海賊も大規模な船舶を持つようになり、直接、船を寄せて襲撃するようになる。船舶を襲撃して、乗組員の抵抗を抑え込むと、最初に船員や乗員の身元を確認して、身代金を支払うよう要求した。身代金が支払われる可能性が高い立場の者は、船倉に監禁され、支払われる見込みのない者は、海賊集団に加わるよう説得された。説得に応じて加われば、そのまま集団の成員として認められ、説得に応じなければ船倉での拘禁が続いたり、雑用をさせられるなどした。もちろん、この説得は暴力的なものであった。男性女性を問わず性的暴行を受ける場合もあった。激しく抵抗すれば、生きたまま内臓を引きずり出されて殺されるような事例も見受けられたが、戦闘終了後に捕虜になった人びとが殺害されるケースは、あまり多くなかった。海賊集団内部では、船倉に閉じ込めた人びとも、潜在的な労働力として計算されていたのである。

（2）沿海集落を襲う

集団の規模が大きくなり、戦闘に加わる人数が増えると、海賊たちは陸上の村落を襲撃するようになる。一般の村落では、襲撃されても、その具体的な状況についての記録はほとんど残らない（第五章で見た石板殿島の事案は例外的である）ので、ここでは林発枝などが関わった、福建省北部の東冲、定海の二つの緑営兵の詰所である営汛の襲撃の様子を、当時の報告書から見てみよう（図7－5）。

乾隆六十年十月十八日（一七九五年十一月二十八日）、林発枝と王流蓋、および広東海賊（実際には安南海賊。第二章参照）の船合計一二隻が、東冲沖を遊弋していました。東冲汛を管理する武官林安邦がこれを察知し、海賊が上陸して騒ぎを起こすのではないかと考え、福寧府城に援軍を要請し、一方で部下を率いて出動しました。十九日夜、海賊船は上陸を試みましたが、将兵の発砲により外洋に退去しました。このとき、林安邦は賊の勢いが猛々しいのを見て、福寧府城にさらなる救援を求めました。しかし、東冲は福寧府城から一八〇里（約九〇キロメートル）離れており、福寧からすぐに救援にくることはありませんでした。二十日早朝、海賊船が潮に乗って上陸し、賊一〇〇人余りが武器を持ち、城壁の門を破って営汛に侵入してきました。汛兵二名は先に逃げ去っており、林安邦は兵士六名とともに、このときになって逃げ出しました。数名の兵士が抵抗しましたが、衆寡敵せず潰走しました。海賊は大砲一二尊、鳥銃（火縄銃）六丁、腰刀六本を奪い、塘汛防一棟、税館一棟、民家二棟、塩船商船合わせて八隻を焼き払いました。さらに兵丁一名が連れ去られました。福寧府城の総兵烏蘭保はこの報を聞き、部下を海賊取り締まりに向かわせました。二十三日になり、海賊は船に乗り東冲から出てゆきましたが、東冲汛の兵丁六名はこのとき、敵前逃亡の罪に問われることを恐れて、負傷したなどと虚偽の報告をしています。

図 7–5　定海汛

各地の汛の周りには集落が形成され、城壁によって囲まれていた。なお写真の城壁は 19 世紀末に改装されたもので、19 世紀初頭にはもうすこし粗末なものであったと推測される（2006 年著者撮影）

　この日、林発枝らは定海汛に到着し、艇匪とともに定海汛を襲う相談をしていました。二十四日、海賊船が定海汛近くに侵入し、配下の者を上陸させて食料を買いにゆかせました。定海汛の外委鄭承恩（ていしょうおん）はこれを取り調べにゆきましたが、海賊の「自分たちは李総兵（金門鎮総兵李芳園（りほうえん））の船から来た」という言葉を信じてしまいました。鄭承恩は、彼らが上陸して休息をとると考え、兵士三名を附近の媽祖（まそ）廟に派遣して休息所とするべく掃除させ、自分も兵士三人を率い、小舟に乗って迎えに出たところで、海賊に捕えられてしまいました。海賊はこの勢いに乗って上陸し、略奪を行いました。このとき、定海汛に残っていた兵士は六人だけで、海賊を防ぐことができず、住民とともに逃げ出しました。砲位二〇尊、鳥銃四丁、腰刀六本、住民の現金や衣服、家財道具などが奪われ、婦女四名、子供二名が連れ去られ、海賊も逃げ去りました。

海賊たちが武力に任せて沿海集落を襲撃しているさまがよくわかる。このとき海賊たちは物品とともに人間、多くの場合は女性を拉致していった。これらはもちろん身代金を目的とした行動であった。

（3）安定収入としての保護費

拉致した人間の身代金は、海賊集団の重要な収入源であった。しかし、返還のための代償を求められたのは、人間だけではなかった。積荷や船舶も、海賊から返還してもらうには金銭を支払うよう求められた。だが海賊たちは、襲撃するのも面倒であると思うようになり、襲撃するコストをかけずに上納金だけを要求するようになる。第三章で見た、港湾の有力者を通じた保護費徴収システムである。拡大した保護費徴収システムは、海賊集団の収益を大きく改善した。一八〇二年以降、海賊集団のなかに保護費に関する帳簿管理担当者が見られるようになり、海賊集団が保護費収入に依存するようになっていたことがわかる。

海賊集団の収入源は、このように略奪品の売却か、身代金か、あるいは保護費徴収に大きく頼っていた。興味深いのは、海賊集団がほとんど商業活動を行っていない、という点である。海賊集団は、しばしば沿岸住民から日用品を、市場価格の数割から数倍高い価格で買い付けていた。一方、海賊集団が何か特定の商品を売買し利益を上げていた、という記録はない。

たとえば、当時の台湾海峡におけるドル箱商品の一つである米穀について見てみよう。清朝政府は、一七九五年から一八一〇年の一六年間で、台湾海峡で海賊に米穀二万石余りが奪われた、としている。ということは、同じ一六年間で台運（清朝の官製台湾米穀運搬制度）によって運ばれた米穀は一二七万石余りなので、奪われたのは全体の一・六パーセントに過ぎない。もちろん、台運とは別の、民間で輸送された米穀もそれなりに奪われているだろうし、実際に海賊活動によってたしかに米価は上昇した。福建の米商人などは、これを米を高く売り抜けるチャンスだと考えて、米価のさらなる上昇をもくろみ、米の売り惜しみをしている（もちろんこのことは福建当局に察知され、売り惜しみを行った商人は処罰された）。だが一方で、海賊が米穀売却で利益を上げたという記録はない。そもそも二万石というのは、福建の都市部の末端価格（一石約二両）で換算しても、総額で四万両ほどに過ぎない。記録に残っていない被害を勘案しても、数倍が関の山だろう。当時の海賊集団は、第三章でも見たように、出入港する船舶から（ほとんど元手なしで）数百から数千両の通行料を徴収し、年間数万両の収入があったという。米を奪って売るというビジネスに参入しても、あまり儲からなかった。

序章でも言及したように、一六八〇年代以降、清朝沿海では目に見えて利益率の高い禁制品は存在しなかった。つまり、関税を支払えばふつうに取引ができたので、商人が海賊化して非合法取引を行う必要はまったくなかった。

海賊の側でも、わざわざ儲からない商売をする理由はなかった。それよりもむしろ、ふつうの取引で利益を得ている商人から、通行料や保護費の名目で金銭をせびるほうが、楽で儲かるのである。

ところで、もう一つ、海賊集団がため込んでいた、商品になりそうなものがあった。人間である。海賊集団は船を襲撃しても、沿海集落を襲撃しても、人間を拉致した。これは、前述のように、もちろん身代金を得るためであった。そして、身代金を支払ってもらえそうもない人間は、仲間に入れようとしたり、あるいは雑用をさせたり、船倉に閉じ込めたりした。しかし、たいへん興味深いことに、海賊集団は人間を商品として売らなかったのである。このことは、彼らがどのような存在であったのか、ということと深く関わってくる。

<table>
<tr><th rowspan="3">海賊集団中核成員</th><th colspan="5">被拘束者</th><th rowspan="3">合計</th></tr>
<tr><th colspan="2">脅迫されて協力した者</th><th colspan="3">船倉に拘束されていた者</th></tr>
<tr><th>海賊行為に参加したもの</th><th>雑用を行ったもの</th><th>男性</th><th>女性</th><th>子供</th></tr>
<tr><td rowspan="2">1429人（32%）</td><td>779人（18%）</td><td>1311人（29%）</td><td>747人（17%）</td><td>112人（3%）</td><td>58人（1%）</td><td rowspan="3">4436人</td></tr>
<tr><td colspan="2">2090人（47%）</td><td colspan="3" rowspan="2">917人（21%）</td></tr>
<tr><td colspan="3">3519人（79%）</td></tr>
</table>

図7–6　広東省内海賊事案拘束者内訳（1795–1810）

典拠：安楽博（Robert J. Antony）「罪犯或受罪者：試析1795年至1810年広東省海盜集団之成因及其成員之社会背景」（『中国海洋発展史論文集』第7輯下冊、中央研究院中山人文社会科学研究所）

4　海賊とは誰だったのか

図7－6は、一七九五年から一八一〇年までの期間に、広東省で海賊として清朝当局に拘束された者の内訳である。四四三六人が拘束され、そのうち九一七人は、海賊に船倉に押し込められた被害者として扱われ、すぐに解放された。それ以外の者はすべて、海賊集団の成員として罪に問われた。

まず、海賊集団の成員として自発的に海賊行為に関わったとして、一四二九人が罪に問われ、その多くは処刑された。次いで、一度だけ海賊行為に加わった者七七九人も罪に問われ、大半が処刑された。雑用を行っていた者も、黒龍江や新疆などへの流刑とされた。罪が軽微であると判断された場合は、杖刑に留まることもあった。

ここで注目したいのは、海賊集団の成員として罪を問われた者のうち半分以上が、脅迫されて集団に加わっていたことである。そして、おそらく、中核メンバーとして指導的な立場にあった者も、多くは拘束されたり誘拐されたりしたのち、海賊集団に加わった者であった。先に見た首領の陳添保、張保仔、郭婆帯なども、みなもともとは漁民で、海賊に拘束されたのち、集団に加わった。海賊集団の大部分は、海賊の被害者によって構成されていたのである。

図7-6のなかの数字は、海賊たちの供述をもとにしたものである。海賊は供述に際して、罪をすこしでも軽くするために、自分も被害者だと主張した、と考える向きもあろう。また、海賊を取り締まる清朝当局のほうでも、管轄下で自主的に犯罪行為に走る者があまりに多いと人事評定に響くので、責任逃れのために、被害者であるかのように供述を誘導したり、書き変えたりしている、という考え方もあるだろう。

しかし、おそらくここでは、そのような推測は当たらない。当時の海賊取り締まりにおいては、海賊集団への参加が自発的なものか、脅迫されてのものかは、量刑と関わりがなかった。何回、海賊行為に加わったのか、という点のみが重要であった。海賊に加わった理由についての供述も、ある程度信用できるだろう。つまり、海賊集団が多くの被害者によって構成されていたことは、おそらく間違いない。

(1) 増える人口と緩やかな貧困

では、なぜ多くの被害者が、海賊集団にそのまま加わっていたのだろうか。もちろん、命をかけて抵抗し、そのまま殺害される被害者もいた。しかし、いったん拘束された被害者は、身代金が支払われて解放されるほか、多くの場合、海賊集団の成員となり、場合によっては首領にもなった。被害者が海賊集団の成員となる理由の一つは、その被害者たちの日常生活がけっして豊かではなかったことによる。海賊集団に拘束されても、ある程度の生活水準の者は、身代金が支払われて、解放された。しかし、海賊集団に拘束され続けた人びとには、そのような身代金を支払ってくれる家族や係累はいなかったし、海賊集団の成員になってしまえば、清朝当局に逮捕されたりしない限り、食べてゆくことができた。

中国の多くの地域では、十七世紀以来、新大陸産のサツマイモやトウモロコシなどの導入により、食糧事情が大幅に改善した。その結果、十七、十八世紀を通じて、清朝領域各地で人口が急激に増加した。清朝が明朝領域を接収した一六五〇年代には一億人程度であったのが、一七五〇年代には二億人、十九世紀初頭には四億人に増加している。この人口増加のもう一つの要因として、四川(しせん)省など内陸の各省での農地開発が進み、多くの人びとがフロンティアに移住したことも挙げられる。食糧需要が増加しても、それを養うだけの食糧を生産できる耕地がフロンティアに存在していたため、継続的な人口増が可能となったのである。

しかし、このことは、清朝領域に暮らすすべての人の生活に余裕ができたことを意味しているわけではない。たしかに十八世紀の農村や漁村の生活は、食糧増産と緩やかなインフレーションによって明代よりははるかに改善した。定期市が発達し、農民は市場動向に合わせて、自分が生産した農産物や綿製品などを売ることができるようになったし、農閑期には出稼ぎにいって現金収入を得ることもできた。それでも食糧事情は、毎年の端境(はざかい)期にかならず死人が出る状態から、端境期でも死なないで済む状態に改善されたに過ぎない。飢饉が発生すれば穀物価格が跳ね上がり、餓死者がしばしば出た。水害や旱害の影響を受ければ、難民が数千人単位で発生した。

内陸各地のフロンティアにも、沃野が無限に広がっていたわけではない。可耕地は先に来た移住民によってすぐに埋まり、後から来た移住民は、さらに奥地の、条件の悪い耕地を求めて開発を進めてゆかねばならなかった。台湾の状況は第四章で見た通りである。一七九六年に発生した白蓮教反乱（序章参照）も、フロンティアの飽和の帰結であった。沿岸部に暮らす漁民も、港や漁場の利用者数にはおのずから限界があるので、安定した生活を営んでいたとは考えにくい。

そのうえ一七八〇年代後半から、清朝経済はゆっくりと後退局面に入った。港湾や船で働く労務者たちの生活も、豊かであったとはとうてい思えない。海賊集団の成員から仲間に誘われたときに、どれほどの人が命をかけて抵抗しただろうか。海賊集団に拘束された人びとは、帰っても、あるいはどこかに移り住んでも、生活が良くなることはなかったのである。

（2）行き場のない人びと

行く場所がない。このことが、海賊集団の成員が増加していったもう一つの理由である。海賊集団は拉致、拘束した人びとを売らなかった。身代金を要求することはあっても、被拘束者を奴隷として売却することは（とくに男性の場合は）ほとんどなかった。買い手がいなかったからである。清朝領域内では、もちろん販売先はなかった。どこも人が余っていたからである。では、海外はどうか。

東アジアの人間が海外に売られてゆくことは、歴史的にいえば、とくに珍しいことではない。十五、十六世紀、東アジアに現れたスペイン商人やポルトガル商人は、しばしば東アジアの現地の人びとを現地の商人から買い付け、奴隷として世界各地へ売却した。しかし、十六世紀末から十七世紀に入るころ、東アジア各国の王権は、自国の一般人が奴隷化されることに強い拒否感を示すようになった。その結果、ヨーロッパ人は東アジアで奴隷を確保するのをやめた。わざわざ遠く東アジアで、現地政権と軋轢（あつれき）を起こして奴隷を購入しなくても、アフリカ西海岸で安く手に入ったからである。

十八世紀に入っても、東アジアから人間が売られてゆくことはなかった。この時期、おもに労働力を必要としていたのは、南北アメリカ大陸と、東南アジアであった。南北アメリカ大陸での、棉花、砂糖、コーヒーのプランテーション、あるいは金銀採掘などの産業に需要があった安価な単純労働力には、西アフリカ出身の黒人奴隷が充てられた。一方、東南アジアでも、プランテーションなどで労働力を必要としたが、オランダの東インド（インドネシア）植民地も、スペインのマニラ政庁も、必要な労働力は現地人を奴隷化することでまかなった。わざわざ東アジアで人間を買って、輸送コストを支払っても、売れる当てはなかったのである。

十八世紀から十九世紀にかけての時期、清朝東南沿海の商人は、東南アジア方面へ盛んに出かけていった。彼らはただ商売にゆくだけで、船に清朝の産品を積み込み、東南アジアでそれを売って、代わりに必要な商品を買い付けて持ち帰るのみであった。港湾労働者としての労働力需要はあったが、何十万人も必要とされるようなものではなかった。この状況が大きく変わって、東南アジアで華人が経営する鉱山開発やプランテーション開発などが本格化し、労働力需要が発生するのは、一八三〇年代以降のことである。

つまり、十八世紀末から十九世紀初頭、清朝領域内で、増加した人びとが必要とされる場所はなかったのである。食糧事情はかならずしも劣悪ではないため、人口が減ることはなかった。しかし、増えた人口が利用される場も存在しなかった。清朝中期、嘉慶と呼ばれたこの時代には、人間は行き場のないまま、ただ増えるだけだったのである。

(3) 海賊集団の巨大化と消滅

このように、叢生（そうせい）した海賊集団を構成したのは、とくに使われる当てのなかった労働力であった。当初は、海賊稼業でひと山当てようとした積極分子もいたが、拘束した人びとを集団に組み込んでゆく過程で、海賊集団の大部分が、ふつうに生活していても海賊になってもあまり変わらない、沿海の漁民や労務者になっていった。海賊集団側でも、拘束した人間を売却する道もなく、とりあえず使える労働力として集団のなかに組み込んでいった。その結果、海賊集団は数千人規模に巨大化してしまった。広東当局に投降した際、張保仔集団は一万四〇〇〇人、郭婆帯集団は六〇〇〇人を抱えていた。

もともと中国沿海においても、海賊稼業は漁民などが行う特殊なもので、清朝当局に捕まることで処刑される可能性が高い、リスクの高い行為であった。一七八〇年代の台湾での林爽文（りんそうぶん）反乱鎮圧に伴う、福建側での治安維持機構の空白によって、数十人規模の海賊集団が出現することはあった。しかし、この数十人規模の海賊集団が、数千人規模に膨らむためには、何かきっかけがなければならない。

本書での議論をここまで追ってくれば、そのきっかけが何であるのかは、明白であろう。一七九〇年代の安南海賊の清朝沿海への侵入である。安南海賊は、強大な船舶と、西山(タイソン)朝安南から流れてきた豊富な武器を利用して、清朝の船舶や営汛に公然と襲いかかった。つまり、ある程度強大な集団に属していれば、清朝水師に逮捕されることもなく、うまく立ち回って清朝地方当局に投降すれば、それなりに儲かったうえで、無事に故郷に帰ることもできたのである。つまり、安南海賊の出現によって、海賊稼業のリスクが抑制されたのである。その安南海賊を生み出すきっかけは、ベトナムにおける戦乱であった。ベトナムにおける混乱が結果として、清朝東南沿海における海賊集団の叢生をもたらしたのである。人が余ったところに武器が流れ込めば、治安が悪くなるのは当たり前、と言い換えることができるかもしれない。

この状況を直接見ていた清朝地方当局は、当時の海賊問題を一貫して治安問題として考えていた。だが、第五章で見たように、清朝地方当局には、海賊集団すべてを叩き潰すほどの装備も財源もなかった。地方当局が選んだ対策は、著名な首領のみを狙った取り締まりを行い、同時に、首領に対し投降を呼びかける、というものであった。時間はかかったが、結果的にこの方策はうまくいった。一八一〇年ごろまでに、海賊の首領を殺害したり、あるいは投降が実現したりした結果、海賊集団は急激に瓦解し、姿を消したのである。

もちろん、一八一〇年になって人余りが解消したわけではない。それにもかかわらず、海賊集団が姿を消したのはなぜだろうか。ここで重要なのが、前述の海賊集団のフラクタルな「包」の構造である。海賊集団の内部では、小さな集団が誰かのもとに集まって、中規模な集団を作り、中規模な集団が集まって、首領を中心に、海賊集団全体を形成していた。つまり、首領がいなくなれば、すぐに大規模海賊集団は瓦解するのである。中小規模の集団になると、海賊稼業はとたんに儲からなくなる。大集団だからこそ、清朝水師と戦って勝利を納めることができるし、広い範囲で保護費をスムーズに徴収できる。保護費を支払う側は、有名な大海賊集団から保護費を要求されれば、あきらめて支払いに応じるだろう。一方、無名の小規模海賊集団では、保護費を取るために、まずは襲撃したりして威力を誇示しなければならない。ぽっと出のチンピラに保護費を率先して払うことなど考えられないだろう。保護費を支払う側は、自分の生命財産が危機に瀕していると認識しなければ、支払いに応じるわけがないからである。また、少人数で行動するのでは、清朝水師の取り締まりに抵抗することもできない。

そもそも海賊集団のなかでの生活が、漁民や労務者であったころに比べて、格段に良いものであったわけでもない。海賊集団内部でも食料がしばしば不足し、船中に湧いた虫を食糧にする場合すらあった。そのような生活に未練などあるだろうか。故郷に帰り、以前通り死なない程度の生活に戻ればよいだけである。海賊でも漁民でも、人生のクオリティはどうせ変わらないのだ。

清朝地方当局は、もちろんこのような構造を理解していたのだろう。だからこそ、首領を狙い撃ちにした。むしろ財政難のなかでは、首領の排除を狙った方策以外に選択肢はなかった、というべきかもしれない。

かくして、巨大な海賊集団が横行する時期は終わりを告げた。清朝皇帝、官僚、商人、漁民、台湾開拓民のあいだで、さらにはベトナム、イギリス、マカオなど、さまざまな場で問題視され、利用された「海賊」とは、死なない程度に貧困で労働力の行き場のない社会が生んだ、清朝東南沿海の余った人びとだったのである。

では、この余った人びとはいかなる運命をたどるのだろうか。終章では、一八二〇年代以降の清朝東南沿海をめぐる状況を見てゆくことにしたい。

終章　海賊のいた時代の終わり

——末裔のその後

日中戦争のさなか、香港を占領した日本軍の影響下に置かれた広東（カントン）沿岸で、日本軍の肝入りで広東海防軍なる一団を指揮していた甘志遠（かんしえん）は、同じ海域で百数十年前に活躍した海賊張保仔（ちょうほし）とその後の海賊の活動を、次のように語っている。

> 香港がまだイギリスに占領されるまえ、一漁村にすぎなかった香港で、この付近一帯の制海権を握っていたのも、張保仔という海賊の親分だった。香港島とその近くの島々には、かれらが使ったという堡塁が今でも残る。
>
> 張保仔は旧式の大砲をとりつけた漁船を百余隻持ち、漁民や島民と一体になって活動していたという。香港がイギリスの手に渡ったとき、イギリス軍は十数年の時間を費やして張保仔を西の海上に追いつめ、広州湾の西北でようやく全滅させた。
>
> それからもつぎつぎと海賊が現れたが、ただ大きな集団をなすものはなく、船はせいぜい一〇隻前後、人数も一〇〇人ぐらいで、根拠地も限られていた。なかには、中国の内戦で敗退した兵隊が、そのまま海賊に身を投じたものもある。
>
> （甘志遠『南海の軍閥甘志遠――日中戦争下の香港・マカオ』一三二頁）

甘志遠は思い違いをしていた。イギリス軍と渡り合ったのは張保仔ではなく、一世代下の徐亜保（チョイアポー）と十三仔（サップンツァイ）なる海賊であったし、舞台は広州湾でもなかった（さらに細かく言えば、広州湾の西北に追い詰

図終－1　1849年10月1日、汽船コロンバインを中心とするロイヤルネイヴィに粉砕される徐亜保集団（英国国立海事博物館所蔵）

められたのは烏石二なのだが、それは措こう）。

一八四九年十月一日、イギリス海軍は、香港の北東にある大亜湾（バイアス・ベイ）の徐亜保の根拠地を急襲し、外輪蒸気船コロンバイン号の圧倒的な破壊力によって壊滅させた（**図終－1**）。徐亜保は部下によってイギリス軍に売り渡され、その後タスマニアへ送られた。現地で自殺したという。十三仔もその後、トンキン湾でイギリス軍にさんざんに打ち破られたが、こちらは何とか逃げ延び、清朝に投降して武官に登用された。

一八四〇年に始まるアヘン戦争によってさんざんに打ち破られた清朝水師は、治安維持能力を失っていた。その空白に海賊が再び現れた。だが、鎮圧作戦を行っても、海賊に簡単に敗れてしまう為体であった。清朝は海賊たちを何とかなだめて官職を与え、清朝水師に形ばかり編入するしかなかった。清朝水師の制服を着た海賊が、やはり海賊を働いたことは想像にかたくない。香港を得て、上海や厦門を開港させたイギリスは、このように清朝沿海をうごめく海賊の脅威にさらされたのである。開港地付近でもしばしば商船が被害に遭ったため、イギリス海軍の出動が求められた。当時、イギリスでは、すでにナポレオン戦争が終わり、海軍への予算は大幅に削られていたが、清朝沿海の海賊の相手など、旧式の蒸気船で十分であった。

一八四〇年代末から海賊は、各地でイギリス海軍に次々に鎮圧された。じつはその後ろには清朝地方当局がいた。自力では海賊にほとんど対応できなかった清朝当局者（そのなかには李長庚の養子である福建水師提督李廷鈺もいた）は、厦門にやってきたイギリス領事と協力し、イギリス海軍を利用して、海賊を粉砕させていたのである。もはや、海賊は割りに合わない商売になった。小規模なものは見逃されたが、規模が大きくなると、清朝ではなくイギリス海軍によって鎮圧されてしまうのである。彼らが生きてゆくにはほかの方法が必要であった。

海賊集団は、一八一〇年ごろを境に急速に瓦解し、ほとんどの成員が陸に上がった。投降した海賊の一部には、再び海賊稼業に戻る者もいたが、それほど多くはなかった。もともと海賊稼業でも、それほど儲かっていたわけではない。清朝水師も、ある程度治安維持活動を行えるようになった。海賊の存在はもはや問題ではなくなった。それまで海賊になったり、海賊に無理やり仲間入りさせられた人びとは、漁民や港湾労務者に戻った。しかし、第七章でも見たように、一八四〇年代以前、海外での労働力の需要はいまだ発生していなかった。では彼らはその後、どこへ行ったのだろうか。そして細々と生き延びていた海賊たちは、いかなる運命をたどったのだろうか。嘉慶(かけい)年間の海賊問題が解決した直後の、一八二〇年代まで時計を戻して見てゆくことにしよう。

1　アヘンの運び屋

一八二〇年代に入ると、清朝東南沿海にあらたなビジネスチャンスがやってきた。安価なアヘンである。第六章で見たように、一八一〇年代までのアヘンは、それなりに高価で希少なものであった。一八〇〇―一〇年代でも、海賊の一部にはその取引に関わる者がいたが、それほど大規模ではなかった。ところが、一八二〇年代に入ると、アヘンは値段が大幅に下がり、かつ大量に供給されるようになってゆく。清朝の内陸部でもアヘンを求める人が増えた。しかし、アヘンは禁制品であったし、マカオや広州を通すと、余計な手数料がかかった。そこで、アヘンを取り扱っていた商人は、マカオや広州を通さずに直接販売することを思いついたのである。

インドからアヘンを積載してきた地方貿易商人の船は、マカオや広州に入港する前に、珠江(しゅこう)河口の伶丁洋(れいていよう)に浮かんだ貨物船(躉船(とんせん))にアヘンを降ろした。決済は、マカオや広州などで行われ、手形を持った快速船(「快蟹(ファイハイ)」)が躉船にアヘンを取りにいった。その快速船を操っていたのが、以前は海賊になっていた人びとであった。

彼らは、巨大アヘン取引集団を形成したりはしなかった。しょせんは、各地にあった窖口(ようこう)と呼ばれるアヘン卸売仲介業者と契約した、運び屋に過ぎなかった。窰口は数十人の出資者からなる組織で、内陸の商人たちも関与していた。

アヘン密輸は、広東から福建、浙江(せっこう)、さらに天津(てんしん)付近にまで広がった。各地の運び屋稼業が、多くの沿海の人びとを吸収した。運び屋稼業は、数人で船を動かす小規模なものから、大規模なものまであった。摘発されるのは圧倒的に小規模なほうが多かったが、それが輸送ビジネスの零細化を示しているわけではない。大規模な取引は、大きな資本を持つ商人か、何人も科挙合格者や官僚を輩出しているような有力宗族(そうぞく)(父系同族組織)など、官界に影響力を持つ人びとが関与していたからである。多額の黙許料も動いており、清朝官憲も積極的に取り締まろうとはしなかったのである。

アヘン密輸の取り締まりは、北京の清朝中枢にとっては、当時、大きな問題となっていた銀流出、それに伴うデフレ不況という経済問題を根本的に解決するもの、と認識されていた。同時に清朝地方当局は、アヘン輸送に携わる人びとを、取り締まるのではなく、団練(だんれん)や郷勇(きょうゆう)などの民兵に組織し直し、把握することによって、沿海地域の統治を立て直そうとしていた。しかし、彼らの目論見(もくろみ)は、アヘン戦争の敗北により頓挫することとなった。

2 労働力の売買と強奪

アヘン取引は、戦争終結と南京条約締結以降は、清朝の取り締まり対象から外れた。そのうち清朝領内でのアヘン生産が増えたこともあって、アヘンは密貿易品としての利益を生まなくなった。しかし、今度は別の商品が高い利益を生むようになった。人間である。

一八三〇年代から、現地の商人や外国人などが、おもに女性や子供を買い付けて、東南アジアや台湾へ売却する事例が見られるようになってくる。東南アジアへ移っていった男性移民が、現地女性ではなく、華人女性を妻にしたり、華人の子供を跡継ぎにしようとしていたところに需要が発生し、価値が付くようになったのである。このことは、一八三〇年代に、清朝東南沿海から東南アジアへの移民が増加しつつあったことを示している。

東南アジアの港湾都市には、古くから華人商人が居住し、中国との交易に従事していた。しかし、彼らの人口はそれほど多くはなかった。十九世紀に入るまで、東南アジアでは大量の労働力を必要とはしていなかった。ところが、一八三〇年代になると、東南アジアや世界中で、華人が労働力として必要とされ始めたのである。

十八世紀末、大西洋をまたいだ「非人道的」な奴隷貿易に対する批判が強まり、一八〇七年にはイギリスで、奴隷貿易を禁止する法令が発布された。この段階では、奴隷の使用までは禁止されていなかったが、その後も、おもに西アフリカの人びとを奴隷化することへの忌避が広がり、一八三三年には、奴隷制度廃止法がイギリス国会で可決された。その他の大西洋の両岸の国々でも、奴隷制度は廃止されるべきである、という意見が大勢を占めた。奴隷自体が消滅することはなかったが、西アフリカから奴隷を安く買い付けることはできなくなっていった。

しかし、各地でのプランテーションや鉱山開発、開墾など単純肉体労働力に対する需要が、減少していたわけではなかった。とくに、奴隷を利用できなくなったキューバやペルーなどを含む南北アメリカでは、安価な単純労働者が必要とされた。そこで目がつけられたのが、清朝沿海のだぶついた人間であった。

いわゆる苦力（クーリー）貿易とは、前貸し制などを利用して、海外に渡航しようとする移民を売買する取引を指すものである。契約移民の売却先は、おもに南北アメリカの鉱山やプランテーションなど、奴隷を使えなくなった施設であった。それらの施設での労働条件は、奴隷とほとんど変わらない劣悪なものだった。そもそも、アメリカ大陸までの移動環境は奴隷貿易以上にひどく、現地に到着する前に多くの契約移民が死亡した。清朝東南沿海の人びとは、もちろんそのような劣悪な条件を知っており、南北アメリカへ積極的に出稼ぎにゆこうとはしなかった。しかも清朝は、（交易のために一時的に渡航することは許したが）自国の民衆が勝手に海外へ移住することを禁じていた。つまり、清朝東南沿海には余った人びとが存在していたが、本人たちには、需要のある南北アメリカへの出稼ぎや移住を積極的に行うような動機は、かならずしもなかったのである。とすれば、需要と供給をマッチさせるには、暴力的な手段を利用しなければならない。苦力貿易という暴力的な移民のリクルートビジネスは、こうして生まれた。そこで売買されたのも、そして売買したのも、一八一〇年以前であれば海賊になり得た人びとだった。

一八四二年以降、香港と上海が商業センターとして台頭してから急速にさびれたマカオも、この人

図終–2　ジャンク（左）とロルシャ（右）

ロルシャはジャンクよりも多くの荷物を積むことができ、かつ速度が出る西洋帆船の船体に、小回りの利くジャンクの帆を艤装したもの。18 世紀以降、シナ海沿岸から東南アジア大陸部で利用された

身売買ビジネスに加わった。とくにポルトガルは、イギリスとは異なり国内に奴隷制を禁ずる法律もなく、その植民地であるマカオでも、奴隷貿易は取り締まりの対象とならなかったためである。マカエンセは、時に寧波（ねいは）や天津（てんしん）などで未成年者をも誘拐し、マカオのロルシャ船（図終－2）を用いて海外へ売却した。マカエンセ以外にも、マカオには広東から入り込んだ苦力貿易のエージェントが複数いた。多くの人びとが、マカオを通じて苦力として売られていった。

3　東南アジアへの移民

この人身売買ビジネスは、清朝が人身売買を厳禁して、自由意思による移民を認めた一八六〇年以降、大幅に減少した。そも

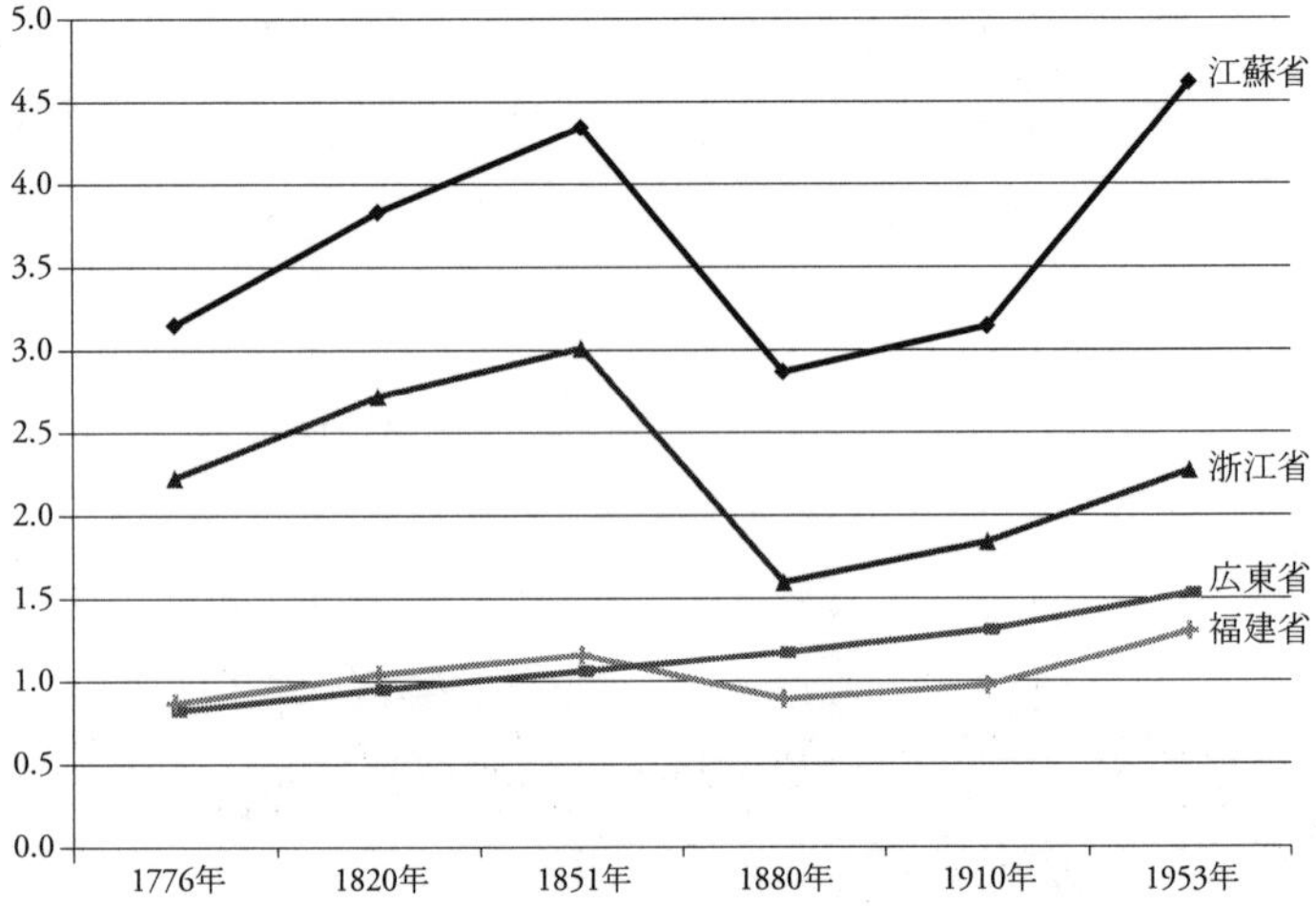

図終－3　東南沿海四省人口密度（人／100km²）

そも誘拐に対する各地域の反発は激しかったし、強制的に連れてこられた労働力は質も悪く、買い手を満足させられなかったためでもある。

一八六〇年代以降、海外への移民は年間数万人規模に膨れ上がった。だがこのころには、それまでの、だぶついた人口を放出する、という意味はなくなってしまっていた。すでに一八五〇年代、清朝東南沿海各省の人口は、太平天国戦争（一八五一―六四）によって、著しく減少していたからである（**図終－3**）。むしろ、東南アジアでの鉱山開発やプランテーション開発が進み、比較的条件が良い労働力の需要が生まれていたことが、重要であった。十九世紀後半、清朝東南の人びとは、南北アメリカの劣悪な環境を避けて、東南アジアへ向かった。

こうして、十九世紀初頭までの清朝東南沿海に遍在していた余った人びとは、この世から消えるか、あるいは行く先が与えられた。十九世紀中ごろ以降、清朝東南沿海では、行き場のない人びとが社会問題を醸成することはなくなっていった。

4 零細海賊稼業

このようにして一八一〇年代以降、大規模な海賊集団が形成されるような社会経済的な背景はなくなった。そのうえ、一八四〇年代から六〇年代まではイギリス海軍が海賊鎮圧に当たり、一八六〇年代以降は清朝が、あらたに近代海軍を整備して治安維持に当たるようになった。広東を管轄する広東水師（拠点は広州）は一八六六年から、福建水師（福州）は一八七二年から、南洋水師（上海）は一八七五年から、北洋水師（威海衛）は一八八八年から、プロイセン、イギリスから購入した艦船を利用して活動しており、小さな木造船を操る海賊など敵ではなかった。清仏戦争（一八八四—八五）で広東、福建、南洋水師が損害を受け、日清戦争（一八九四—九五）で北洋水師が壊滅しても、代わりにベトナムから広州湾にかけてはフランス海軍が、台湾海峡では日本海軍が、山東半島付近ではプロイセン海軍が活動するようになった。そのうち清朝の海軍も、日本海軍をモデルに再建された。開港場に近づけば租界の警察に取り締まられた。海賊集団が艦隊を組んで横行するような光景は見られなくなった。

それでも、零細な海賊稼業は続いていた。列強や清朝の近代海軍がいるので、大規模な海賊集団が形成されることはなかったが、漁民が商船を襲ったりするような零細な海賊行為まで、海軍が出張っていって、いちいち取り締まることはなかった。また、西洋船や大きな船舶を狙った単発的な海賊行為もしばしば発生した。

海賊たちの拠点の一つとなったのがマカオであった。マカオはマカエンセと広東人海賊の巣窟であった。福建の沿海民が、海賊として清朝当局者やイギリス海軍にさんざんに打ち破られたのに対し、広東の沿海民は、アヘン取引や人身売買などを通じて広東人商人や欧米の商人とも良好な関係を築き、一八五〇年代以降、小さいながらもその勢力を拡大した。そのうち海賊稼業に勤(いそ)しんでいた者たちが、マカエンセのロルシャ船と協力して、上海と香港のあいだを行き来する船舶を襲撃した。また、他の開港場付近でも海賊行為が発生した。彼らは昔日のように船団を組んだりはせず、航行する船に忍び込んでシージャックするのが一般的であった。

シージャックがうまくゆけば、略奪品と身代金が手に入ったが、多くの場合、海賊の襲撃は失敗した。船を制圧できなければそれまでだし、制圧後に発覚し、地元の官憲や列強の海軍に鎮圧される場合も多かった。とくに、外国人が関係した場合は捜査が厳しく行われたため、最終的に失敗に終わるケースが圧倒的に多かった。

一九一一年の辛亥(しんがい)革命を経て清朝が倒れ、中華民国が成立した直後は、治安が悪化したようで、台湾海峡でも海賊行為が頻発したが、狙われるのはジャンクや小型船舶ばかりであったし、すぐに沈静化した。日本の台湾総督府の海賊対策に加えて、台湾西部で鉄道が開通したことにより、台湾沿海での船舶航行量が激減した結果、一九一七年ごろまでに台湾沿海で海賊行為は見られなくなった。

福建側でも海賊行為は減少した。中華民国側では、財政難と政治的混乱により最新鋭の海軍の整備を行うことはできなかったが、清末以来の海軍力は維持しており、木端（こっぱ）海賊など敵ではなかったのである。二十世紀に入ると、もはやアウトローの存在する余地はなくなりつつあった。海賊は問題とはならなくなっていた。

5 日中戦争下の海賊

一九四〇年代中ごろ、海賊は再びシナ海沿岸で活発に活動するようになった。ただし、それは広東沿海に留まる。台湾海峡付近は日本海軍が展開しており、海賊の活動する余地はあまりなかった。

契機となったのは、一九三七年に勃発した日中戦争であった。日本軍は同年中に漢口を占領した。その後、日本軍がさらに南下すると、広東沿海にも戦火が及ぶようになった。一九三八年の広州陥落は、広東に大混乱をもたらした。多くの難民が香港やマカオに逃れた。さらに一九四一年の日本軍の香港占領以降、香港の経済活動は著しく縮小し、国際取引も中立地マカオへ集中した。

日本軍の出現は、それまでの経済活動全般を混乱に陥れた。南京に成立した汪精衛（おうせいえい）政府（日本の傀儡（かいらい））の中央儲備銀行が発行する銀行券が濫発され、日本軍占領地域ではハイパーインフレが発生したし、長江下流域が日本軍に占領されたため、長江中上流域との商業流通が途絶した。十九世紀中ごろから成長を続けてきた中国経済は寸断された。

香港の治安は、占領初期は日本軍によって維持されていたが、太平洋での戦局が日本側に不利となり始めた一九四三年以降は悪化していった。一九四四年以降は、マカオを含む広州付近の海域は連合国に爆撃され、船舶の航行も困難となった。海賊の活動はこのような混乱のなかで増加したのである。日本軍は、活動地域の周辺の治安維持のために、現地人からなる広東海防軍という組織を作った。日本軍の軍政のみでは治安維持ができなかったからにほかならない。その海防軍の司令官を務めていたのが、本章冒頭で登場した甘志遠である。南京に生まれた甘志遠（一九一〇―九八）は、日本に留学したことのある人物であった。彼は一九三九年ごろから香港、マカオで私兵を用いた輸送業（自身も「海賊と呼ばれた」と語っている）を営んでいたが、そのとき以来、広東沿海の同業者、すなわち海賊と交渉や戦闘を繰り広げていた。甘志遠の回顧録によれば、彼らはタングステンの取引や海賊行為によって利益を上げていた。多くはみずからの出身地近くに根拠地を築き、通行料や保護費なども徴収した。日中戦争末期、海賊たちは一八〇〇―一〇年代のミニチュア版のような活動をし、日本軍はそのような人びとなしには治安維持はできなくなっていたのである。

6　国共内戦と海賊の消滅

一九四五年八月の日中戦争終結後も、沿海部の治安は回復せず、海賊の活動は活発であった。しかし一九四六年、国民党と共産党のあいだで内戦が始まると、状況は大きく変わる。

東南沿海へ内戦が本格的に波及したのは、一九四九年五月の南京陥落以降のことであった。北から破竹の勢いで広東に迫った中国共産党の人民解放軍に対し、台湾への撤退が現実味を帯びてきていた国民党は、沿岸の匪賊を組み込んで反共部隊を組織した。このとき、香港で組織された広東の海上反共部隊の司令官として抜擢されたのが甘志遠であった。

甘志遠は、一九四九年十月ごろから、反共部隊を率いて人民解放軍と戦闘を繰り返した。十月十四日に広州が共産党の占領下に入ってからは、戦局は好転せず、一九五〇年六月の朝鮮戦争勃発を機に、広東沿海から台湾へ逃れた。甘志遠は、その後、香港で日系企業に関連する仕事についたが、一九六八年にアメリカに移住したという。

その他の広東、福建の海賊たちも、甘志遠と似たような運命をたどった。共産党に協力して人民解放軍の別働隊となるか、国民党と協力して反共部隊になるか、のどちらかを迫られていた。シナ海沿岸や台湾海峡は、砲弾が飛び交う米ソ冷戦の最前線であった。どちらにもつかない、という選択肢はなかった。曖昧な態度をとれば、すぐにスパイか匪賊として処刑されたからである。もはや海賊が存在することを許される空間は存在しなくなった。やがて冷戦は終結したが、台湾海峡が、現在においても最前線であることは変わりない。

かくてシナ海沿岸から海賊はほとんど姿を消した。現在のシナ海においてはもはや、漁民や港湾労働者が海に出て、船団を組み商船や漁船を襲撃することはあり得ない。とくに二十一世紀に入ってからは、海上における領有権確定が厳密化し、むしろ国家間の紛争の火種となりかねない状態にある。

このことは、国家の領域が海上においても隙間なく敷き詰められつつあることを意味する。そこに、特定の国家権力に所属しない武装勢力の存在する余地はない。そもそも現代東アジア経済は二十世紀を通じて大きく成長し、密輸、密漁でもするならともかく、特定の商業ルートに陣取って略奪をすることで得るような富だけでは、ほとんど意味をなさない。

東アジア海域において、今後も海賊行為に手を染める輩がいないとはいえない。偶発的に海上での略奪や暴行、密漁、シージャックなどが起こることは今でもあるし、これからもあるだろう。だが、海賊は、もはや多くの人の耳目を集める、社会、経済、国際関係における重要な問題にはなり得ないだろう。海賊になる人びとも、海賊の活動を許容する空間も、二十世紀後半までに東アジアに成立した社会経済、国際環境が維持される限りは、けっして存在し得ないからである。

あとがき

「海の歴史」は、グローバル・ヒストリーと並んでゼロ年代の日本の歴史学の一つの流行であったが、その嚆矢となったのは、フェルナン・ブローデル『地中海』の日本語訳刊行（一九九一―九五年）であった。著者も今から一五年ほど前に、その流行に棹さして海賊に目を付けた。べつに「海賊」関連のコンテンツが好みだったわけではない。大学院進学にあたり、流行の「海の歴史」で、「海賊」というキワモノを扱えば、能無しでも物珍しさから研究者業界を生き延びてゆけるだろう、と浅知恵を働かせたに過ぎない。だが関連する史料を読むうちに、海賊そのものより、それを鎮圧するほうが気になるようになった。考えてみれば、小さいころから見るテレビ番組といえば刑事ドラマか、時代劇であった。アウトローにはまったく関心が湧かなかった。小賢しい悪役を成敗するのを見て喜んでいた。とはいえ、著者の趣味だけが鎮圧側への注目の理由であるわけでもない。本書の記述のほとんどは、清朝官憲が作成した膨大な公文書によっている。清朝中期史研究は、むしろ公文書が史料のほとんどであって、それ以外のものはけっして多くない。そして公文書によるならば主役が官憲になるのは当然である。結局、著者の専門は清朝のおもに政治動向を分析するものに落ち着いた。

さて、二〇一一年四月、震災の影響が治まる様子もないなか、『地中海』の日本語訳を刊行した藤原書店で、清朝史に関する叢書を作る計画があるから研究についてすこし話すように、という連絡をいただいた。実際に本書の原型をなす報告を早稲田鶴巻町の藤原書店催合庵で行ったのが九月十六日。その場で出席されている先生方から原稿を書いてみないかと言われ、ご意見を頂戴しながら初稿を書き上げたのが二〇一三年三月だった。同年秋の刊行予定とされたが、結局、刊行まで三年かかった。その間、東シナ海の領有問題はいったん盛り上がったのち、ニュースバリューを失い、いっぽうで南シナ海に焦点が当たるようになった。国際情勢の変容はめまぐるしい。それなりに遠い過去を扱う本書はもちろん現状分析に直接関わらないものではあるが、それでも歴史的な分析の成果もまた早急に公表され、〝いま〟の参考に供されるべきであった。いかなる事情も、多忙もまったく理由にならない。ひとえに著者の怠惰と無能菲才による。お詫びしたい。

本書は、いわゆる博士論文を一般向けにリライトしたものではなく、書籍の企画にあわせて新たに構成したものである。第一章は「清代中期の海賊問題と対安南政策」(『史学雑誌』一一五—四、二〇〇六年)を、第二章/第三章は「清代中期広東沿海住民の活動、一七八五～一八一五年——「吏科題本」糾参処分類を中心に」(『社会経済史学』七三—三、二〇〇七年)および「清代中期における海賊問題と沿海交易」(『歴史学研究』八九一、二〇一二年)を、第六章は「珠江河口における貿易秩序と海賊問題(一七八〇～一八二〇)」(『東洋史研究』七二—一、二〇一三年)をベースとした。序章/

第四章／第五章／第七章／終章は書き下ろしである。いずれも一般向けの説明、注釈を大幅に加えたが、旧稿の論旨を破棄するものではない。

本書でも利用した数枚の写真は、日本学術振興会科学研究費・特定領域研究「東アジアの海域交流と日本伝統文化の形成──寧波を焦点とする学際的創生」（通称にんぷろ）海港地域班の現地調査（二〇〇六・〇七年）に同行を許された際に撮影した。また、その現地調査のリーダーだった羽田正先生（東京大学東洋文化研究所）が主催されていた日本学術振興会科学研究費・基盤研究S「ユーラシアの近代と新しい世界史叙述」の研究会にも参加をお許しいただき、他地域の研究状況について触れることができた。本書の内容にすこしでも従来にない広がりがあると感じていただけるならば、右の経験による。

本書の内容に関連する史料調査は、国立故宮博物院図書文献館（台北）、中央研究院歴史語言研究所（台北）、澳門歴史檔案館（マカオ）、中国第一歴史檔案館（北京）、トーレ・ド・トンボ国立文書館（リスボン）、海外領土史文書館（リスボン）、英国図書館（ロンドン）、英国公文書館（キュー）において、日本学術振興会特別研究員奨励費（平成十九～二十、二十二～二十四年度）、科学研究費助成事業（若手研究B／研究課題番号二六七七〇二三九／平成二十六～二十九年度）の助成を受けて行った。二〇〇八～〇九、一〇～一二年度に特別研究員として採用していただいた日本学術振興会、その際の受け入れ機関となった東京大学大学院人文社会系研究科、横浜国立大学大学院国際社会科学研究科（当時）、京都大学人文科学研究所、また本務校である信州大学人文学部（学術研究院人文科学系）では、研究環境の整備と研究費執行に関して多大な便宜を図っていただいた。記して謝意を表したい。

本書の執筆にあたっては、責任編集の岡田英弘先生・宮脇淳子先生・杉山清彦先生・楠木賢道先生に草稿段階からたびたび丁寧なご意見をいただいた。とくに杉山先生には再校段階でもさまざまにご指摘いただいた。本書の学術的な正確性は先生方のご指摘による。また編集にあたっては、嶋津弘章さん、山﨑優子さんの精緻な作業により、著者の混乱、矛盾する文章をすっきりと修正していただいた。文意の一貫性と読みやすさはお二人のご尽力による。本書のタイトルは最後に藤原良雄社長に決めていただいた。十五年前の自分に自慢できると思える一連の経験ができたのは幸運というほかない。励まし、お力添えいただいた皆様に感謝申し上げます。

謹識於信府

二〇一六年二月

豊岡康史

参考文献

＊参考文献を以下に挙げる。それぞれ日本語文献は著者姓名五十音順、欧米言語文献は著者姓名アルファベット順、中国語文献は常用漢字で表記し、著者姓名ピンイン順に配列した。

全体に関わるもの

岡田英弘編『別冊「環」⑯　清朝とは何か』（藤原書店、二〇〇九年）
岡本隆司『近代中国と海関』（名古屋大学出版会、二〇〇〇年）
岡本隆司『近代中国史』（筑摩書房、二〇一三年）
勝田弘子「清代海寇の乱」（『史論』一九、一九六八年）
川勝平太編『海から見た歴史――ブローデル『地中海』を読む』（藤原書店、一九九六年）
岸本美緒『清代中国の物価と経済変動』（研文出版、一九九七年）
岸本美緒・宮嶋博史『世界の歴史12　明清と李朝の時代』（中央公論社、一九九八年）
黒田明伸『中華帝国の構造と世界経済』（名古屋大学出版会、一九九四年）
礪波護・岸本美緒・杉山正明編『中国歴史研究入門』（名古屋大学出版会、二〇〇六年）
濱下武志『近代中国の国際的契機――朝貢貿易システムと近代アジア』（東京大学出版会、一九九〇年）
濱下武志・川勝平太編『アジア交易圏と日本工業化〈新版〉一五〇〇―一九〇〇』（藤原書店、二〇〇一年）
松浦章『中国の海賊』（東方書店、一九九五年）
松浦章『中国の海商と海賊』（山川出版社、二〇〇三年）
松浦章『東アジア海域の海賊と琉球』（榕樹書林、二〇〇八年）
桃木至朗編『海域アジア史研究入門』（岩波書店、二〇〇八年）
矢野仁一「嘉慶時代の艇盗の乱について」（『歴史と地理』一八―二、一九二六年）
山田賢『移住民の秩序――清代四川地域社会史研究』（名古屋大学出版会、一九九五年）
吉澤誠一郎『清朝と近代世界』（岩波書店、二〇一〇年）

一九八二―八七年）
『田野与文献――華南研究資料中心通訊』四七「（清）袁永綸著『靖海氛記』箋註専号」二〇〇七年
張中訓「清嘉慶年間閩浙海盗組織研究」（『中国海洋発展史論文集』第二輯、台北：中央研究院三民主義研究所、一九八六年）
鄭広南『中国海盗史』（上海：上海華東理工大学出版社、一九九八年）
Alexander, William, *The costume of China: illustrated in forty-eight coloured engravings*, London: William Miller, 1805.
Antony, Robert J., *Like Froth Floating on the Sea: The World of Pirates and Seafarers in Late Imperial South China*, Berkeley: Institute of East Asian Studies, University of California, 2003.
Cordingly, David, *Pirates: Terror on the high sea*, Atlanta: Turner Publishing, 1996（デイヴィッド・コーディングリ編『海賊大全』増田義郎・竹内和世訳、東洋書林、二〇〇〇年）
Murray, Dian H., *Pirates of the South China Coast 1790-1810*, Stanford: Stanford University Press, 1987.
Stanley, Jo, ed., *Bold in her breeches: Women pirates across the ages*, London: Pandora/Rivers Oram, 1995（ジョー・スタンリー編著『女海賊大全』竹内和世訳、東洋書林、二〇〇三年）.
故宮博物院編『清史図典　第六・七冊　乾隆朝（上・下）』（北京：紫禁城出版社、二〇〇二年）
故宮博物院編『清史図典　第八冊　嘉慶朝』（北京：紫禁城出版社、二〇〇二年）
譚其驤編『中国歴史地図集』（全八冊、北京：地図出版社、

序章

石原道博『倭寇』（吉川弘文館、一九六四年）
上田信『海と帝国――中国の歴史〇九　明清時代』（講談社、二〇〇五年）
太田弘毅『倭寇――商業・軍事史的研究』（春風社、二〇〇二年）
岡田英弘『康熙帝の手紙』（藤原書店、二〇一三年）
岸本美緒『東アジアの「近世」』（山川出版社、一九九八年）
佐久間重男『日明関係史の研究』（吉川弘文館、一九九二年）
島田征夫・林司宣編『国際海洋法』（有信堂高文社、二

〇一〇年）
城地孝『長城と北京の朝政――明代内閣政治の展開と変容』（京都大学学術出版会、二〇一二年）
高林敏之「「ソマリア海賊問題」を生み出したもの――あるいはアフリカで奏でられる「帝国復活」のファンファーレ」（『歴史学研究』第八六二号、二〇一〇年）
田中健夫『倭寇――海の歴史』（講談社、二〇一二年）
檀上寛『明代海禁＝朝貢システムと華夷秩序』（京都大学学術出版会、二〇一三年）
「特集――海賊　洋上のユートピア」（『現代思想』二〇一一年七月号）
藤田明良「「蘭秀山の乱」と東アジアの海域世界」（『歴史学研究』六九八、一九九七年）
林田芳雄『鄭氏台湾史』（汲古書院、二〇〇三年）
林田芳雄『蘭領台湾史』（汲古書院、二〇一〇年）
宮崎市定『雍正帝――中国の独裁君主』（中央公論社、一九九六年）
村井章介『中世倭人伝』（岩波書店、一九九三年）
柳澤明「康熙五六年の南洋海禁の背景――清朝における中国世界と非中国世界の問題に寄せて」（『史観』第一四〇号、一九九九年）
山崎岳「巡撫朱紈の見た海――明代嘉靖年間の沿海衛所と「大倭寇」前夜の人々」（『東洋史研究』六二―一、二〇〇三年）
山崎岳「江海の賊から蘇松の寇へ――ある嘉靖倭寇前史によせて」（『東方学報』京都八一、二〇〇七年）
Barrie, James M., *Peter and Wendy*, London: Hodder & Stoughton, 1904.（J・M・バリー『ピーター・パンとウェンディ』石井桃子訳、岩波書店、一九五七年）
Byron, George Gordon, *The corsair: a melo-drama in four acts*, London: Charleston, 1818（バイロン『海賊』木村鷹太郎訳、尚友館、一九〇五年）
Johnson, Charles (Defoe, Daniel), *A general history of the robberies and murders of the most notorious pyrates*, London, 1724.（チャールズ・ジョンソン（ダニエル・デフォー）『イギリス海賊史』朝比奈一郎訳、リブロポート、一九八三年）
Linebaugh, Peter and Rediker, Marcus, *The many-headed hydra: sailors, slaves, commoners, and the hidden history of the revolutionary Atlantic*, Boston: Beacon Press, 2000.
Menges, Jeff, A., *Pirates, Patriots, and Princesses: The art of Howard Pyle*, Mineola: Dover, 2006.
Pyle, Howard, Compiled by Merle Johnson, *Howard Pyle's*

Book of Pirates, New York & London: Harper & Brothers Publishers, 1921.

Stevenson, Robert L., *Treasure Island*, London: Cassel, 1883（スティーヴンスン『宝島』村上博基訳、光文社、二〇〇八年）

王華鋒「一八世紀初期（一七〇八―一七一七）的海盗問題初探」（『蘭州学刊』一六二、二〇〇七年三期）

王華鋒「顚簸――政権真空下的民衆生活　以一八世紀福建沿海民衆与海盗関係為中心」（『福建論壇・人文社会科学版』二〇一〇年九期）

第一章

池野茂『琉球山原船水運の展開』（ロマン書房、一九九四年）

猪口孝「伝統的東アジア世界秩序試論――一八世紀末の中国のベトナム干渉を中心として」（『国際法外交雑誌』七三―五、一九七五年）

岡本隆司「属国と保護のあいだ――一八八〇年代初頭、ヴェトナムをめぐる清仏交渉」（『東洋史研究』六六―一、二〇〇七年）

片岡一忠『中国官印制度研究』（東方書店、二〇〇八年）

岸本美緒『明清交替と江南社会――一七世紀中国の秩序問題』（東京大学出版会、一九九九年）

三王昌代「清代中期におけるスールー（蘇禄）と中国のあいだの文書往来――ジャウィ文書と漢文史料から」（『東洋学報』九一―二、二〇〇九年）

嶋尾稔「タイソン朝の成立」（『岩波講座　東南アジア史』四、二〇〇一年）

坪井善明「ヴェトナム阮朝（一八〇二―一九四五）の世界観」（『国家学会雑誌』九六―九／一〇、一九八三年）

豊岡康史「清朝と旧明領国際関係（一六四四―一八四〇）」（『中国史学』二二、二〇一二年）

蓮田隆志「「華人の世紀」と近世北部ベトナム――一七七八年の越境事件を素材として」（『アジア民衆史研究』一〇、二〇〇五年）

濱下武志『朝貢システムと近代アジア』（岩波書店、一九九七年）

藤原利一郎『東南アジア史の研究』（法蔵館、一九八六年）

夫馬進「明清中国による対朝鮮外交の鏡としての対ベトナム外交――冊封体制と〝問罪の師〟を中心に」（紀平英作編『グローバル化時代の人文学――対話と寛容の知を求めて』（下）、京都大学学術出版会、二〇〇七

年）
夫馬進編『中国東アジア外交交流史の研究』（京都大学学術出版会、二〇〇七年）
望月直人「フランス対清朝サイゴン条約通告と清朝のベトナム出兵問題——一八七〇年代後半、ベトナムをめぐる清仏関係の再考」（『東洋史研究』六八—三、二〇〇九年）
望月直人「「秩序再建」と「保護」——清仏戦争前、フランスの清越関係観に関する一考察」（『東アジア近代史』一五、二〇一二年）
望月直人「清仏戦争前における清朝対仏政策の転換過程——トンキン出兵からの「継続」として」（『東洋学報』九四—三、二〇一二年）
茂木敏夫『変容する近代東アジアの国際秩序』（山川出版社、一九九五年）
桃木至朗『歴史世界としての東南アジア』（山川出版社、一九九六年）
八尾隆生「収縮と拡大の交互する時代」（『岩波講座　東南アジア史』三、二〇〇一年）
山本達郎編『ベトナム中国関係史』（山川出版社、一九七五年）
吉開将人「「南越国長」阮福映——清代檔案から見た阮福映の冊封問題」（『史朋』四〇、二〇〇七年）
渡辺美季『近世琉球と中日関係』（吉川弘文館、二〇一二年）
Li Tana, *Nguyen Cochinchina: southern Vietnam in the seventeenth and eighteenth centuries*. Ithaca, N.Y: Southeast Asia Program Publications, 1998.
Sakurai Yumio, "Eighteenth-Century Chinese Pioneers on the Water Frontier of Indochina," in Nola Cooke and Li Tana eds., *Water Frontier: Commerce and the Chinese in the Lower Mekong Region, 1750-1880*, Singapore: Rowman & Littlefield Publishers, Inc., 2004.
劉平「乾嘉之交広東海盗与西山政権的関係」（『江海学刊』一九九七年六期）
孫宏年『清代中越宗藩関係研究』（哈爾浜：黒龍江教育出版社、二〇〇六年）
莊吉発『清高宗十全武功研究』（台北：国立故宮博物院、一九八二年）

第二章

平和彦「近世中国の海盗と琉球船舶」（『南島史学』四一号、一九九三年）
寺田隆信「清朝の海関行政について」（『史林』四九―二、一九六六年）
中島楽章『徽州商人と明清中国』（山川出版社、二〇〇九年）
原田禹雄『李鼎元　使琉球記』（榕樹書林、二〇〇七年）
宮田道昭『中国の開港と沿海市場――中国近代経済史に関する一視点』（東方書店、二〇〇六年）
村尾進「李鼎元撰『使琉球記』解題」（夫馬進編『使琉球録解題及び研究』研究成果報告書、京都大学文学部東洋史研究室、一九九八年）
山田賢『中国の秘密結社』（講談社、一九九八年）
山本進「海禁と米禁」（『社会経済史学』五五―四、一九八九年）
Fan I-chun, "Long-Distance Trade and Market Integration in the Ming-Ch'ing Period, 1400-1850", Ph.D. thesis, Stanford University, 1993.
陳国棟「清代中葉厦門的海上貿易　一七二七―一八三三」（『中国海洋発展史論文集』第四輯、台北：中央研究院中山人文社会科学研究所、一九九一年）
鄧亦兵『清代前期関税制度研究』（北京：燕山出版社、二〇〇八年）
范毅軍「走私・貪汚・関税制度与明清国内貨物流通税的徴収――明清時代関税資料性質的検討」（『中央研究院近代史研究所集刊』二二上、一九九三年）
黄国盛『鴉片戦争前的東南四省海関』（福州：福建人民出版社、二〇〇〇年）
李典蓉『清朝京控制度研究』（上海：上海古籍出版社、二〇一一年）
王華鋒「一八世紀初期（1708-1717）的海盗問題初探」（『蘭州学刊』一六二、二〇〇七年三期）
呉玲青「台湾米価変動与「台運」変遷之関聯（一七八三―一八五〇）」（『台湾史研究』一七―一、二〇一〇年）
荘吉発『清代秘密会党史研究』（台北：文史哲出版社、一九九四年）

第三章

可児弘明『香港の水上居民――中国社会史の断面』（岩

波書店、一九七〇年）

唐澤靖彦「清代告訴状のナラティブ」（『中国　社会と文化』一六、二〇〇三年）

香坂正則「清代前期の沿岸貿易に関する一考察――特に雍正年間・福建――天津間に行われていたものについて」（『文化』三五―一・二、一九七一年）

笹本重巳「広東の鉄鍋について――明清代における内外販路」（『東洋史研究』一二―二、一九五二年）

濱島敦俊・片山剛・横山政子『華中・南デルタ農村実地調査報告書』（大阪大学文学部紀要三四、一九九四年）

松浦章『清代海外貿易史の研究』（朋友書店、二〇〇二年）

松浦章『清代内河水運史の研究』（関西大学出版部、二〇〇九年）

松浦章『清代帆船沿海航運史の研究』（関西大学出版部、二〇一〇年）

Cushman, Jennifer W., Fields from the Sea: Chinese Junk Trade with Siam during the Late Eighteenth and Early Nineteenth Centuries, Ithaca, N.Y.: SEAP Publications, Cornell University, 1993.

Meadows, Thomas Taylor, *Desultory notes on the government and people of China and on the Chinese language*, London: W. H. Allen and co., 1847

馮爾康『清史史料学』（瀋陽：瀋陽出版社、二〇〇四年）

黄光武「嘉慶十年澄海二林通匪案――兼論樟林新興街、新囲天后的有関歴史問題」（『潮学研究』五、一九九六年）

黄国信「清代乾隆年間両広塩法改埠帰綱考論」（『中国社会経済史研究』一九九七年第三期）

李士豪・屈若搴『中国漁業史』（台北：台湾商務印書館、一九九三年、原刊一九三二年）

劉序楓「清政府対出洋船隻的管理政策（一六八四―一八四二）」（劉序楓主編『中国海洋発展史論文集』第九集、台北：中央研究院人文社会科学研究中心海洋史研究専題中心、二〇〇五年）

Dian H. Murray「広東的水上世界――它的生態与経済」（『中国海洋発展史論文集』第七輯上冊、中央研究院中山人文社会科学研究所、二〇〇五年）

孫湘平等編『中国沿岸海洋水文気象概況』（北京：科学出版社、一九八一年）

王冠倬編著『中国古船図譜』（北京：生活・読書・新知三聯書店、二〇〇〇年）

冼剣民「清代広東的製塩業」（『塩業史研究』一九九〇年

三月）

衣冠城「従『宮中檔』看清代乾隆朝福建地区的海盗」（『人文及社会学科教学通訊』八―二、一九九七年）

張偉仁『清代法制研究』（中央研究院歴史語言研究所専刊七六、台北：中央研究院歴史語言研究所、一九八三年）

第四章

甘利弘樹「嘉応州の成立――雍正期における直隷州政策の一齣」（『史境』四〇、二〇〇二年）

飯島典子『近代客家社会の形成――「他称」と「自称」のはざまで』（風響社、二〇〇七年）

石橋崇雄「『宮中檔康熙朝奏摺』（満文諭摺）収録の覚羅満保奏摺――台湾関係記事を中心として」（『中国近代史研究』五、一九八七年）

殷允芃編、丸山勝訳『台湾の歴史――日台交渉の三百年』（藤原書店、一九九六年）

菊池秀明『清代中国南部の社会変容と太平天国』（汲古書院、二〇〇八年）

春山明哲『近代日本と台湾――霧社事件・植民地統治政策の研究』（藤原書店、二〇〇八年）

林淑美「一九世紀臺灣の閩粵械闘からみた「番割」と漢・番の境界」（『東洋史研究』六八―四、二〇一〇年）

陳国棟「清代中葉（約一七八〇～一八六〇）台湾与大陸之間的帆船貿易」（『台湾史研究』一―一、一九九四年）

陳進伝『宜蘭伝統漢人家族之研究』（宜蘭：宜蘭県立文化中心、一九九五年）

陳孔立『清代台湾移民社会研究』（北京：九州出版社、二〇〇三年）

黄典権「蔡牽朱濆海盗之始末」（『台南文化』六―一、一九八五年）

李佳樺「楊廷理『知還書屋詩鈔』研究」（逢甲大学中国文学系碩士論文、二〇〇九年）

李若文「海盗与官兵的相生相剋関係（一八〇〇―一八〇七）――蔡牽、玉徳、李長庚之間互動的討論」（『中国海洋発展史論文集』第一〇輯、二〇〇八年）

李文良『清代南台湾的移墾与客家社会（一六八〇―一七九〇）』（台北：台湾大学出版中心、二〇一一年）

李致穎「楊廷理的行旅経験与台湾論述」（国立台湾師範大学台湾文化及語言文学研究所碩士論文、二〇一一年）

連横『台湾通史』（台北：幼獅文化公司、一九七七年）

廖風徳『清代之噶瑪蘭――一個台湾史的区域研究』（台

北：里仁書局、一九八二年）
廖風徳「海盗与海難——清代閩台交通初探」（『中国海洋発展史論文集』第二輯、一九八六年）
林開世「方志的呈現与再現——以《噶瑪蘭庁志》為例」（『新史学』一八—二、二〇〇七年）
林玉茹『清代台湾港口的空間結構』（台北：知書房、一九九六年）
林玉茹編『比較視野的台湾商業伝統』（台北：中央研究院台湾史研究所、二〇一二年）
蘇同炳「海盗蔡牽始末　上・下」（『台湾文献』二五—四・二六—一、一九七四・一九七五年）
王世慶「蔡牽」（『台北文献直字』六一／六二、一九八三年）
呉建昇「嘉慶十年（一八〇五）海盗蔡牽攻台行動之研究」（『崑山科技大学学報』四、二〇〇七年）
薛卜滋「清嘉慶年間海盗蔡牽犯台始末」（『台湾文化研究所学報』二、二〇〇五年）
尹章義『台湾開発史研究』（台北：聯経出版社、一九八九年）
張文義『河道、港口与宜蘭歴史発展的関係——以烏石港為例　一七九六—一九二四』（英和：富春文化、二〇〇三年）
張中訓「清嘉慶年間閩浙海盗組織研究」（『中国海洋発展史論文集』第二輯、一九八六年）
荘吉発『清高宗十全武功研究』（台北：国立故宮博物院、一九八二年）
荘吉発『清代秘密会党史研究』（台北：文史哲出版社、一九九四年）
周婉窈『台湾歴史図説（増訂本）』（台北：聯経出版社、二〇〇九年、日本語訳：周婉窈（濱島敦俊監訳、石川豪・中西美貴・中村平訳）『増補版 図説 台湾の歴史』平凡社、二〇一三年）
卓克華『清代台湾行郊研究』（福州福建人民出版社、二〇〇六年）
蘇同炳「海盗蔡牽始末上・下」（『台湾文献』二五—四・二六—一、一九七四・一九七五年）

第五章

岩井茂樹『中国近世財政史の研究』（京都大学学術出版会、二〇〇四年）
上田裕之『清朝支配と貨幣政策——清代前期における制銭供給政策の展開』（汲古書院、二〇〇九年）
太田出『中国近世の罪と罰——犯罪・警察・監獄の社会

史』（名古屋大学出版会、二〇一五年）
神田信夫『清朝史論考』山川出版社、二〇〇五年
岸本美緒『風俗と時代観――明清史論集一』（研文出版、二〇一二年）
岸本美緒『地域社会論再考』（研文出版、二〇一二年）
伍躍『中国の捐納制度と社会』（大阪経済法科大学出版部、二〇〇〇年）
伍躍『明清時代の徭役制度と行政制度』（京都大学学術出版会、二〇一一年）
佐野学『清朝社会史』（文求堂、一九四七年）
平和彦「近世中国の海盗と琉球船舶」（『南島史学』四一、一九九三年）
谷井俊仁「清代外省の警察機能について――割辮案を例に」（『東洋史研究』四六―四、一九八八年）
豊岡康史「清代中期政策当局者の社会問題認識――海賊問題における「廃弛」・「盗首」論を中心に」（『東洋学報』九四―二、二〇一二年）
三木聡『明清福建農村社会の研究』（北海道大学図書刊行会、二〇〇二年）
水上雅晴「清代の幕府と学術交流」（『北海道大学文学研究科紀要』一〇七、二〇〇二年）
百瀬弘『明清社会経済史研究』（研文出版、一九八〇年）
梁敏玲「「城坊」から見る清代城郭都市の一側面――広州を中心として」（『社会経済史学』七九―三、二〇一三年）

Antony, Robert J. and Jane K. Leonard, *Dragons, tigers, and dogs: Qing crisis management and the boundaries of state power in late imperial China*, Ithaca, N.Y: East Asia Program, Cornell University, 2002.
Kuhn, Philip A., *Rebellion and Its Enemies in Late Imperial China: Militarization and Social Structure, 1796-1864*, Cambridge, Mass.: Harvard University Press, 1970.
Mann, Susan, *Local merchants and the Chinese bureaucracy, 1750-1950*, Stanford, Calif: Stanford University Press, 1987.
Ng Chin-keong, *Trade and Society: The Amoy Network on the China Coast 1683-1735*, Singapore: Singapore University Press, 1983.

李瑚『魏源研究』（北京：朝華出版社、二〇〇二年）
李若文「追尋文本世界的海盗蹤跡――関於台湾蔡牽的伝説」（『台湾文献』六〇―一、二〇〇九年）
彭大成・韓秀珍『魏源与西学東漸』（長沙：湖南師範大

学出版社、二〇〇五年）
王家倹「清代的緑営水師（一六八一―一八六四）」（『近代中国海防――軍事与経済』香港中国近代史学会、一九八八年）
魏秀梅『清代之廻避制度』（台北：中央研究院近代史研究所、一九九二年）
蕭一山『清代通史』（台北：台湾商務印書館、一九六三年）
蕭一山『非宇舘文存』（『近代中国史料叢刊』第八八輯八七四、台北：文海出版社、一九七三年）
許穎『清代文官行政処分程序研究』（北京：中国社会科学出版社、二〇一一年）
姚薇元『鴉片戦争史実考』（武漢：武漢大学出版社、二〇〇七年。初版一九四二年）
張書才「〈聖武記〉所記白蓮教起義史料辨誤」（『文献』一、一九七九年）

第六章

井上裕正『清代アヘン政策史の研究』（京都大学学術出版会、二〇〇四年）
今田秀作『パクス・ブリタニカと植民地インド――イギリス・インド経済史の《相関把握》』（京都大学学術出版会、二〇〇〇年）
岡美穂子『商人と宣教師――南蛮貿易の世界』（東京大学出版会、二〇一〇年）
籠谷直人・脇村孝平編『帝国とアジア・ネットワーク――長期の一九世紀』（世界思想社、二〇〇九年）
金沢周作編『海のイギリス史――闘争と共生の世界史』（昭和堂、二〇一三年）
後藤春美『アヘンとイギリス帝国――国際規制の高まり一八〇六～四三年』（山川出版社、二〇〇六年）
塩出浩和『可能性としてのマカオ』（亜紀書房、一九九九年）
シャング、ウィリアム（安田震一）『絵画に見る近代中国――西洋からの視線』（大修館書店、二〇〇一年）
東洋文庫編『東インド会社とアジアの海賊』（勉誠出版、二〇一五年）
豊岡康史「イギリス軍マカオ上陸事件（一八〇八年）に見る清代中期の対外政策決定過程」（『東洋学報』九〇―三、二〇〇八年）
中江健三「嘉慶年間の英国の澳門占領について」（『史淵』第一九号、一九三八年）
中江健三「嘉慶年間の澳門占領について（一）～（三）」（『歴史学研究』第七一号、一九三九年、第七四・七五

号、一九四〇年）
ニュネス、セサール『マカオの歩み』西山宗雄・泉田英雄訳（学芸出版社、一九九三年、原著 Cesar Guillen-Nunez, *Macau*, New York, Oxford University Press, 1984.）
則松彰文「清代嘉慶期の対英関係と広東貿易に対する認識」（『福岡大学人文論叢』三三―一、二〇〇一年）
羽田正『東インド会社とアジアの海』（講談社、二〇〇七年）
浜渦哲雄『大英帝国インド総督列伝　イギリスはいかにインドを統治したか』（中央公論新社、一九九九年）
浜渦哲雄『世界最強の商社――イギリス東インド会社のコーポレート・ガバナンス』（日本経済評論社、二〇〇一年）
浜渦哲雄『イギリス東インド会社　軍隊・官僚・総督』（中央公論新社、二〇〇九年）
坂野正高『近代中国政治外交史――ヴァスコ・ダ・ガマから五四運動まで』（東京大学出版会、一九七三年）
藤原敬士「一八世紀中葉の広州における行外商人の貿易参入に関する布告の分析」（『東洋学報』九一―三、二〇〇八年）
藤原敬士「「夷務」をつかさどるということ――一八世紀中葉の広州貿易制度と貢品制度との関わりについて」（『東アジア近代史』一五、二〇一二年）
真栄平房昭「清代中国における海賊問題と琉球――海域史研究の一視點」（『東洋史研究』六三―三、二〇〇四年）
真栄平房昭「東アジア海域史における海賊問題」（『七隈史学』六、二〇〇五年）
村尾進「珠江・広州・澳門――英文および絵画史料から見た「カントンシステム」」（小野和子編『明末清初の社会と文化』京都大学人文科学研究所、一九九六年）
村尾進「乾隆己卯――都市広州と澳門がつくる辺境」（『東洋史研究』六五―四、二〇〇七年）
矢野仁一『支那近代外国関係研究――ポルトガルを中心とせる明清外交貿易』（弘文堂書房、一九二八年）
横井勝彦『アジアの海の大英帝国――一九世紀海洋支配の構図』（同文舘出版、一九八八年）
吉澤誠一郎「ネメシス号の世界史」（『パブリック・ヒストリー』一〇、二〇一三年）
Alves, Jorge M. dos Santos, "O Triângulo Madeira-Achém-Macau: Um Projecto Transoceânico de Comércio de Ópio (1808-1816)", *Um Porto entre dosi Impérios: Estudos sobre Macau e as Relações Luso-Chinesas*, Macau: Istituto Português

do Oriente, 1999.

Borges, Jorge Luis, "La viuda Ching, pirata", en *Historia universal de la infamia*, Buenos Aires: Tor, 1935. English translation in 1971.（J・L・ボルヘス『汚辱の世界史』中村健二訳、岩波書店、二〇一二年）

Boxer, Charles R., *The Portuguese seaborne empire, 1415-1825*, London: Hutchinson, 1969.

British Parliamentary Papers, *Reports from the Select Committee of the House of Commons appointed to enquire into the present state of the affairs of the East India Company,* 1830.

Bulley, Anne, *The Bombay Country Ships, 1790-1833*, Richmond, Surrey: Curzon Press, 2000.

Caniff, Milton A., *The complete Terry and the pirates*, San Diego, Calif: IDW, 2007.

Dalrymple, Alexander, ed., *Memoir Concerning the Pirates on the Coast of China*, London, 1806.

Dalrymple, Alexander, ed., *Further Statement of the Ladrones on the Coast of China,* London, 1812.

Edward S. M., "The Company's Marine", *The Cambridge History of the Empire*, London, 1932, pp. 144-152.

Ellms, Charles, *The pirates own book, or, Authentic narratives of the lives, exploits, and executions of the most celebrated sea robbers*, 1837.

Glasspoole, Richard, "A Brief Narrative of My Captivity and Treatment amongst the Ladrones," in George Wilkinson, ed., *Sketches of Chinese Customs and Manners in 1811-1812*...Bath, 1814.

Gollomb, Joseph, *Pirates Old and New*, New York: The Macaulay Company, 1928.

Gosse, Philip, *The Pirates' Who's Who: Giving Particulars Of The Lives and Deaths Of The Pirates And Buccaneers*, New York: Burt Franklin, 1924.

Gosse, Philip, *My Pirate Library*, London: Dulau and Company, 1926.

Gosse, Philip, *The History of Piracy*, London: Longmans, Green & Co, 1932.（フィリップ・ゴス『海賊の世界史』朝比奈一郎訳、中央公論社、二〇一〇年）

Greenberg, Michael, *British Trade and the opening of China, 1800-1842*, Cambridge: Cambridge University Press, 1951.

Guimarães, Ângela, *Uma Relação Especial: Macau e as relações luso-chinesas, 1740-1844*, Lisboa: Centre de Investigação e Estudos de Sociologia, 2000.

Hariharan, Shantha, "Macao and the English East India Company in the Early Nineteenth Century: Resistance and

Confrontation", *Portuguese Studies*, 23.2, 2007.

Jacquin, Philippe, *Sous le pavillon noir, Pirates et flibustiers*, Paris: Gallimard, 1988.（フィリップ・ジャカン『海賊の歴史——カリブ海、地中海から、アジアの海まで』後藤淳一・及川美枝訳、創元社、二〇〇三年）

Lilius, Aleko E., *I Sailed with Chinese Pirates*, London: Mellifont Press, 1930.（A・E・リリアス『南支那海の彩帆隊——南支那海賊船同乗航行記』大木篤夫訳、博文館、一九三一年。アレコ・イー・リリウス『南支那海物語——海賊船同舟記』山本実訳、教材社、一九四〇年）

Andrade, José Ignacio de, *Memoria dos feitos macaenses contra os piratas da China e da entrada violenta dos inglezes na cidade de Macáo*, 2ª ed., Lisboa, 1835.

Ljungstedt, Anders, *An Historical Sketch of the Portuguese Settlements in China, and of the Roman Catholic Church and Mission in China; a Supplementary Chapter, Description of the City of Canton*. Boston: James Munroe & Co., 1836. Reprint, Hong Kong: Viking Hong Kong Publications, 1992.

Manguin, Pierre-Yves, *Les Nguyễn, Macau et le Portugal: aspects politiques et commerciaux d'une relation privilégiée en mer de Chine, 1773-1802*, Paris: École Française d'Extrême-Orient, 1984.

Marjoribanks, Charles, *Letter to the Right Hon. Charles Grant, president of the Board of Control, on the present state of British intercourse with China*, 2nd ed., London: J. Hatchard and Son, 1833.

Martin, Robert M., *History of the British Colonies: Possessions in Asia*, London: J. Cochrane and co., 1834.

Morse, Hosea B., *The Chronicles of the East India Company Trading to China, 1635-1834*, 5vols., Oxford: Clarendon Press, 1926-1929.

Neumann, Karl F., *History of the Pirates who infested the China sea from 1807-1810. Translation of Yuan Yung-lun, Ching hai-fen chi*, London, 1831.

Pritchard, Earl H., "The Struggle for Control of the China Trade during the Eighteenth Century", *Pacific Historical Review*, vol. III, 1934, pp. 280-295.

Roberts, Edmund, *Embassy to the eastern courts of Cochin-China, Siam, and Muscat*, New York: Harper & Brothers, 1837.

Serrão, Joel, & Marques, A. H. de Oliveira, dir., *Nova História da Expansão Portuguesa*, vol. V, tome 2, *O Império Oriental (1660-1820)*, coor. Maria de Jesus dos Mártires Lopes,

Lisboa: Editorial Estampa, 2006.

Singh, Madam Paul, *Indian Army under the East India Company*, New Delhi: Sterling Publishers, 1976.

Souza, George B., *The Survival of Empire: Portuguese Trade and Society in China and South China Sea, 1630-1754*, Cambridge: Cambridge University Press, 1986.

Sufferings of the John Turner, Chief mate of the country ship Tay, including His captivity and danger amongst the Ladrones, London: Thomas Tegg, ca. 1809.

The dangers of the deep: or, interesting narratives of shipwrecks and disasters at sea. Account of the captivity of Mr. J. L. Turner, amongst the Ladrones, in 1807, London, ca. 1825.

Turner, John, "Account of the Captives of J. Turner, Chief Mate of the Ship Tay, Amongst the Ladrones", *Naval Chronicle*, 20: 456-72, 1808.

Vale, A. M. Martins do, *Os Portugueses em Macau (1750-1800): Degredados, ignorantes e ambiciosos ou fiéis vassalos d'El-rei?*, Lisbon: Institute Português do Oriente, 1997.

Van Dyke, Paul A., *The Canton Trade: Life and Enterprise on the China Coast, 1700-1845*, Hong Kong: Hong Kong University Press, 2005.

Van Dyke, Paul A., ed., *Merchants of Canton and Macao: politics and strategies in eighteenth-century Chinese trade*, Hong Kong, Kyoto: Hong Kong University Press, Kyoto University Press, 2011.

Verbinski, Gregor, dir., *Pirates of the Caribbean: At World's End*, Walt Disney Pictures, 2007, film.

Verrill, Alpheus H, *The Real Story of the Pirate*, New York: D. Appleton, 1935.

Wei, Betty Peh-T'i, *Ruan Yuan, 1764-1849: The Life and Work of a Major Scholar-Official in Nineteenth-Century China before the Opium War*, Hong Kong: Hong Kong University Press, 2006.

Wilkinson, George, ed., *Sketches of Chinese customs and Manners in 1811-1812*, Bath, 1814.

阿海『雍正十年——那條瑞典船的故事』（北京：中国社会科学出版社、二〇〇六年）

仇華飛『早期中美関係研究（1784-1884）』（北京：人民出版社、二〇〇四年）

鄧開頌、呉志良、陸曉敏主編『粤澳関係史』（北京：中国書店、一九九九年）

龔纓晏『鴉片的伝播与対華鴉片貿易』（北京：東方出版社、一九九九年）

郭徳焱『清代広州的巴斯商人』（北京：中華書局、二〇〇五年）
黄啓臣・鄧開頌「明清時期澳門対外貿易的興衰」（『中国史研究』一九八四年第三期）
黄慶華『中葡関係史1513-1999』（合肥：黄山書社、二〇〇六年）
李長森『明清時期澳門土生族群的形成発展与変遷』（北京：中華書局、二〇〇七年）
林仁川「清代福建的鴉片貿易」（『中国社会経済史』一九八五年一期）
林仁川「明清時期南澳港的海上貿易」（『海交史研究』一九九七年一期）
王宏志「馬戛爾尼使華的翻訳問題」（『中央研究院近代史研究所集刊』六三、二〇〇九年）
呉志良『生存之道――論澳門政治制度与政治発展』（澳門：澳門成人教育学会、一九九八年）
呉志良・湯開健・金国平主編『澳門編年史』（広州：広東人民出版社、二〇〇九年）
章文欽『広東十三行与早期中西関係』（広州：広東経済出版社、二〇〇九年）

第七章

足立啓二『明清中国の経済構造』（汲古書院、二〇一二年）
上田信『伝統中国――〈盆地〉〈宗族〉にみる明清時代』（講談社、一九九五年）
柏祐孝『経済秩序個性論』（人文書林、一九四七―一九四八年）
樺山紘一編『岩波講座　世界歴史13　東アジア・東南アジア伝統社会の形成――一六―一八世紀』（岩波書店、一九九八年）
朱天順『媽祖と中国の民間信仰』（平河出版社、一九九六年）
菅谷成子「一八世紀後半における福建――マニラ間の中国帆船貿易」（『寧楽史苑』三四、一九八九年）
鈴木秀光「杖斃考――清代中期死刑案件処理の一考察」（『中国――社会と文化』一七、二〇〇二年）
鈴木秀光「恭請王命考――清代死刑裁判における「権宜」と「定例」」（『法制史研究』五三、二〇〇三年）
鈴木秀光「「請旨即行正法」考――清代乾隆・嘉慶期における死刑裁判制度の一考察」（『専修法学論集』九八、二〇〇六年）
多賀良寛「一九世紀における阮朝の通貨統合政策とベト

ナム銭の広域的流通」（『南方文化』三八、二〇一一年）
中島楽章編『南蛮・紅毛・唐人——一六・一七世紀の東アジア海域』（思文閣出版、二〇一三年）
新村容子『アヘン貿易論争——イギリスと中国』（汲古書院、二〇〇〇年）
松浦章『東アジア海域の海賊と琉球』（榕樹書林、二〇〇八年）
村松祐次『中国経済の社会態制（復刊）』（東洋経済新報社、一九七五年）
山本英史『清代中国の地域支配』（慶應義塾大学出版会、二〇〇七年）

Antony, Robert J. ed., *Elusive pirates, pervasive smugglers violence and clandestine trade in the Greater China Seas*, Hong Kong: Hong Kong University Press, 2010.
Cooke and Li Tana eds., *Water Frontier: Commerce and the Chinese in the Lower Mekong Region*, 1750-1880, Singapore: Rowman & Littlefield Publishers, Inc., 2004.
Sommer, Matthew H., *Sex, Law, and Society in Late Imperial China*, Stanford: Stanford University Press, 2000.

安楽博（Robert J. Antony）「罪犯或受罪者——試析一七九五年至一八一〇年広東省海盗集団之成因及其成員之社会背景」（『中国海洋発展史論文集』第七輯下冊、中央研究院中山人文社会科学研究所、二〇〇五年）
陳在正「蔡牽武装集団与媽祖信仰」（『台湾源流』一五、一九九九年）
程美宝『地域文化与国家認同——晩清以来「広東文化」観的形成』（北京：生活・読書・新知三聯書店、二〇〇六年）
関文発「清代中葉蔡牽海上武装集団性質弁析」（『中国史研究』一九九四年第一期）
季士家「清軍機処〈蔡牽反清闘争項〉述略」（『歴史檔案』一九八二年第二期）
劉平「乾嘉之交広東海盗与西山政権的関係」（『江海学刊』一九九七年六期）
劉平「清中葉広東海盗問題探索」（『清史研究』一九九八年一期）
劉平「関於嘉慶年間広東海盗的幾個問題」（『学術研究』一九九八年九期）
劉左泉「清代嘉慶年間〝雷州海盗〟初探」（『湛江師範学院学報（社会科学版）』一九九九年二期）
羅香林『一八四二年以前之香港及其対外交通』（香港：中国学社、一九五五年）

呉建華「海上絲綢之路粤洋西路之海盗」(『湛江師範学院学報』二〇〇二年二期)
葉林豊『張保仔的伝説和真相』(香港：香港上海書局、一九七〇年)
葉志如「試析蔡牽集団的形成及其反清闘争実質」(中国第一歴史檔案館編『明清檔案与歴史研究』下、北京：中華書局、一九八八年)
曾小全「清代嘉慶時期的海盗与広東沿海社会」(『史林』二〇〇四年二期)
曾小全「清代前期的海防体系与広東海盗」(『社会科学』二〇〇六年八期)

終章

可児弘明『近代中国の苦力と「猪花」』(岩波書店、一九七九年)
甘志遠著、蒲豊彦編『南海の軍閥甘志遠——日中戦争下の香港・マカオ』(凱風社、二〇〇〇年)
木越義則『近代中国と広域市場圏——海関統計によるマクロ的アプローチ』(京都大学学術出版会、二〇一二年)
佐々木正哉「鴉片戦争の研究——英軍広州進行からエリオットの全権罷免まで(一)~(七)」(『近代中国』五~一一、一九七九—八二年)
佐々木正哉「鴉片戦争の研究——ポティンヂャーの着任から南京条約の締結まで(一)~(三)」(『近代中国』一四~一六、一九八三—八四年)
園田節子『南北アメリカ移民と近代中国——一九世紀トランスナショナル・マイグレーション』(東京大学出版会、二〇〇九年)
竹田いさみ『世界を動かす海賊』(筑摩書房、二〇一三年)
久末亮一『香港——「帝国の時代」のゲートウェイ』(名古屋大学出版会、二〇一二年)
馮青『中国海軍と近代日中関係』(錦正社、二〇一一年)
村上衛『海の近代中国——福建人の活動とイギリス・清朝』(名古屋大学出版会、二〇一三年)
Elleman, Bruce A., Andrew Forbes, and David Rosenberg, *Piracy and maritime crime historical and modern case studies*, Newport, R. I: Naval War College Press, 2010.
陳鈺祥「在洋之盗・十犯九広——清咸同年間広艇海盗布興有事蹟考」(『故宮学術季刊』二四—二、二〇〇六年)
陳鈺祥「清代中葉広東海盗之研究(一八一〇—一八八五)」(『成大歴史学報』三四、二〇〇八年)

林智隆・陳鈺祥「前事不忘・後事之師——清代粤洋海盗問題的検討（一八一〇—一八八五）」『美和技術学院学報』二八—一、二〇〇九年）
林満紅『銀線——十九世紀的世界与中国』（台北：国立台湾大学出版中心、二〇一一年）
茅海建『天朝的崩潰——鴉片戦争再研究』（北京：生活・読書・新知三聯書店、一九九五年）

ウェブサイト

王業鍵編「清代糧価資料庫」
(http://140.109.152.38/)
中央研究院「台湾歴史文化地図系統」
(http://thcts.ascc.net/)
中央研究院「両千年中西暦転換」
(http://sinocal.sinica.edu.tw/)
中央研究院歴史語言研究所「人名権威資料査詢」
(http://archive.ihp.sinica.edu.tw/tsweb/html_name/search.php)
中央研究院歴史語言研究所「漢籍電子文献」
(http://hanji.sinica.edu.tw/)
中央研究院歴史語言研究所「明清檔案工作室」
(http://archive.ihp.sinica.edu.tw/mct/index.htm)
越南国家書院、喃遺産保存会「漢喃古籍文献典蔵数位化計画」
(http://www.nomfoundation.org/nom-project/Digital-Library-of-Han-Nom)
Massachusetts Institute of Technology, "MIT Visualizing Cultures"
(http://ocw.mit.edu/ans7870/21f/21f.027/home/index.html)

史料

本書で利用した文書館所蔵資料や漢籍などを以下に挙げる。出版年は、出版者のあるものは影印・校点本の、出版者がないものは原本のものである。

【漢文檔案史料】

故宮博物院図書文献館（台北）所蔵「清代宮中檔奏摺及軍機処録副檔摺件」
『宮中檔乾隆朝奏摺』（台北：国立故宮博物院、一九八二—一九八八年）
『宮中檔嘉慶朝奏摺』（台北：国立故宮博物院、未公刊）
中国第一歴史檔案館（北京）所蔵檔案

「宮中硃批奏摺」綜合類・内政類・軍務類・財政類・法律類
「軍機処録副檔案」綜合類・内政類・軍務類・財政類・法律類・農民運動類
「吏科題本」糾参処分類
『雍正朝漢文諭旨匯編』（中国第一歴史檔案館編、桂林：広西師範大学出版社、一九九九年）
『乾隆朝上諭檔』（中国第一歴史檔案館編、北京：檔案出版社、一九九一年）
『嘉慶道光両朝上諭檔』（中国第一歴史檔案館編、桂林：広西師範大学出版社、二〇〇〇年）
中央研究院歴史語言研究所傅斯年図書館（台北）所蔵「内閣大庫檔案」
『明清檔案』（張偉仁主編、台北：中央研究院歴史語言研究所、一九八六―九五年）
『明清史料』（中央研究院歴史語言研究所編、台北：維新書局、一九七二年）

【正史】

『明史』（張廷玉等撰、北京：中華書局、一九七四年）
『清史稿』（趙爾巽等撰、北京：中華書局、一九七六―七七年）

【実録類】

『明実録』（中央研究院歴史語言研究所校印、台北：中央研究院歴史語言研究所、一九六六年）
『大清歴朝実録』（台北：華聯出版社、一九六四年）
乾隆『欽定大清会典』（一七六四年）
嘉慶『欽定大清会典、会典事例』（台北：文海出版社、一九九一年）
光緒『欽定大清会典、会典事例』（上海：商務印書館、一九〇八年）

【漢籍一般】

『瀛舟筆談』（阮亨撰、一八二〇年）
『越南世系沿革略』（徐延旭撰、『小方壺斎輿地叢鈔』一〇、台北：学生書局、一九七五年）
『簷曝雑記』（趙翼撰、北京：中華書局、一九八二年）
『延釐堂集』（孫玉庭撰、一八七二年）
『海国図志』（魏源撰、台北：成文出版社、一九六七年）
『校注海音詩全巻』（劉家謀輯、呉守礼校、台北：台湾省文献委員会、一九五三年）
『皇朝経世文編』（賀長齢輯、一八二六年）
『十三経注疏校勘記』（阮元撰、『続修四庫全書』第一八

〇―一八三冊、上海：上海古籍出版社、一九九五年）
『嘯亭雑録』（昭槤撰、中華書局、一九八〇年）
『清稗類鈔』（徐珂輯、上海：商務印書館、一九一七年）
『靖海氛記』（袁永綸撰、蕭国健・卜永堅『華南研究資料中心通訊 袁永綸『靖海氛記』箋註専号』四六、二〇〇七年所収）
『聖武記』（魏源撰、一八四二年初刊）
『崇相集選録』（台湾銀行経済研究室編『台湾文献叢刊』二三七、一九六二年）
『大南寔録』（一八四三―一九〇四年）
『大南列伝』（一八八九―一九〇五年）
『大南典例撮要』（一九〇九年）
『台湾道任内勦辦洋匪蔡牽賽将軍奏稿』（賽沖阿撰、十九世紀初頭）
『雕菰集』（焦循撰、一八二四年）
『鄭氏史料初編』（台湾銀行経済研究室編『台湾文献叢刊』一五七、一九六二年）
『点石斎画報』（台北：広州人民出版社、一九八四年）
『那文毅公奏議』（那彦成撰、那容安輯、『続修四庫全書』第四九五―四九七冊、上海：上海古籍出版社、一九九五年）
『碑伝集』（銭儀吉輯、一八九三年）
『八旬万寿盛典』（阿桂輯、『四庫全書』第四九五―四九七冊、上海：上海古籍出版社、一九八七年）
『平海紀略』（温承志撰、『昭代叢書』癸集萃編、一八七六年）
『郎潜紀聞』（陳康祺撰、北京：中華書局、一九八四年）
『東槎紀略』（姚瑩撰、『台湾文献叢刊』七、一九五七年）

【漢籍 史料集】

『明清時期澳門問題檔案文献匯編』（中国第一歴史檔案館・澳門基金会・曁南大学古籍研究所合編、北京：人民出版社、一九九九年）
『欧洲所蔵雍正乾隆朝天主教文献匯編』（呉旻・韓琦編校、上海：上海人民出版社、二〇〇八年）
『乾隆朝懲辦貪汚檔案選編』（北京：中華書局、一九九三年）
『清代澳門中文檔案彙編』（劉芳輯、章文欽校、上・下冊、澳門：澳門基金会、一九九九年）
『清代外交史料（嘉慶朝）』（故宮博物院輯、北平：故宮博物院、一九三二年）

【漢籍 地方志】（原本出版年のみ表記）

〈浙江〉

光緒『玉環庁志』(杜冠英等編、一八八〇年)
光緒『鄞県志』(張恕等編、一八七七年)
民国『象山県志』(童立成等修、一九一五年)
光緒『台州府志』(王舟瑤等纂修、一九二六年)
光緒『定海庁志』(史致馴等修、一八八四年)

〈福建〉

道光『厦門志』(周凱纂、一八三九年)
民国『霞浦県志』(羅汝沢等修、一九二九年)
民国『同安県志』(林学増等修、一九二九年)
光緒『馬巷庁志』(万友正纂修、黄家鼎纂附録、一八九三年)

〈台湾〉

道光『噶瑪蘭志略』(柯培元著、『台湾文献叢刊』九二、一九六一年)
咸豊『噶瑪蘭庁志』(陳淑均著、『台湾文献叢刊』一六〇、一九六三年)
道光『彰化県志』(周璽著、『台湾文献叢刊』一五六、一九六二年)
光緒『新竹県志初稿』(鄭鵬雲、曾逢辰著、『台湾文献叢刊』六一、一九五九年)
『台湾采訪冊』(『台湾文献叢刊』五五、一九五九年)

〈広東〉

光緒『恵州府志』(劉湝年等修、一八八〇年)
光緒『瓊州府志』(明誼修、一八八三年)
光緒『高州府志』(楊霽修、一八八〇年)
光緒『広州府志』(戴肇辰等修、一八七九年)
道光『広東通志』(阮元等修、一九二三年)
民国『香山県志』(厲式金修、一九二〇年)
光緒『呉川県志』(毛昌修、陳蘭彬纂、一八八八年)
民国『順徳県志』(周廷幹等修、一九二七年)
道光『新会県志』(林星章修、一八四〇年)
嘉慶『澄海県志』(李書吉等修、一八一五年)
光緒『肇慶府志』(屠英等修、一八八七年)
光緒『潮州府志』(周碩勲纂修、一八九三年)
光緒『潮陽県志』(周恒重等修、一八八五年)
道光『電白県志』(章鴻等修、一八二五年)
同治『番禺県志』(李福泰修、史澄等纂、一八七一年)
宣統『東莞県志』(陳伯陶纂修、一九一一年)
同治『南海県志』(鄭夢玉等修、一八七二年)
宣統『南海県志』(鄭栄等修、一九一〇年)
民国『陽江志』(張以誠修、一九二五年)
嘉慶『雷州府志』(陳昌斉等修、一八一一年)

【欧米言語文書館史料群】

英国図書館所蔵インド省文書（IOR: India Office Records, The British Library, London)

オンライン目録：The National Archive, *Access to Archive Part of the UK archives network.* (http://www.nationalarchives.gov.uk/A2A/default.aspx)

英国公文書館所蔵外務省文書（FO: Foreign Office Records, The national Archive, Kew)

オンライン目録：The National Archive, *Discover our collections.* (http://discovery.nationalarchives.gov.uk/SearchUI/)

ポルトガル海外領土史文書館所蔵マカオ関連文書（DAM: Documentação Avulsa de Macau, Arquivo Histórico Ultramarino, Lisboa)

目録：Isaú Santos, *Macau e o Oriente no Arquivo Histórico Ultaramarino*, 2 vols, Macau Instituto Cultural de Macau, 1997.

澳門歴史檔案館（Arquivo Histórico de Macau）所蔵文書

オンライン目録等：http://www.archives.gov.mo/cn/

英国王立グリニッジ博物館（Royal Museums Greenwich）所蔵絵画資料

オンライン目録等：http://www.rmg.co.uk/

関連年表（一五八八～一九一二）

＊『別冊『環』⑯清朝とは何か』所収の年表を基に作成

西暦	清朝の主な出来事	その他の地域
一五八八	ヌルハチが建州女直を統一、マンジュ国と称する	
一五九二		日本軍が朝鮮に出兵（文禄の役）
一五九七		日本軍ふたたび朝鮮出兵（慶長の役）
一五九九	ヌルハチがモンゴル文字を借りて満洲文字を創る	
一六〇三		日本で江戸幕府成立
一六一六	ヌルハチが他の女直諸部を統一し、後金国を建てる	
一六一九	サルフの戦いで後金軍が明軍を破る	
一六二四		オランダ人が台湾を占領
一六二六	ヌルハチ死去、八男のホンタイジが跡を継ぐ	
一六三四	ゴビ沙漠の南のモンゴル人がホンタイジの支配下に入る	モンゴルの宗主チャハルのリンダン・ハーン死去
一六三五	ホンタイジが種族名をジュシェン（女直）からマンジュ（満洲）に改名	リンダン・ハーンの遺児エジェイが「大元伝国の璽」を持って後金国に降る
一六三六	ホンタイジが満洲人、モンゴル人、漢人共通の皇帝となる。清朝建国	
一六四四	李自成の乱で明朝滅亡、清朝が入関し北京に遷都	
一六六一	順治帝が死去、康熙帝が八歳で即位	
一六六二		鄭成功が台湾からオランダ人を追放

一六七三	三藩の乱が起こる（～一六八一）	
一六八三	台湾の鄭氏政権が清に降る	オスマン帝国がウィーン包囲に失敗
一六八八		ジューン・ガルのガルダンが北モンゴル・ハルハに侵入
一六八九	ロシアとの間にネルチンスク条約が結ばれる	
一六九〇	ジューン・ガルと清の間でウラーン・ブトンの戦い	
一六九一	ハルハ・モンゴル人がドローン・ノールで清朝皇帝に臣従を誓う	
一六九六	ジューン・ガルのガルダンを破り、北モンゴルを支配下に入れる	
一七一七		ジューン・ガル軍がチベットのラサを占領
一七二〇	清軍がラサに入る（清のチベット保護の始まり）	
一七二二	康熙帝が死去、雍正帝が即位	
一七二七	キャフタ条約が結ばれ、北モンゴルでの清露国境が画定される	
一七三五	雍正帝が死去、乾隆帝が即位	
一七五五	清がジューン・ガルを平定	
一七五七	乾隆帝、欧米船の来航を広州に限定	インドでプラッシーの戦い
一七五九	テュルク系イスラム教徒が清に降り、清の領土が最大になる	
一七七一		ベトナム中部で西山三兄弟、挙兵
一七七五		アメリカ独立戦争勃発（～一七八三）
一七八八	清軍、北ベトナムに侵入。翌年、撃退される	
一七八九		フランス革命勃発
一七九三	イギリス国王の使節マカートニーが乾隆帝に謁見する	
一七九六	乾隆帝が嘉慶帝に譲位する。白蓮教の乱が起こる（～一八〇四）	

一七九九	太上皇帝の乾隆帝が死去、嘉慶帝の親政始まる	
一八〇四		フランスでナポレオンが皇帝に即位
一八〇六	蔡牽、台湾府城の包囲に失敗	
一八〇八	イギリス軍、マカオを占領	
一八一〇	張保仔、清朝広東当局に投降	
一八四〇	アヘン戦争が始まる（～一八四二）	
一八四二	南京条約で香港をイギリスに割譲	
一八五一	太平天国の乱が起こる（～一八六四）	
一八五三	捻軍の乱が起こる（～一八六八）	アメリカのペリーが日本の浦賀に来航。クリミア戦争始まる（～一八五六）
一八五四		日米和親条約、日英和親条約、日露和親条約が結ばれる
一八五七	英仏連合軍が広州を占領し、第二次アヘン戦争が起こる	
一八五八	清朝と英仏米露との間で天津条約。ロシアは愛琿条約で黒龍江左岸を獲得	インドでムガル帝国滅亡
一八六〇	英仏連合軍が円明園を焼く。北京条約で沿海州がロシア領になる	
一八六一		アメリカで南北戦争勃発（～一八六五）
一八六二	陝西で漢人と回民が衝突、漢人の回民虐殺事件が各地で発生	
一八六五	ヤアクーブ・ベグがコーカンドから来て新疆の実権を握る	
一八六八		日本で明治維新成る
一八七〇	ヤアクーブ・ベグがカシュガルに独立王国を建てる	普仏戦争起こり、フランスの第二帝政崩壊
一八七一	日清修好条規調印	ドイツ帝国成立

一八七四		明治政府、台湾に出兵
一八七五	左宗棠が私兵を率いて新疆平定に向かう	日本とロシアの間で樺太・千島交換条約が結ばれる
一八七六		日本と朝鮮との間で日朝修好条規（江華島条約）が結ばれる
一八七八	清軍が新疆全域を再征服	
一八八四	ベトナムの保護権をめぐって清仏戦争起こる（〜一八八五）。新疆省を設置、漢人に行政を担当させる	朝鮮で甲申政変起こる
一八八五	清はベトナムに対する宗主権を放棄。台湾省設置	
一八九四	日清戦争始まる	
一八九五	日清戦争が終結	
一八九八	ロシアが清から旅順・大連を租借 戊戌政変が起こる。山東省で義和団が蜂起	
一九〇〇	義和団が北京に入る（北清事変） ロシアが満洲を占領	
一九〇二		日英同盟が結ばれる
一九〇四	英国とインドの連合軍がラサを占領、ラサ条約を結ぶ	日露戦争始まる
一九〇五	科挙が廃止される	日露講和条約が結ばれる
一九〇七	満洲に東三省を置く	
一九〇八	清朝最後の皇帝、宣統帝溥儀が即位	
一九一〇		日本が韓国併合
一九一一	一〇月、辛亥革命が起こる。北モンゴルが独立宣言	
一九一二	一月、中華民国誕生。二月、溥儀が退位	

図表一覧

1810年	1811年	1812年	1813年	1814年
方維甸	汪志伊			
②	松筠	③ 蔣攸銛		④
蔣攸銛		高杞	方受疇 李奕疇	陳予 顔検
張師誠				陳予 王紹蘭
韓崶				董教増
邱良功				
王得禄				
童鎮陞				
⑤ 樊雄楚	李光顕			
陳琴 ⑥ 李光顕	陳登捷(署)	謝恩詔		
李光顕 沈添華				
項統		劉成魁		
朱天奇		林孫		
胡于鋐				羅鳳山
武隆阿				
	宝興(離任時期不明)			楊応元
曾文華				
曾文華 黄飛鵬	孫全謀			
馬応国	洪鼇			
洪鼇	馬応国			

			1805年	1806年	1807年	1808年	1809年
文官	総督	閩浙総督	玉徳			阿林保	①
		両広総督	那彦成		呉熊光		百齢
	巡撫	浙江巡撫	阮元	清安泰	阮元		蒋攸銛
		福建巡撫	李殿図	温承恵			
		広東巡撫	百齢		孫玉庭		
武官	提督	浙江提督	李長庚 孫廷璧	李長庚		王得禄	
		福建水師提督	倪定得 李長庚	許文謨	張見陞	何定江	
		広東提督※	魏大斌 許文謨		銭夢虎		孫全謀
	総兵	浙江定海鎮総兵	〃	?	何定江	邱良功	林承昌
		浙江黄巌鎮総兵	〃	黄飛鵬		童鎮陞	
		浙江温州鎮総兵			李景曾		
		福建福寧鎮総兵	張見陞		王得禄 周国泰	馬応国 周国泰	
		福建海壇鎮総兵					孫大剛
		福建金門鎮総兵	許松年(代理)	何定江		許松年	
		福建南澳鎮総兵		杜魁光	王得禄		
		福建台湾鎮総兵		愛新泰			
		広東潮州鎮総兵	武隆阿	唐光茂		孫応奉(離任時期不明)	
		広東碣石鎮総兵	李漢升	洪蕃鏘			黄飛鵬
		広東左翼鎮総兵		林国良		孫全謀	
		広東雷瓊鎮総兵		富蘭			
		広東高廉鎮総兵	許文謨		樊雄楚		

①呉熊光(代理)　②同興　③鉄保　④許兆椿　⑤陳琴　⑥沈添華

1800年	1801年	1802年	1803年	1804年
長麟 / 玉徳				
			① 倭什布	
阮元				
		李殿図		
陸有仁 / 瑚図礼			鉄保 / 瑚図礼 / ③ / 孫玉庭	
	李長庚			
李南馨	李長庚 / 蒼保	倪定得		
孫全謀				魏大斌
	黄象新		羅江太	
岳璽		張成		
黄嘉謨 / 胡振声				李景曾
		張見陞		
④ 倪定得		孫大剛		
馮建功 / 何定江(代理)				呉奇貴
王模 / 潘韜	杜魁光			
愛新泰				
托爾歓				
	馮建功		李漢升	
黄標				林国良
⑥ 西密楊阿				⑤
? / 張士林		許文謨		

			1795年	1796年	1797年	1798年	1799年
文官	総督	閩浙総督	伍拉納 福康安		魁倫		書麟
		両広総督	長麟	朱珪			吉慶
	巡撫	浙江巡撫	② 吉慶			玉徳	
		福建巡撫	浦霖	魁倫（兼任）	姚棻 田鳳儀 費淳		汪志伊
		広東巡撫	朱珪	英善	張誠基	陳大文	
武官	提督	浙江提督	王彙			蒼保	
		福建水師提督			哈当阿（兼任）		
		広東提督		路超吉			
	総兵	浙江定海鎮総兵	〃 謝斌	王凱	岳璽		李長庚
		浙江黄巌鎮総兵	岱徳	孫全謀	陳上高		
		浙江温州鎮総兵	〃			林起鳳	
		福建福寧鎮総兵	烏蘭保				劉景昌
		福建海壇鎮総兵		克什布		許廷進	
		福建金門鎮総兵	李芳園	富森布		李南馨	
		福建南澳鎮総兵	陳荘 富森布			林国良	
		福建台湾鎮総兵			哈当阿（兼任）		
		広東潮州鎮総兵	托爾歓	路超吉（代理）			
		広東碣石鎮総兵	梁秉呑		慶溥		銭夢虎
		広東左翼鎮総兵	西密楊阿		徐忠		
		広東雷瓊鎮総兵	蒼保 徐忠				
		広東高廉鎮総兵			穆騰額		楊長[illegible]（代理）

①瑚図礼（代理）　②姚棻　③祖之望　④張士儒　⑤富蘭　⑥多爾済扎布

出典:『大清歴朝実録』、『大清国史人物列伝及史館檔伝包伝稿』、『清代職官年表』など。

	1790年	1791年	1792年	1793年	1794年
伍拉納					
福康安					長麟
	海寧	福崧		長麟	吉慶
		浦霖			
郭世勳					朱珪
陳杰				王彙	
哈当阿(兼任)					
		孫起蛟	寶瓌		路超吉
伊里布		馬瑀			
劉文敏		諸神保	海通保	岱徳	
謝斌(離任時期不明)/??/孝順阿(着任時期不明)					
岱徳			朱射斗	烏蘭保	
	克什布				
李芳園					
	魏大斌	馬龍			陳荘
奎林		哈当阿(兼任)			
蒼保		托爾歓			
	陳荘				梁秉脊
	陳荘	唐述先(離任時期不明)		徳敏	西密楊阿
	陸廷桂	伊常阿	蒼保		
劉秉龍					穆騰額

※兼任・代理(当時は「兼〜巡撫」「署〜提督」「護理〜総兵」などと書いた)は、正式に任命されたものが存在しない場合のみあげた。正式に任命されたものの着任が遅れている場合の代理などについては含まれていない。

浙江・福建・広東の総督・巡撫・提督・総兵一覧（任命日時による）

			1785年／1786年／1787年／1788年／178…
文官	総督	閩浙総督	富勒渾／雅徳／常青／李侍堯／福康安
文官	総督	両広総督	舒常／孫士毅（兼任）／富勒渾／孫士毅
文官	巡撫	浙江巡撫	福崧／伊齢阿／琅玕
文官	巡撫	福建巡撫	雅徳／徐嗣曾
文官	巡撫	広東巡撫	孫士毅／図薩布
武官	提督	浙江提督	陳大用／許世亭／観成
武官	提督	福建水師提督	黄仕簡／①／②／③／（網掛け）／蔡攀龍
武官	提督	広東提督	竇瓆／高…
武官	総兵	浙江定海鎮総兵	陳標
武官	総兵	浙江黄巌鎮総兵	弓斯発／⑤／王柄／劉文敏
武官	総兵	浙江温州鎮総兵	魏大斌／貴林／謝廷選／陳…
武官	総兵	福建福寧鎮総兵	何俊／希当阿／劉…
武官	総兵	福建海壇鎮総兵	董果／郝状猷／蔡攀龍／丁朝雄
武官	総兵	福建金門鎮総兵	羅英笈
武官	総兵	福建南澳鎮総兵	陸廷柱／武隆阿／陸廷柱／張朝龍／陸廷柱
武官	総兵	福建台湾鎮総兵	柴大紀／陸廷柱／柴大紀／普吉保
武官	総兵	広東潮州鎮総兵	彭承堯
武官	総兵	広東碣石鎮総兵	唐述先
武官	総兵	広東左翼鎮総兵	施国麟／李化龍／魏大…
武官	総兵	広東雷瓊鎮総兵	葉至剛
武官	総兵	広東高廉鎮総兵	梁朝桂

①郝状猷（兼任）　②柴大紀（兼任）　③藍元枚　④伊楞額　⑤陳大用（兼任）

※広東提督は嘉慶十五年九月初一日（1810年9月28日）に、広東陸路提督と広東水師提督に分離した。ここでは、広東水師提督のみあげている。

わ　行

ま 行

や 行

ら 行

は　行

な　行

た　行

さ　行

か　行

事項索引

＊巻頭資料，および「あとがき」以降，図表を除くページをあげた。

あ 行

ワ　行

サ　行

タ　行

主要人名索引

＊巻頭資料，および「あとがき」以降，図表を除くページをあげた。

ア　行

カ　行

著者紹介

豊岡康史（とよおか・やすふみ）

1980年生まれ。信州大学学術研究院人文科学系（人文学部）准教授。2002年、千葉大学文学部卒業。2010年、東京大学大学院人文社会系研究科博士課程単位取得退学。博士（文学）。専門は中国近世史。論文に「「中国海賊」イメージの形成」（『東インド会社とアジアの海賊』勉誠出版、2015年）、「嘉慶維新（1799年）再考」（『信大史学』40、2015年）など。

〈清朝史叢書〉

海賊からみた清朝——十八〜十九世紀の南シナ海

2016年3月10日　初版第1刷発行 ©

著　者　豊岡康史

発行者　藤原良雄

発行所　株式会社　藤原書店

〒162-0041　東京都新宿区早稲田鶴巻町523
電　話　03（5272）0301
FAX　03（5272）0450
振　替　00160 - 4 - 17013
info@fujiwara-shoten.co.jp

印刷・製本　中央精版印刷

落丁本・乱丁本はお取替えいたします
定価はカバーに表示してあります

Printed in Japan
ISBN978-4-86578-063-5

月刊
機
2016
2
No. 287

発行所　株式会社　藤原書店©
〒一六二-〇〇四一　東京都新宿区早稲田鶴巻町五二三
電話　〇三・五二七二・〇三〇一（代）
FAX　〇三・五二七二・〇四五〇
◎本冊子表示の価格は消費税抜きの価格です。

編集兼発行人　藤原良雄
頒価　100円

四・三事件後に日本に亡命以来、日本と朝鮮半島の間で生涯の大半を過ごした金時鐘の語る言葉とは

金時鐘氏、大佛次郎賞受賞

——『朝鮮と日本に生きる』（岩波新書）で——

大佛次郎賞受賞講演の金時鐘氏

今年度の大佛次郎賞に、金時鐘氏の『朝鮮と日本に生きる　済州島から猪飼野へ』が選ばれた。四・三事件後の四九年に日本に亡命以来、七〇年近い歳月が流れる。その重い、辛い、過去を、この書に初めて書き込んだ。選考委員一同は、この氏の思いに深く心打たれたのだろう。

戦後七〇年を経ても、今なお緊張が続く日本と朝鮮半島。その間で、生涯の大半を過ごしてきた金時鐘氏の語る言葉は、われわれに一言一言重く突き刺さってくる。小社から、今五月、氏の作品集の刊行がはじまる。

編集部

● 二月号目次 ●

あった海賊の活動は、まさに乾隆帝が翌年の退位を準備し始めていた乾隆六十(一七九五)年初頭に本格化した。安南(現在のベトナム北部)に拠点を持つ海賊集団が、突如広東、福建、浙江沿海に現れ、航行する船舶、沿海集落を襲撃し、鎮圧に現れた清朝水師(水軍)をしばしば撃退したのである。清朝沿海の地方政府はあわただしく対策に乗り出した。浙江省では、少壮の巡撫(省長官)である阮元と提督(省軍事司令官)李長庚の指揮のもと、ベトナム海賊と対峙し、台風に乗じてこれを打ち破った。この事件はその後、「神風蕩寇(神がかった大風による海賊掃蕩)」と呼ばれた。その後、ベトナムで内戦を経て清朝に友好的な政権が発足すると、海賊がベトナムに逃げ込むようなことはなくなった。だが、海賊活動はさらに活発化した。

福建、浙江では蔡牽という男が「鎮海威武王」なる称号を名乗って、海賊を率いて清朝相手に丁々発止の戦いを続けた。時に台湾に上陸し、台湾府(台湾の行政の中心地。現在の台南)を包囲したこともあった。蔡牽は、清朝水師の司令官李長庚と同じ福建省同安県の出身だった。李長庚は蔡牽との戦いのさなか、流れ弾を受けて戦死し、その後、李長庚の旧部下の活躍によって蔡牽は居船の自爆に追い込まれた。李長庚は清廉潔白で有能な男だった。彼が戦死したのは、彼の活躍をねたむ福建当局の妨害が原因だ、とされた。つまりは海賊問題は、当時の官僚腐敗のもたらした災厄の一つである、とも観念されていたのである。

広東では、鄭一嫂という女が率いる海賊集団の横行に、注目が集まっていた。彼女の本名ははっきりしない。鄭一という、ベトナムから広東にかけての海域で海賊をしていた男の未亡人(「嫂」とは漢文で目上の既婚女性を指す)で、夫の旧勢力を率い、部下の張保仔という美少年を後夫としていた。彼女は、清朝広東当局との交渉の末、清朝に投降し、清朝水師の一員として、ほかの海賊集団を撃滅した。のちに欧米の文筆家は、彼女を「美しく強い女性」として描いた。そのため、欧米では奇妙なほど中国海賊について知られている。なお、漢文史料には彼女の容姿に関する記述はまったくない。

鄭一嫂が清朝に降り、主要な海賊集団が消滅したとされるのは、一八一〇年のことであった。乾隆帝の跡を継いだ嘉慶帝の年号を取って、この一連の海賊問題は、嘉慶海寇の乱と呼ばれることもある。同時代の内陸部で発生していた白蓮教反乱と並んで、当時の清朝の斜陽を示

す事例の一つとされ、一八四〇年に勃発するアヘン戦争の前史に登場することもあった。

倭寇との違い

中国の海賊といえば、「倭寇（わこう）」を想像される向きも多いだろう。だが、冒頭にも記したように、倭寇と清朝の海賊は、その性質をまったく異にする。では何が違うのか。

「倭寇」とは、十四世紀中ごろから、朝鮮半島沿岸あるいは長江下流沿岸地域（江蘇、浙江付近）で活動した、おもに九州から来る武装集団を指す語であった。西日本・朝鮮南部・長江下流域を結ぶ貿易を中心とするその活動は、十四世紀末には終息へ向かう。明朝が成立し（一三六八年）、李氏（りし）朝鮮が成立し（一三九二年）、さらに日本で南北朝合一（一三九二年）に伴い足利政権が強い影響力を持つようになると、明朝、李朝、足利政権が貿易を管理、独占するべく、取り締まりを行ったからである。これらを総称して「前期倭寇」と呼ぶ。もともと九世紀ころには、日本を含む東アジア海域各地を結んだ貿易が盛んになっていた。「前期倭寇」は、既存の貿易活動を管理しようとする十四世紀後半の新興勢力との対抗によって生まれたもの、といえるかもしれない。要するに「倭寇」の背景には、その最初から国際貿易があったのである。

「後期倭寇」は商業的な利益とさらに密接に結びついていた。その内実は十六世紀に活躍した日明武装商人である。倭寇出現の背景には、日本での銀の大量生産と、明朝の強力な銀需要による銀の奔流があった。

（後略　構成・編集部）

（とよおか・やすふみ／信州大学准教授）

『岡田英弘著作集』第七巻刊行。［附］年譜／全著作一覧　第七回配本。

歴史家のまなざし

岡田英弘

「わかりやすく説得力のある文章」

本書『歴史家のまなざし』は、これまでのようなテーマ別の巻とは違い、さまざまなメディアに一九七〇年代から発表してきた時事評論、随想、旅行記、書籍の解説、書評などを、内容ごとに分類して収録している。最後に、私の年譜と著作目録が付いている。

本書は学術的ではない軽いエッセイも多く含む。私はじつはそれほど熱心に他人の本を読む人間ではないが、もちろん頼まれれば東洋史関係の書評をしたし、一九八三年には『世界日報』の書評委員もしていたので、時期に偏りはあるが書評もかなりの数が集まった。

その他の随想や旅行記については、専門からかなり離れたことも論じている。

一時、私は「論壇の寵」とまでは行かなかったけれども、「学者くさくない、わかりやすく説得力のある文章を書く」と文藝春秋の何かの雑誌でほめてもらったほど、執筆依頼が殺到した時代もあったのである。

幅広い自由な発言

「第Ⅰ部　家族論・女性論」は一九八〇年前後に発表したものだが、私としてはめずらしく、女の問題や家族について、専門のシナ史を根拠としながら正面から論じている。

「第Ⅱ部　時局を論ずる」は、『諸君！』『月曜評論』などに掲載された時事評論のなかで、これまでの巻の諸テーマに分類しきれなかったものを再録している。つまり私は、専門としている分野だけでも、シナ史から始まって、古代日本・朝鮮・満洲・モンゴル・チベット・中央アジア史と、他の人に比べて相当広いのだが、それ以外のことについても、ずいぶん自由に発言してきたことが、本書を読めばおわかりいただけるだろう。

「第Ⅲ部　人物評伝」は、本書のなかではやや学問的な部分と言える。「二つの文化に挟まれた人、陶晶孫（とうしょうそん）」は、東

洋史の先輩で私が尊敬する市古忠三（いちこちゅうぞう）先生の退官記念論集に寄稿した論文なので、学術的でかなり固い文章である。

「第Ⅳ部　紀行・随想」が、本書でもっとも学者らしくない部分ではないかと思う。とくに最初のニュージーランド紀行は、今から四十年以上も前のものであり、そのあと現地を訪れる機会は二度と来なかったから、私が見聞きしたことはもはや時代遅れになっているかもしれないが、四十代に入ったばかりの若い私のジャーナリストばりの見聞録が、われながらユニークである。そのあとの随想も、本業を離れたエッセイ集になっている。

▲南モンゴル出身の歴史学・政治学者、ジャクチト・スチン氏（右）と岡田英弘氏

ただし、第Ⅳ部の最後に収録した、ロシア人艦長ゴロヴニンが長崎に持参したロシア皇帝の国書の満洲語副本の日本語訳は、きわめて学術的な仕事である。この満洲語の写しを樋口一葉の父親が所蔵していたことも新発見であったが、二〇〇六年にドイツのハラソヴィッツ出版社から刊行された、著名なイタリア人満洲学者ジョヴァンニ・スターリの記念論集に寄稿した、私自身の翻訳による英語論文は、世界の満洲学界において高く評価されている。

かつての自分の仕事がこのように新たな装いでふたたび日の目を見ることになったのは、よほど前世の因縁がよかったのではないかと感謝している。

（構成・編集部）

（おかだ・ひでひろ／東京外国語大学名誉教授）

篠原三代平、宇沢弘文、青木昌彦ら日本を代表する経済学者とも親交。

台湾と日本のはざまを生きて

——世界人、羅福全の回想——

羅福全

人生の三分の一を日本で

人生を振り返ると、私は三分の一の歳月を日本で過したことになります。

私は小学校四年生の時に埼玉で終戦を迎えました。東京は焼野原で食糧難であり、闇市の米で炊いた白い御飯が忘れられません。翌年二月、今も横浜港に停泊している氷川丸で台湾に引き揚げました。一九五八年に台湾大学を卒業した時、台湾では戦後初めての国外留学ブームが起こり、私は一九六〇年に早稲田大学経済研究科に留学しました。安保闘争の真最中で、校庭の大隈公の銅像には反米、反政府のプラカードが掛かっていました。当時の台湾は戒厳令が布告されており、三人以上の集会は政府の許可なしでは逮捕投獄される時代でした。「日本は自由な国だ」と目覚めた私は帰国を断念し、自由を求めてアメリカに渡り、その翌年の一九六四年に中華民国のパスポートを放棄、一九九二年に李登輝総統が我々に帰国の許可を出すまで三十数年間、台湾に帰れぬ身となりました。

七〇年代に国連職員として日本に赴任した時は、国連のパスポートで入国しました。当時、日本は高度成長期を迎え、池田首相の所得倍増計画は七年間で達成されました。その経済成長を支えた「拠点開発」（Growth Pole）の実例として、私は岡山県の水島コンビナートを国連のレポートにまとめ、アジア各国の地域開発担当者を岡山に招きました。現地では県庁の代表、企業側の代表と漁民代表をまじえて国際フォーラムを開きましたが、その場では汚染に反対する漁民が激しい論争を起こし、私は経済成長と環境問題をいかに両立するかが問題となる時代を迎えた思いが致しました。

九〇年代に東京の国連大学で一〇年間勤務した時には、日本は世界第二の経済大国となっており、当時の橋本首相は、ブラジル・リオの地球環境首脳会議で、日本が地球環境で世界に貢献してゆくと宣言しました。私も日本政府や民間財団の多

大な支援を受けて、国連大学で国際会議を開催し、国際的な協力ネットワークによる地球の持続可能な発展と環境問題の研究に従事し、日本の学界や専門家の参加を得ることができました。

台湾では李登輝総統による民主化が開花し、二〇〇〇年には戦後初めて、国民党に替わって民進党の陳水扁氏が総統に選出されました。私はその時に台湾駐日代表に任命され、三十数年ぶりに中華民国のパスポートで東京に赴任しました。

七〇年間にわたる歳月において、私は戦争中の伊豆「船原」での学童疎開に始まり、長い間日本社会の変動を共に経験し、相互に理解し合える日本の友人や学界・政界の方々との知遇にも恵まれました。今では日本を訪れるたびに、日本は自分にとって第二の故郷だとの思いが致します。

▲羅福全・元駐日代表（1935- ）

私が駐日代表を務めていた時、日本の世論調査によると、日本人にとって台湾が一番親しみを感じる国だとの結果が話題を呼びました。時を同じくして台湾でも、日本が世界で一番親しみを感じる国だという結果が発表されました。

一九九九年九月、台湾中部で震度七・三強の「九二一大地震」が発生した際、私は日本の専門家と現地の南投に赴き、第一線で懸命に活躍する日本の救援隊を見ました。二〇一一年の東日本大震災では、台湾は数か月で二百億円を超える義援金を日本へ送りました。その内訳は台湾政府が三億円のみで、残りはすべて台湾の街頭での少額の募金が積み上げられたものであることを知り、私は一般台湾人の日本人に対する思い遣りには、ほとんど奇蹟とも言えるようなものがあることに気づきました。

台日関係の歴史を振り返ると、そこには五〇年間に亘る日本による台湾植民統治という不平等な関係がありました。一方、近代化のプロセスを共にすることで、今日双方の国民が「互いに思い遣りのある」関係を築き上げてきたと思います。

アジアは今、新しい時代を迎えつつあります。日本と台湾の間には目下のところ正式な国交はありませんが、今日民主国家として共に肩を並べる両国は、アジアの平和にとっての重要なパートナーであります。私は台日関係の新しい幕開けを確信しております。（後略　構成・編集部）

（ら・ふくぜん／元駐日代表）

「福澤諭吉の処世」の訓を現代に証した一人の台湾人の物語」

「棄るは取るの法なり」を生きた台湾人

渡辺利夫

故郷、台湾を離れ、世界に知のネットワークを張る

「浮世を軽く視るは心の本体なり。軽く視るその浮世を渡るに活潑なるは心の働なり。内心の底に之を軽く視るが故に、能く決断して能く活潑なるを得べし。棄るは取るの法なりと云う」と『福翁百話』にある。〝大事に当たる時にはこれを大事とはみなさず、むしろ小事と捉えることにより、かえって大事に活潑に対処できる〟といった意味であろう。明治維新を挟んで前後三三年ずつの激変の時代を逞しく生き抜いた人生の達人、福澤諭吉にして初めて語りうる処世の訓にちがいない。凡庸なる私などには到底及び難い境地である。

羅福全の人生は、一面では、台湾の運命によって余儀なくされた不可避のものであった。しかし、他面では、国民党のブラックリストに載せられて安住の地を放棄させられ、母上逝去の報せを受けても帰郷できないという、普通の人間であれば呪うべき己の人生を、まるで逆手に取るように自在に操り、ついには世界に知のネットワークを張ることに成功した希有の人物である。

羅福全は日本の統治時代の台湾で教育を受け、後に日本と米国にわたりそこで自由と民主主義にめざめ、台湾の恐怖政治からの解放を要求する政治運動に身を投じた。ほどなくして国連の高位ポストに就任、国連パスポートをフルに活用して、米国最高のエコノミストの薫陶によって手にしたアカデミズムの実践知をもって、貧困国の開発に有効な政策的処方箋を次々と提供していった。

駐日代表時代は李登輝の訪日を実現

その過程で逢着した難題に立ち向かう羅福全の姿勢には、悲壮感がまるでない。むしろ「大事」の時こそ、余裕をさえ感じさせる対応をもって静かに相手国の指導者に接し、みずからよしとする処方箋を開発の現場で実践しつづけた。福澤の

処世の訓を現代に証した一人の台湾人の物語が本書である。物語に登場する世界の多くの指導者との交流に際してみせる羅福全の姿勢には、言葉は適切ではないかもしれないが、巧まざる「人心操縦の術」を感じさせる。羅福全という人物の中に潜在していた徳と志が、台湾の政治的運命と米国での学問的研鑽により、鬱勃とほとばしり出たのであろう。

李登輝による政治的民主化により帰国を許され、故郷に戻るやほどなく民進党・陳水扁政権が誕生し、陳水扁により駐日大使（台湾駐日代表）に指名された。この間、李登輝の訪日を実現すべく、羅福全が培ってきた日本の政界人脈を巧みに用いて訪日実現にいたる過程を描く本書の一部など、まるで優れたドキュメンタリー映画をみせられているかのような感覚に誘われる。

開発経済学を必死に学んでいた私の青春時代、羅福全は遙か仰ぎみる存在であったが、駐日大使に赴任された頃から私は引き寄せられるように羅福全に近づいていった。それからもう十数年が経つ。

多少は知っていた羅福全の人生が、これほどまで広大で深遠なものであったのかと改めて思い知らされ、深い感銘を覚えている。

（わたなべ・としお／拓殖大学前総長）

台湾と日本のはざまを生きて

世界人、羅福全の回想

羅福全著　陳柔縉編著　小金丸貴志訳　渡辺利夫序

四六上製　三五二頁（カラー口絵一六頁）　三六〇〇円

■台湾に生まれ、日本留学直後に開戦 *1935-45*

三歳で結婚を主催／丁稚から「経営の神様」になった王永慶の逸話／六歳で日本に留学　ほか

■恐怖政治下で過ごした台湾の学生時代 *1945-60*

初等中学二年生で憲兵に逮捕される／台湾美術界の巨匠、席徳進が美術の先生／台湾の友人が次々と拘束・検挙　ほか

■日米留学で自由と民主主義に目覚める *1960-73*

東大で大石泰彦教授に学ぶ／R・ケネディに向かって台湾独立を叫ぶ／ノーベル賞受賞者クラインに師事／元学生運動家、生田浩二の死を悼む　ほか

■国連職員として世界各国を駆けめぐる *1973-2000*

朴正熙大統領暗殺と光州事件に遭遇／中国の最高幹部出席のもと北京会議を成功／G7サミットに世界経済予測を提出／「京都議定書」起草に参加／「台湾」代表として各国首相の面識を得る／ヒギンズとの交遊／宇沢弘文と台湾を旅行　ほか

■駐日代表として台日の架け橋となる *2000-07*

鈴木俊一都知事のもと、阿久悠と東京都顧問になる／国連事務次長を内密に訪台させる／椎名素夫の招待で、駐日アメリカ大使館に潜り込む／李登輝訪日は誰の功績か／台湾財界の巨頭、辜振甫との縁で日本の歴代首相と知り合う／数十年を経てようやく故郷に戻る　ほか

リレー連載　近代日本を作った100人　23

岩倉具視——米欧巡回の体験に基づく近代日本の創出

岩倉具忠

天皇像の構築

岩倉使節団の全権大使として米欧を巡回した際に具視が携えていたメモ帳が、一九八五年に九十九歳で死去した私の祖母桜子の遺した文庫のなかから発見された。その内容を要約すれば、欧米の文物見聞にあたって日本の欧化政策に伴い留意すべき諸点を箇条書きにしたものである。記述の対象は、政治・経済・法律・軍事・天皇・教育・鉄道・宗教・風俗と多岐にわたっている。

欧米の視察にあたって具視が設定した最大の目的のひとつは、日本の近代化に伴う皇室のあり方を、西欧諸国の政体を参考にしながら模索することであったと推察される。メモ帳にある「立君会議日本ニ当然タランカノ事」という項目の意味するところは、日本もいずれ立憲君主制のもとで議会を導入しなければならないということであろう。その数ページ前には、「議員ノ事　政体ノ事　君主云々三ツアリ　共和政事ノ弊」などの記述が見られる。実際この後死に到るまで、具視の関心事となったのがほかならぬ「立憲政体」の問題であった。なかでもそうした政体のなかで天皇の占める位置とその機能の問題であったことは間違いない。

メモ帳の「立君会議云々」の数行あとに記された「天皇ヲ人現(間)ノ頭タル事」の意味は、「天皇は人民の長である」ということであろう。いまでこそ平凡なコメントのように思えるが、アメリカで大統領と人民の関係を眼にして初めて、人間の最高位にある天皇という発想が出てきたのではないであろうか。それまでは、日本人民の「天子信仰」の対象としての超越的な精神的権威という天皇像はもちろん具視の視野にもあったと思われるが、それを、「為政者と人民」という形に置き換える発想の転換が必要であると感じたのではあるまいか。というのも、明治九年以降に具視らの意向で推し進められた天皇の地方巡幸こそ、「新しい天皇像」の構築にとって強力な手段であったと思われるからである。

京都への深い思い

岩倉具視の京都への愛着には、並々ならぬものがあった。もともと京生まれ京育ちの具視が、個人的には東京への遷都を喜ぶはずもなかった。しかし維新の変革に基づく政治には、全国の統一という大目標があった。そのためには関東東北の諸藩をも新しい政体に組み込むことが必要であった。東京への遷都もそのためにはやむを得ない方策だったのである。

実質上政治の舞台が東京に移ってからも具視の望郷の念は変わらなかった。遷都以来衰退の一途をたどり、昔日の面影を失いつつあった京都への思いは、死を間近にした具視を捉えて離さなかった。明治十六（一八八三）年の五月、すなわち死去の二カ月前に具視は京都を訪れ、王政復古の原点である京都の復旧事業の実施に取りかかる。この入洛に先立ち同年の一月に、「京都皇宮保存」についての意見書を上申し、長年の懸案を実施に移そうと図っていた。意見書には三祭復興のほか行幸の折に開かれる宴会や外国貴賓の宿泊用に洋館と宝物館を御苑内に築造することなどが提案されている。百二十年を経て昨今ようやく実現を見た迎賓館の構想はその時からあったのである。「岩倉使節団」の団長として明治四（一八七一）年から六（一八七三）年にかけて西欧諸国を歴訪し、西欧人の歓待を受け、その懇切な応接ぶりに感銘を受けた旨を家族に書き送っているので、迎賓館の発想はそこにヒントを得たものに相違ない。

（いわくら・ともただ／岩倉具視の五代目の子孫、イタリア文学者、京都大学名誉教授）

▲岩倉具視（1825-1883）

京都に生まれる。堀河家から岩倉具慶の養子となる。29歳のとき孝明天皇侍従。朝権回復の策として公武合体を唱え、和宮降嫁に尽力し、幕府に攘夷の叡慮の実行を誓約させる。そのため佐幕派とみなされ、攘夷派に命を狙われ、文久2（1862）年帰洛後間もなく、岩倉村に蟄居。その間同士の公卿や薩摩藩士らと交わって国策を練っていたが、その才略が朝野に評価されて、慶応3（1867）年3月入洛帰宅を許された。大久保利通らと倒幕の秘策を立て、同年12月復飾、参内して、朝議を主導し、王政復古のクーデターを断行し、新政府の中枢となる。明治4（1871）年10月右大臣に就任するや、特命全権大使を拝命し欧米を視察し、6（1873）年9月帰朝。その時期西郷隆盛らの主張していた征韓論に異を唱え、国内整備の緊急性を説いて阻止。その後皇室制度の改革や立憲制度の創設に尽くし、近代天皇像の確立に努めた。明治16（1883）年に逝去。
（写真は1872年1月26日、ワシントン到着5日後に森弁務使館のゲストルームで撮影。）

連載　今、世界は（第Ⅱ期）11

戦争と国家の自己規定

小倉和夫

昨年中国では抗日戦争七〇周年を記念するスローガンが各地で掲げられ、また記念行事が行われた。ロシアでも、反ファシスト戦争の勝利を記念する催しがあった。

七〇周年という節目であるから、こうした記念行事が注目されても不思議ではない。しかし、昨今の中国、ロシア両国の動静を考えると、この時期に、大々的に、かつ、国際的行事として、こうした催しを行う意味が浮かび上がってくる。それは、内部に深刻な矛盾をかかえた両国が、あらためて、国の内外に大国としての威信を示したいと強く願っていることである。

しかも、これらの現象の奥には、国家のアイデンティティ（自己規定）の問題がからんでいる。中国は、いまや、経済発展の結果、革命思想や社会主義思想を信奉することだけをもって自己規定しうる状態にはない。しからば、儒教なり、漢民族の伝統文化なりを国家の自己規定の中心におけるかというと、そこには、やはり共産主義と相いれない要素がある。抗日戦争勝利万歳であれば、他の主義主張と衝突しないですむ。

ロシアにおいても、第二次世界大戦での勝利を国家の礎におくことによって、「民主主義国家と連帯しながら大国としての独自の道を歩む」ロシアのイメージを再びとりもどすことが出来る。何れの場合も、過去の戦争の勝利を、現在の国家の自己規定に利用している。

他方日本は、第二次大戦における敗北とそこから生まれた平和憲法を国家の自己規定の基礎においてきた。その意味では、ここでも戦争は、国家の自己規定の基礎をなしている。

勝者も敗者もともに、戦争を自己規定の基礎においている。しかし、戦争の主体が、国家もさることながら、特定の集団であったり、個人のテロリストであったりする時代において、かつての戦争を国家の自己規定と強く連動させることには、より慎重な態度で臨まなければならないのではあるまいか。

（おぐら・かずお／前国際交流基金理事長）

〈連載〉生きているを見つめ、生きるを考える ⑪

粘菌――多細胞化と知性

中村桂子

南方熊楠による研究で知られる粘菌。単細胞アメーバで、土壌の微生物を食べ、多核巨大細胞（変形体）になる。餌を食べ尽くして飢餓状態になるとナメクジ状になって移動し、その後胞子の塊とそれを持ちあげる柄からなる子実体をつくる。子実体から飛び出した胞子は環境がよくなると分裂しアメーバとなる。熊楠はそのライフサイクルを観察し、「動物ながら素人には動物とは見えず」と記述した。動物ではなくアメーバだが、現代生物学で見ても興味深い生きものである。二つの面を見てみよう。

一つは、時に集まって多細胞のように行動することである。子実体の胞子は生殖細胞、柄は体細胞であり、たった二種類で細胞の役割分担（分化）を見せている。

多細胞化とそれに伴なう分化は、生命誌の中で重要な機能の獲得である。これがなければ、私たちのまわりの生きものは一つもいなかったはずである。生殖細胞と体細胞の分化は、個体は死に生殖細胞で次へとつなぐ私たちの生き方の基本を支えている。粘菌のＤＮＡを調べると、単細胞アメーバではたらいていた遺伝子三五〇〇個の四〇％は多細胞化と同時にはたらかなくなり、新しく三〇〇〇個がはたらき始めた。これほど多くの遺伝子のみごとなスイッチ切り換えを解明すれば、体づくりの基本が見えそうである。

もう一つが知性である。変形体には四つの光受容系があり、紫外線や青色光線は嫌う。糖・アミノ酸を好み、苦みは嫌いだ。嗅覚もあれば電流や重力にも反応する。全身が感覚器官なのである。このような粘菌を迷路上、すべてに広がった状態にしておく。そこで二つの場所に餌を置くと、四時間後行き止まりの路からは撤退し、餌につながる路だけに伸びていた。更に、餌までの距離が長い道から撤退し、一二時間後には二つの餌を結ぶ最短距離経路にだけ残ったのである。迷路を解いた粘菌。知性と呼ぶかどうかは別として、感覚・情報伝達・運動を一つの細胞で行なったことは確かである。

熊楠がこの話を聞いたらなんと言うだろう。

（なかむら・けいこ／ＪＴ生命誌研究館館長）

連載　ちょっとひと休み 35

■本と私 8

十五分の朗読

山崎陽子

六十年前の宝塚音楽学校は、たった一年の修業年限だったから息もつかせぬほど盛沢山な時間割であった。(その後、本科、予科という二年制になり、学科はなくなって実技のみの授業になっている。) 期末試験になると、限界ギリギリまで体力を使いながら、学科の暗記を両立させたことが信じられないが、手を伸ばせば届く距離に、輝く夢の世界があったからにちがいない。

国語の授業に、十五分の朗読で聞き手の心をとらえ、感動を与えるという課題があり、誰もがなけなしの時間で手当たり次第に本を読み漁った。いつのまにか広告のチラシであれ、焼き芋を包んだ新聞紙であれ、活字が目に入れば読まずにはいられないという習慣が身についてしまった。

そのうち、拾い読みした短いフレーズにたしかな手ごたえを感じ、題名さえわからない文章の僅かな手掛りや特徴から、本に辿りつくことさえできるようになった。もっとも辿りつくまでに想像がふくらみすぎてしまい、やっと突き止めた物語が、あまりに期待はずれだったり、時には怪しげな内容で朗読を憚られるものもあったりで、徒労に終わることも多かったが……。

しかし、あるとき、学校帰りに買った熱々の焼き芋の袋に、皆の目がとまった。雑誌をバラして作った袋だから、中途半端な一節だったが強く心ひかれるものがあった。幸い冒頭部分なので、ケッセルの「昼顔」(堀口大学訳)とあり、容易に本を入手することができそうだった。

焼き芋仲間で争奪戦が起こりそうだったが、なかなか手に入らず、卒業を控えて誰もが多忙を極め、いつか「昼顔」は忘れられていった。後年知ったのだが、当初その断章が新聞に掲載されるや、轟々たる世論をまきおこしたそうで、貞淑な人妻の娼婦性を仮借ない筆致で描いた傑作と評される一方、淫猥で春本まがいという批評もあるこの本を、焼き芋の袋の切れ端だけで、それも物語の冒頭部分だけで、なぜ娘たちがあんなにも心騒がせたのか。当時三十一歳のケッセルと訳者の手腕にほかならないが、教室での朗読むきではなかったと改めて思う。

(やまざき・ようこ／童話作家)

連載 女性雑誌を読む 94

山田たづ子
――『女の世界』48

尾形明子

山田たづ子

一九二一（大正十）年一号『女の世界』に、山田たづ子「私がM氏と別れる迄の偽らぬ告白――明るき光の中に立ちて」が載る。山田たづ（子）は一八九五年八月滋賀県大津に生れ、県立大津女学校卒業後上京。森田草平の門下となり、作家としての道を歩いていた。

生田花世とともに、『青鞜』を継いだ『ビアトリス』の編集の中心にいたことは、すでに本連載に細述した。私は長年『ビアトリス』廃刊の理由のひとつを、生田春月をめぐっての山田たづと花世のトラブルと思っていた。春月が播磨灘に身を投げた後、春月の弟と花世の編纂で新潮社から刊行された『生田春月全集』全一〇巻（三〇―三二年）の年譜には、一九一七年「五月、前年秋頃よりはじまりし山岡田鶴子（仮名）との恋愛のため家庭不和」とある。だから友人A氏に宛てて手紙体で語られた一四頁からなる手記に衝撃を受けた。山田たづの相手は生田春月ではなく、師である森田草平だった。

文中のMは森田草平、Hは平塚らいてう、恩師N先生の遺稿全集は夏目漱石の全集、SMの出世作XXは「煤煙」、「有名な社会主義者」TSは堺利彦――とあてはめると、大正文壇のある側面がパズルを解くように浮かび上がってくる。平塚らいてうとの塩原心中未遂事件後も、森田には妻、下宿先の踊りの師匠がいて、やがて山田たづとの関係が始まる。さらに翌年には、新たな女性との間に子どもが生まれる。すさまじい愛憎劇だが、手記を書くことで、たづはその渦中から抜け出そうとしたのだろう。

その後、山田たづは結婚してハワイに渡ったらしい。一九二八年一二月『女人芸術』一巻六号に加藤たづ子の名で「布哇（ハワイ）だより」を載せている。同号編集後記に長谷川時雨が「以前『ビアトリス』を発行してゐられた加藤田鶴子（旧姓山田）さんが、目下ハワイにあつて、大層本誌の為に力をつくして下さる事をもお礼申したく存じます」と記す。スキャンダルの中に消えた大正期文学少女の典型を見る。それにしても性格破綻者としか言いようのない森田草平が非難されることもなく文壇史に残っていることに呆れ果てる。

（おがた・あきこ／近代日本文学研究家）

一月新刊

もう一つの「ディアスポラの民」の三千年史

アルメニア人の歴史
古代から現代まで

G・ブルヌティアン
小牧昌平監訳　渡辺大作訳

ハチャトリアン、サローヤン、アズナヴールら優れた芸術家を輩出してきたアルメニア人。多宗教が交錯するコーカサスの地における、諸民族・諸帝国からの独立に向けた苦闘と、世界に離散した「ディアスポラ」の三千年史を一冊にまとめた、アルメニア史研究の世界的第一人者による決定版の完訳。

カラー口絵16頁
Ａ５上製　五二八頁　八八〇〇円

琉球の八賢人が語り尽くす！

これからの琉球はどうあるべきか

藤原書店編集部編
（インタヴュー）大田昌秀
（座談会）安里英子＋安里進＋伊佐眞一＋海勢頭豊＋我部政男＋川満信一＋三木健（五十音順）

沖縄の賢人たちが、今後の日本と沖縄の関係について徹底討論。従属でもなく独立でもない道を探る。
「日米開戦半年後、アメリカは沖縄の日本からの分離を決めていた！」（大田昌秀）

四六判　三四四頁　二八〇〇円

患者が中心プレイヤー。医療者は支援者

新版　患者学のすすめ
〝人間らしく生きる権利〟を回復する新しいリハビリテーション

上田敏
鶴見和子

リハビリテーションの原点は、「人間らしく生きる権利」の回復である。〝自己決定権〟を中心に据えた上田敏の「目標指向的リハビリテーション」と、鶴見の内発的発展論が火花を散らし、自らが自らを切り開く新しい思想を創出する！

Ａ５変判　二四八頁　二四〇〇円

一月の重版より

帝国以後【アメリカ・システムの崩壊】
E・トッド　石崎晴己訳
[18刷]　二五〇〇円

文明の接近【「イスラームvs西洋」の虚構】
E・トッド＋Y・クルバージュ
石崎晴己訳
[4刷]　二八〇〇円

世界の多様性【家族構造と近代性】
E・トッド　荻野文隆訳
[8刷]　四六〇〇円

デモクラシー以後【協調的「保護主義」の提唱】
E・トッド　石崎晴己訳＝解説
[4刷]　三二〇〇円

歴史人口学と家族史
速水融編
[2刷]　八八〇〇円

白い城
O・パムク　宮下遼・宮下志朗訳
[3刷]　二二〇〇円

読者の声

石牟礼道子 詩文コレクション 色■

▼石牟礼さんの文章にふれる至福のひとときを、私は「凛の時間」と名づけています。

生まれたての赤子を、または齢人を目前にしたかのような感慨にひたり、未来、過去、そして現在に思いを馳せながら、瞑想に耽るのです。

美しいことばを丁寧につむぐためには、自然に対するこちら側の姿勢が問われているようにも感じます。そして、人間をはぐくむ——人間性を豊かにする——自然を、人間の手で無慈悲に破壊し続けてきた現実をつきつけられるたびに、胸が張り裂けんばかりの痛みを感じるのです。

石牟礼さんの文章からにじみだす自然へのおもい、畏怖、なまめかしい生にまつわる色彩のすべてが、現代合理主義によって遠い場所へ追いやられただけではなく、強奪され、取り返しのつかない事態であるというあたりまえに気付かせていただきます。商業主義の好餌になっている自分を取り戻すことと、自然回帰とはシノニムであると知るのです。

木肌の繊いきめが、しろい苔の斑点におおわれてくるのは、三百年経ってからであろうか。千年経ってからであろうか。

貴書の読者であることを心より嬉しく思うのです。

（南仏 ガラベバーバサット マユミ 45歳）

心の平安■

▼登場人物、景色、音楽、すべてが生き生きと描かれている。主人公のミュムタズは、幸福と苦悩のはざまで揺れる。空想家で、思索にふけりがちで、行動力に欠ける彼に、日本人は親近感を抱くだろう。ヌーランへの恋は、ミュムタズにとって至高の愛にちがいなかったが……、破局の後、救いの啓示が彼に訪れたかのように見えたが……、彼の苦悩は尽きることはない。これは決して快いことではない。だが、すぐれた作品は不快なものを含んでいるものだと思う。

作者は、イスタンブルとボスフォラス海峡が、朝と夜のはざまで、光によって刻々と変わっていく様を書き出す。まるで街全体が宝石箱のようだ。そして、トルコの伝統音楽が演奏される場面での細やかな描写は、まだ聴いたことのないこの音楽への憧憬を抱かせる。

物語の中で、ミュムタズの従兄イヒサンは言う、「本を読むのなら」「一番いいものを読め」。

（大阪 志賀和則 34歳）

南方熊楠の謎■

▼やっと鶴見和子さんの本を買いました。買おうと思って四か月が過ぎました。南方曼陀羅と鶴見曼陀羅が重なってとても面白かったです。臨終の床にあって、「死ぬことは面白いものネ。驚いたわ」と叫ぶ場面と、「人生は驚きネ」と叫ぶ彼女の言葉は、もう自分の死にぎわを知ってるみたいで、感動しました。

（熊本 永村幸義 68歳）

名伯楽 粕谷一希の世界■

▼拙作『夏の花』（集英社文庫、一九八〇年）を褒めて下さり、その後神楽坂の小店で酒席に与り、談を得たりしました。その折のおしえが小生のその後の創作によい影響を及ぼしたのは勿論の事。ありがたく、なつかしく思い起こすばかりです。私事ですが月刊誌『公評』一〇月号にて連載三六回の読み物「冬の花」がおわりました。（粕谷氏からの手紙も数通大事にしております）

酒席で即興句を書いて呉れました。

いま少し世にはばからん秋の蝶
閑居

（埼玉　著述少々　**加藤建亞**　75歳）

▼『名伯楽　粕谷一希の世界』、店頭で見て、すぐ購入しました。すばらしい、この本は。二八〇〇円、迷わず買いました。

藤原書店の真骨頂ともいうべき内容。最後の藤原社長のあとがきも良かったです。藤原書店の創業時の思いを行間から感じました。

いま、保守もリベラルも含めて「論壇」というものが社会的な影響力を持っているのか、はたまた、「論壇」というもの自体が真の意味で存在しているのか見えにくい時代。

そのような今、「論壇」とはどのような責任を果たすべきなのか、それをつくる人はどういう覚悟であるべきなのか、まさに今の言論界で生きる多くの人々が忘れていた精神を思い出させる一冊です。

私も、言論界の片隅の片隅で、しかも営利部門で生きている者ですが、企画を立てるにあたっては、心意気は、粕谷先生の万分の一でも、その精神を引き継ぎたいと思わせる一冊でした。それだけでも、この本が私に与えてくれた勇気は計り知れません。

いろいろな人が寄稿されていましたが、川本三郎さんの文章が最も心に残りました。失意で朝日新聞を「懲戒解雇」された川本氏と、「中央公論」を辞めざるを得なかった粕谷氏、挫折を乗りこえた者だからこそ持つ、他者への理解などを感じました。

（フジサンケイビジネスアイ　**坂本慎平**）

動物たちのおしゃべり■

▼ハナアクの描く動物たちは、疲れた心に沁みてくる絵本です。おくりものにした三歳になる男子も夢中になるすてきな本です。この度の注文の本は松江市八雲にある、劇団（アマチュア）あしぶえ（しいの実シアター）（ＮＰＯ法人。現在、秋公演、セロ弾きのゴーシュ）へ贈物です。すばらしい劇団であり劇場です！

（山口　**三宅阿子**）

不知火おとめ■

▼この本を出版して下さったことに心より感謝申し上げたい気持ちでカードを書いています。「十六夜橋」以来、石牟礼道子という作家を自分にとり最も大切な作家と思い読んできましたが、その根底に若い頃こんな苦しみがあったこと、短歌他から少し感じてはいましたが、このような生な手触りのまま触れ得たのは本当に貴重な得がたいことでした。石牟礼さん自身が内面におもかさまを抱えていたのだと改めて感じました（おもかさまの像が私はとても好きです）。本当にどうもありがとうございました。

（神奈川　非常勤講師　**須藤直子**　54歳）

機 no.282■

▼「戦後七〇年」に関する発言は文字どおり「花盛り？」といってもいい昨今である。そのテーマじたいの重要性はもちろん言をまたずだが、このさい一ばん肝心なことは、だれの立場と視点にたっての発言、表現か、ということだと思う。

私は、きわめて機械的にいえば、いわゆる「権力」をもつ、支配する論理を補強しているか、その真逆の「される」論理の展開――つまり真の抵抗の思想を評価しつつそれにたとえわずかにでも資するものかどうか――そう考えるものである。

鶴見俊輔みずからも語る二つの追悼文、それに「戦後七〇年に、憶う」二つの文章は、いずれもその私の趣旨にかなうものとして心から首肯したのだった。

就中、高銀によって語られている「普通」と「平凡」に関する力のこもった論理の展開は、それこそ、「日常」をこえる小さくて大きな課題をつきつけるものであった。

（香川　**西東一夫**　79歳）

※みなさまのご感想・お便りをお待ちしています。お気軽に小社「読者の声」係まで、お送り下さい。掲載の方には粗品を進呈いたします。

書評日誌（一二・九〜一・四）

(書) 書評　(紹) 紹介　(記) 関連記事
(T) 紹介、インタビュー

一二・九　(記)朝日新聞（夕刊）「古代の日本と東アジアの新研究」（「上田正昭・京大名誉教授 講演」／「古代の国際交流に学ぼう」／「渡来人の文化 選択して取り入れた」）

一二・一三　(書)静岡新聞「ロンドン日本人村を作った男」
(書)日本農業新聞「地域からつくる」（「“自分で考える”ことが大切」）

一二・一四　(記)読売新聞（大阪本社版）「古代の日本と東アジアの新研究」（「ステージ&カルチャー かんさい」／「古代史探究 戦後70年の秀作」／「単著81冊目 論文16本収録」）

一二・一五　(書)厚生福祉（時事通信社）「米軍医が見た占領下京都の六〇〇日」

一二・二〇　(記)朝日新聞「金時鐘」（「第42回 大佛次郎賞」／「回想記『朝鮮と日本に生きる――済州島から猪飼野へ』金時鐘氏」／「向き合い 吐き出した 来し方」／『済州島四・三事件』重い記憶」）

一二・二一　(記)読売新聞（東京本社版）「ロンドン日本人村を作った男」（「文化」／「19世紀ロンドン 人気の博覧会」／『日本人村』謎の興行主」／『したたかなくせ者?』小山騰さん自説」）

一二・二三　(記)読売新聞「トッド」（「編集委員が読む」／「テロ連鎖」／「悪に揺れる仏」／「パリは正気を保てるだろうか」）

一二・二四　(書)産経新聞「戦争は終わっても終わらない」（「戦後は終わらない」）

一二・二七　(書)毎日新聞「トッド 自身を語る」（「理論体系転換させるか日本体験」）
(書)毎日新聞「古代の日本と東アジアの新研究」（「今こそ生きた歴史学を」）
(記)朝日新聞「歴史の仕事場」（「注目の本 心に残る本」／「書評委員が薦める『今年の3点』」／本郷和人）

一二・二九　(記)朝日新聞（三重版）「竹内浩三」（「回顧2015」／「⑦戦後70年」／「注目あびた『非戦』の詩人」／荻野好弘）

一二月号　(紹)En College 小論文（進研ゼミ）「NGO主義でいこう」（「小論文情報BOX」／「市民としてNGOを実践するための入門書」）
(紹)NEWS LETTER（spiritual Bookstore BOOK CLUB KAI）(vol.100)「女が女になること」

一・一　(記)福島民友「地域からつくる」（「社説」／「新年を迎えて」／「自ら立ち上がる年にしよう」）
(記)日本経済新聞「雪」（「世界を読む10冊」／「世界の『今』に迫る10冊」／「辺境の物語に普遍の問い」）

一・三　(書)琉球新報「戦争は終わっても終わらない」（「生き延びた人々との往復書簡」／タイラジュン）
(記)東京新聞「河上肇」（「新貧乏物語①」／「悲しき奨学金」／「学ぶ代償『借金』一〇〇〇万円」／「社会に出る時 返還20年の負担」）

一・四　(記)熊本日日新聞「石牟礼道子」（「石牟礼さん 最初の小説」／「70年前の未発表短編 熊本市で発見」／『苦海浄土』つながる“原点”」／飛松佐和子）

三月新刊

＊タイトルは仮題

写真そして放送というメディアのゆくえ

レンズとマイク

永六輔・大石芳野

写真という「音のないメディア」と、ラジオという「絵のないメディア」を通じて、それぞれのやり方で市井の人びとに向き合ってきた二人が、その出会いから、四十年以上にわたる交流を初めて語り合う。映像全盛のテレビ時代が終焉しようとしている今を、そして、再びメディアに暗い影が差しつつある未来を、二人はどのように見つめているのか。大石芳野撮影の永六輔写真多数収録。

満洲人ほかの連合王国だった清朝！

〈清朝史叢書〉大清帝国隆盛期の実像

第四代康熙帝の手紙から *1661-1722*

岡田英弘

岡田英弘監修
宮脇淳子・楠木賢道・杉山清彦編

大清帝国の基礎を築いた康熙帝。モンゴル遠征のたびに、北京の皇太子に送った愛情溢れる満洲語の自筆の手紙を紹介しつつ、当時の東アジア全体を見渡す壮大な歴史絵巻。再版にあたり、『康熙帝の手紙』を改題。

アルバニアの天才ヴァイオリニストの半生

愛と友情のフーガ

T・パパヴラミ　山内由紀子訳

ヨーロッパ最後の〝鎖国〟、共産主義独裁政権下のアルバニアに生まれた神童。フルート奏者アラン・マリオンに見出され十一歳でフランスに移住するも、十五歳で亡命。祖国に残された家族への弾圧、フランス南西部での潜伏生活、そして二十二歳でのサラサーテ国際コンクール優勝を目前にした愛する祖父の死――波乱に満ちた前半生を描く自伝。

二月の重版より

〈バルザック「人間喜劇」セレクション〉9
娼婦の栄光と悲惨 ㊦
〔3刷〕三二〇〇円

トッド 自身を語る
E・トッド　石崎晴己編訳
〔2刷〕二二〇〇円

まなざし
鶴見俊輔
〔2刷〕二六〇〇円

地中海〈普及版〉
F・ブローデル　浜名優美訳
I 環境の役割
〔4刷〕三八〇〇円
II 集団の運命と全体の動き 1
〔4刷〕三八〇〇円
V 出来事、政治、人間 2
〔4刷〕三八〇〇円

モンゴル帝国から大清帝国へ
岡田英弘
〔2刷〕八四〇〇円

別冊『環』⑯
清朝とは何か
岡田英弘編
〔3刷〕三八〇〇円

2月の新刊

タイトルは仮題、定価は予価。

黒い本 ＊
O・パムク　鈴木麻矢訳
四六変上製　五九二頁　三六〇〇円

台湾と日本のはざまを生きて ＊
世界人、羅福全の回想
羅福全 著　陳柔縉 編著
小金丸貴志 訳　渡辺利夫 序
四六上製　三五二頁　カラー口絵一六頁　三六〇〇円

岡田英弘著作集（全8巻）第七回配本
7 **歴史家のまなざし** [附]年譜・全著作一覧 ＊
月報＝楊海英／志茂碩敏／斎藤純男／タチアーナ・パン
四六上製布クロス製　五九二頁　口絵二頁　六八〇〇円

〈清朝史叢書〉岡田英弘監修
海賊からみた清朝 ＊
十八〜十九世紀の南シナ海
豊岡康史
四六上製　四〇八頁　図版多数　四六〇〇円

3月刊予定

レンズとマイク ＊
永六輔・大石芳野

〈清朝史叢書〉岡田英弘・監修
大清帝国隆盛期の実像 ＊
第四代康熙帝の手紙から　*1661-1722*
岡田英弘

愛と友情のフーガ ＊
アルバニアの天才ヴァイオリニストの半生
T・パパヴラミ　山内由紀子訳

好評既刊書

これからの琉球はどうあるべきか ＊
藤原書店編集部編
大田昌秀／安里英子／安里進／伊佐眞一／海勢頭豊／川満信一／我部政男／三木健
四六判　三四四頁　二八〇〇円

アルメニア人の歴史 ＊
古代から現代まで
G・ブルヌティアン
小牧昌平監訳　渡辺大作訳
A5上製　五二八頁　カラー口絵一六頁　八八〇〇円

患者学のすすめ〈新版〉 ＊
"人間らしく生きる権利"を回復する新しいリハビリテーション
上田敏・鶴見和子
A5変判　二四八頁　二四〇〇円

佐野碩―人と仕事 1905-1966
菅孝行編
A5上製　八〇〇頁　口絵八頁　九五〇〇円

中世と貨幣
歴史人類学的考察
J・ル＝ゴフ　井上櫻子訳
四六上製　三二八頁　三六〇〇円

ふたりごころ
生と死の同行二人
篠田治美
四六変上製　三二〇頁　カラー口絵八頁　一八〇〇円

珊瑚礁の思考
琉球弧から太平洋へ
喜山荘一
四六判　三二〇頁　三〇〇〇円

文学の再生へ
野間宏から現代を読む
富岡幸一郎・紅野謙介＝編
協力＝野間宏の会（代表・黒井千次）
菊大判上製　七八四頁　口絵八頁　八二〇〇円

まなざし
鶴見俊輔
四六変上製　二七二頁　二六〇〇円

龍馬の遺言
近代国家への道筋
小美濃清明
四六上製　二九六頁　二五〇〇円

近代日中関係の旋回
「民族国家」の軛を超えて
王柯
A5上製　二四八頁　三六〇〇円

＊の商品は今号に紹介記事を掲載しております。併せてご覧戴ければ幸いです。

書店様へ

▼**エマニュエル・トッド『トッド 自身を語る』**が配本直後より各店より補充ご注文続々で忽ち重版！ 先月下旬、トッド氏が緊急来日。2／1（月）にはTBS「NEWS23」に「予言者」として出演！ **『帝国以後』**や**『文明の接近』**の他、**『最後の転落』**等も紹介。既刊ロングセラーも合わせ「世界の今を長期的な視座で読むためのエマニュエル・トッド」フェアをぜひ！

▼1／2（土）に放送され大反響だったNHK‐Eテレ「100分de名著」新春スペシャル「100分de平和論」が1／31（日）再放送！ 経済学者の水野和夫さんが、われわれにとって不可避な「資本主義」にどのように向き合えばよいのか、**フェルナン・ブローデル『地中海』**のエッセンスを明快にまとめながら紹介！ 大反響各巻続々重版中。

▼文化放送制作のラジオ『武田鉄矢 今朝の三枚おろし』（NRN系列全国AMラジオ局ネット）で1／18（月）から二週にわたり武田鉄矢さんが**三砂ちづる『女が女になること』**を毎日紹介！ ものすごい反響出ています！　（**営業部**）

『これからの琉球はどうあるべきか』出版記念

大田昌秀先生を囲んで新琉球を楽しく語る集い

大田昌秀　安里英子
安里進　伊佐眞一
海勢頭豊　我部政男
川満信一　三木健

【日時】3月26日(土)18時半開会
【場所】ホテルサンパレス球陽館
TEL:098-863-4181
【会費】男性四〇〇〇円　女性三五〇〇円
＊お申込・お問合せは藤原書店まで

石牟礼道子の世界VI

天の億土

第一部
『全句集　泣きながら原』より
第二部　新作能『沖の宮』より
語り／佐々木愛（女優）ほか
久乗編鐘・ピアノ／金大偉
尺八／原郷界山

【日時】4月6日(水)開演19時(開場18時半)
【場所】座・高円寺2(杉並区立杉並芸術会館)
【入場料】三五〇〇円(予約・三〇〇〇円)先着順
＊お申込・お問合せは藤原書店まで

出版随想

▼新年早々嬉しいニュースが舞い込んだ。朝日賞と大佛次郎賞の受賞者に、俳人の金子兜太氏と金時鐘氏が決まった。授賞式には、お二人共、これまでの人生においてこだわって生きてこられた言葉を話された。兜太氏は「存在者――そのものそのままで生きている人間」、時鐘氏は「日本語からの解放、そして日本語で生きる道を選ぶ」と。

小社と縁の深いお二人ではあるが、とにかくお人柄がすこぶるいい。威張らない、謙虚で素朴なお人柄で、親しくさせていただいてきた。

▼金子兜太氏は、今年九十七歳になられる大長老。かつて亡き鶴見和子さんと対話されて、『米寿快談』という本を作った。その時が、初対面。しかし、旧くからのお付き合いのように感じた。以前歴史家の井上幸治氏から、「日銀に勤めているが、まったくもって型破りなトータという男がいる。なかなかいい句を読む天衣無縫ないい男だ」と、何度となく聴いていたからである。一度はお会いしてみたいと思っていたが、鶴見和子さんとの対話という形で、遂に実現した。俳人の黒田杏子さんのお力添えがあってのこと。兜太氏は、対談後も、兄貴分たる井上幸治氏への懐しい想いか、爾来可愛がっていただいている。今度ぜひ氏の単著を出したいと思っている。

▼一月下旬、久しぶりに石牟礼道子さんを熊本の老人施設にK氏らと訪ねた。最近よく発作に襲われるということで心配したが、二時間あまりの対談ではあったが、幸い発作が起きなくてほっとした。白川静氏との往復書翰、宮脇昭氏との対談、亡くなられた方々への追悼文の集成など、まだまだこれから仕事をしていただきたいと思っている。今、渡辺京二さんを中心に石牟礼さんの資料保存の会が作られ、初期の作品など次々と発見されているようだ。

▼水俣で、緒形正人さんと二年ぶりに会う。十年前に、水俣病公式発見五十年の時の『環』の座談会に、杉本栄子・雄さんや石牟礼さんらと出ていただいた時より、この水俣の地で発生した出来事をさらに鋭く捉えておられるなと、話を伺いながら感じた。いずれ正人さんの本をまとめたいと思っている。（亮）

新社会科学宣言

社会科学をひらく

I・ウォーラーステイン＋グルベンキアン委員会
山田鋭夫訳／武者小路公秀解説

大学制度と知のあり方の大転換を緊急提言。自然・社会・人文科学の分断をこえて、脱冷戦の世界史的現実に応えうる社会科学の構造変革の方向を、ウォーラーステイン、プリゴジンらが大胆かつ明快に示す話題作。

B6上製　二一六頁　一八〇〇円
（一九九六年一一月刊）
品切◇978-4-89434-051-0

OPEN THE SOCIAL SCIENCES
Immanuel WALLERSTEIN

新たな史的システムの創造

新版
アフター・リベラリズム
（近代世界システムを支えたイデオロギーの終焉）

I・ウォーラーステイン
松岡利道訳

ソ連解体はリベラリズムの勝利ではない。その崩壊の始まりなのだ――仏革命以来のリベラリズムの歴史を緻密に跡づけ、その崩壊と新時代への展望を大胆に提示。新たな史的システムの創造に向け全世界を鼓舞する野心作。

四六上製　四四八頁　四八〇〇円
（一九九七年一〇月／二〇〇〇年五月刊）
◇978-4-89434-177-7

AFTER LIBERALISM
Immanuel WALLERSTEIN

世界システム論で見る戦後世界

転移する時代
（世界システムの軌道 1945–2025）

T・K・ホプキンズ、I・ウォーラーステイン編　丸山勝訳

近代世界システムの基本六領域（国家間システム、生産、労働力、福祉、ナショナリズム、知の構造）において、一九六七／七三年という折り返し点の前後に生じた変動を分析、システム自体の終焉と来るべきシステムへの「転移」を鮮明に浮上させる画期作。

A5上製　三八四頁　四八〇〇円
（一九九九年六月刊）
◇978-4-89434-140-1

THE AGE OF TRANSITION
Terence K. HOPKINS, Immanuel WALLERSTEIN et al.

二十一世紀の知の樹立宣言

ユートピスティクス
（21世紀の歴史的選択）

I・ウォーラーステイン
松岡利道訳

近代世界システムが終焉を迎えつつある今、地球環境、エスニシティ、ジェンダーなど近代資本主義の構造的諸問題の探究を足がかりに、単なる理想論を徹底批判し、来るべき社会像の具体化へ向けた知のあり方としてウォーラーステインが提示した野心作。

B6上製　一六八頁　一八〇〇円
（一九九九年一一月刊）
◇978-4-89434-153-1

UTOPISTICS
Immanuel WALLERSTEIN

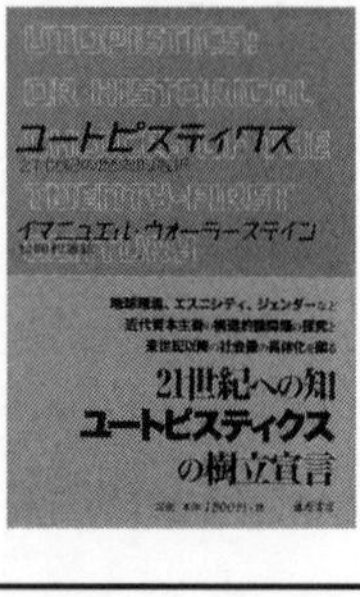

陸中心史観を覆す歴史観革命

海から見た歴史
（ブローデル『地中海』を読む）

川勝平太編

陸中心史観に基づく従来の世界史を根底的に塗り替え、国家をこえる海洋ネットワークが形成した世界史の真のダイナミズムに迫る、第一級の論客の熱論。**網野善彦／石井米雄／ウォーラーステイン／川勝平太／鈴木董／二宮宏之／浜下武志／家島彦一／山内昌之**

四六上製　二八〇頁　**二八〇〇円**
（一九九六年三月刊）
◇978-4-89434-033-6

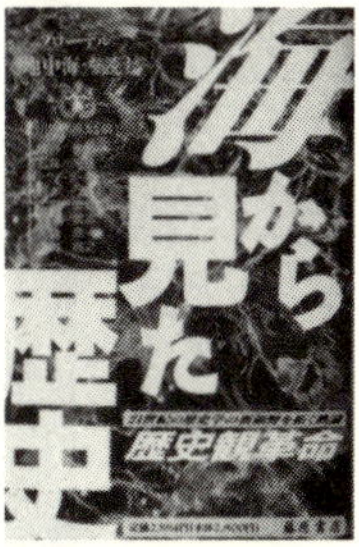

五十人の識者による多面的読解

『地中海』を読む

I・ウォーラーステイン、P・ブルデュー、網野善彦、川勝平太、川田順造、榊原英資、山内昌之ほか

各分野の第一線でいま活躍する五十人の多彩な執筆陣が、二十世紀最高の歴史書『地中海』の魅力を余すところなく浮き彫りにする。アカデミズムにとどまらず、各界の「現場」で新時代を切り開くための知恵に満ちた、『地中海』の全体像が見渡せる待望の一書。

A5並製　二四〇頁　**二八〇〇円**
（一九九九年一二月刊）
◇978-4-89434-159-3

世界初の『地中海』案内

ブローデル『地中海』入門

浜名優美

現実を見ぬく確かな眼を与えてくれる最高の書『地中海』をやさしく解説。引用を随所に示し解説を加え、大著の読解を道案内。全巻完訳を果した訳者でこそ書きえた『地中海』入門書の決定版。〈付録〉『地中海』関連書誌、初版・第二版目次対照表ほか。

四六上製　三〇四頁　**二八〇〇円**
（二〇〇〇年一月刊）
◇978-4-89434-162-3

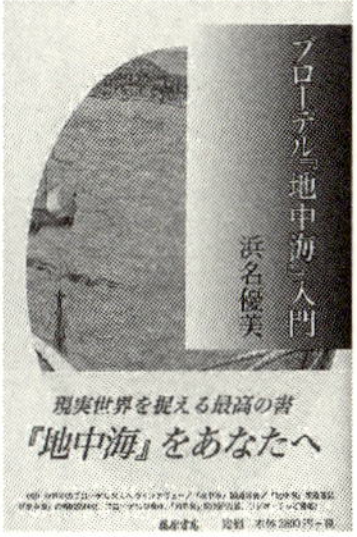

ブローデルの"三つの時間"とは？

ブローデル帝国

F・ドス編
浜名優美監訳

構造／変動局面／出来事というブローデル的「三つの時間」の問題性の核心に迫る本格作。**フェロー、ル＝ゴフ、アグリエッタ、ウォーラーステイン、リピエッツ他**、歴史、経済、地理学者がブローデル理論の全貌を明かす。

A5上製　二九六頁　**三八〇〇円**
（二〇〇〇年五月刊）
◇978-4-89434-176-0

BRAUDEL DANS TOUS SES ÉTATS
EspaceTemps 34/35

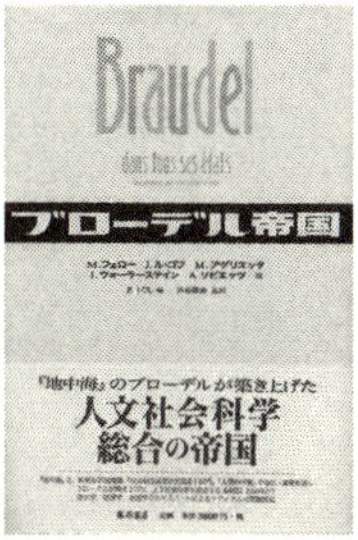